网络信息
检索与实践

WANGLUO XINXI
JIANSUO YU SHIJIAN

赵 胜◎主编

化学工业出版社
·北京·

图书在版编目（CIP）数据

网络信息检索与实践/赵胜主编．—北京：化学工业出版社，2017.6（2018.9重印）

ISBN 978-7-122-29568-2

Ⅰ.①网… Ⅱ.①赵… Ⅲ.①网络检索 Ⅳ.①G254.92

中国版本图书馆CIP数据核字（2017）第092740号

责任编辑：张　彦　　　　装帧设计：韩　飞

责任校对：宋　玮

出版发行：化学工业出版社（北京市东城区青年湖南街13号　邮政编码100011）

印　　装：北京虎彩文化传播有限公司

787mm×1092mm　1/16　印张10¼　字数248千字　2018年9月北京第1版第2次印刷

购书咨询：010-64518888（传真：010-64519686）　售后服务：010-64518899

网　　址：http://www.cip.com.cn

凡购买本书，如有缺损质量问题，本社销售中心负责调换。

定　价：48.00元

前言

人类已经进入信息爆炸时代，有资料显示，近20年人类的文献发行量，与前100年相当。人们在知识的海洋中不是“没得可看”，而是“找不到所要的”。搜商（SQ），与智商（IQ）、情商（EQ）并列，被定义为人类的第三种能力。

网络信息时代搜商已成为重要的学习能力和学习方式，“足不出户便能知晓整个世界”，“无师便能自通”等这些情形在网络信息时代就能轻易地实现。于是“搜商对学习力的重要性也就日益突出”渐渐成为了衡量终身学习能力的指标之一，是信息素养的核心能力之一。

当前，网络的信息海量发展，人们急需一种能够及时找到所需信息的搜索方法，本书的目的亦即如是。

基于对广大读者尤其是在校学生的网络搜索能力的培养为出发点编写的本书，书的特点是：集合大量图文并茂的搜索事例，揭示出网络搜索的本质，通过一个个生动的精心选择的搜索事例，帮助读者能够很快学会网络搜索，精通网络搜索，把复杂的知识体系具体化、脉络化。

本书适宜在校大中专学生、依靠网络搜索资料的科研人员，是学习图书检索课的教程或参考，也适合网上冲浪人员深入学习使用。

书籍的编写过程中，受到河北省教育厅人文社会科学规划项目的部分资助，题目为从图书角之优势出发的学生课外阅读个性化指导可行性研究。受到同事刘卫平、刘晓婷、路一平、王丽君的指导甚至直接参与编写之帮助，参考了相关成果，在此深表感谢。

本书由河北省高等学校人文社会科学研究教育科学规划项目（GH124001）、河北省科技支撑计划项目（14227411D）资助。

目 录

第三章 电子图书与专业资源网站检索 28

第四章 外文数据库检索 44

第一章 信息

一、信息概念的发展

学习和研究信息检索，首先要明确信息以及与其相关的一些概念。

随着信息技术的快速发展和广泛应用，人类已进入信息时代。信息普遍存在于自然界和人类社会中，与物质和能量一起并称为世界三个不可缺少的资源。

生活中，人们往往将信息与消息的概念混淆，在英语中 information 与 message 两个词在很多场合也是通用的。人们对信息的理解比较肤浅，更多的是停留在字面意思上。

在科学和理论层面上，由于人们对信息的研究角度与研究目的不同，因而对信息这一概念的界定也有所不同，迄今为止关于信息的定义超过百种，通信领域最早将信息作为科学对象进行研究，随后计算机科学、生命科学、社会科学等领域的学者们对信息的理解不断深入。下面列举出一些比较具备代表性的定义。

哈特莱（R. V. Hartley）于 1928 年在《信息传输》一文中最早将信息作为了一个科学术语。这篇文章指出信息是选择通信符号的方式，并用选择的自由度来计量这种信息的大小。

美国学者维纳（N. Wiener）从通信的角度将信息定义为：我们在适应外部世界、控制外部世界的过程中，同外部世界交换的内容的名称。

通信专家申农（C. E. Shannon）把信息定义为随机不确定性的减少，即信息是用来减少随机不确定性的东西。

布里渊（L. Brillouin）指出，信息是负熵。

意大利学者朗高（G. Longo）认为，信息是反映事物的形成、关系和差异的东西，它含在事物的差异中，而不在事物本身。即信息就是差异。

英国生物学家阿思比把信息定义为变异度。任何一个集合包含的元素数的以 2 为底的对数就是该集合的变异度。

我国情报学家严怡民认为，信息是生物以及具有自动控制系统的机器，通过感觉器官及相应的设备和外界进行交换的一切内容。

我国学者钟义信认为，在信息概念的诸多层次中，最重要的是两个层次，一个是本体论层次，其不受任何条件约束，另一个是认识论层次，受到主体的约束。本体论层次上信息是事物运动的状态以及它的状态的改变方式；认识论层次的信息，就是认识主体所感知或所表述的事物运动的状态和方式。认识论层次上的信息包含三个层次：一是语法信息，指感知事

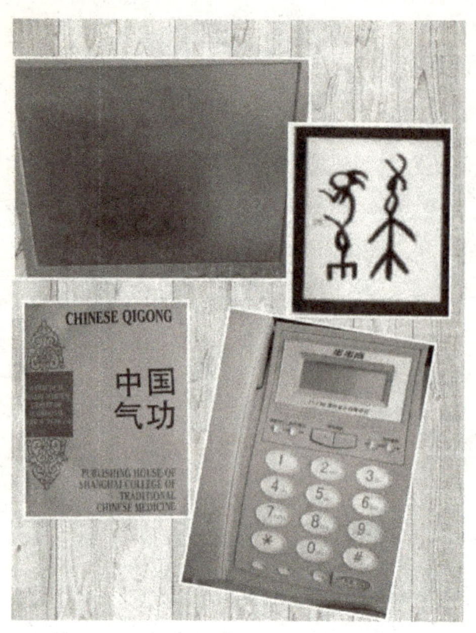

图 1-1　各种信息类型

物运动状态及其变化的外在形式而获得的信息；二是语义信息，指领会事物运动状态及其变化的含义而获得的信息；三是语用信息，指判断事物运动状态及其变化的效用而获得的信息。把同时考虑事物存在方式和运动状态的外在形式、内在含义和效用价值的认识论层次信息称为全信息。各种信息类型如图 1-1 所示。

二、信息的相关概念

1. 数据

信息的表达离不开数据。数据是指载荷或记录信息的按照一定规则排列组合的物理符号。这些符号可以是数字，可以是字符、文字、图形等。人们接收到数据后，只有具备一定的背景基础才能将这些数据转化为信息，否则只能是一些有规律的符号。这里所说的背景指的是对数据所使用的物理符号的理解，如果具备与该数据相关的背景基础，懂得其中的规则与符号所代表的含义，那么接收到的数据就会转化成为信息。数据转化为信息的过程可用公式表示为：

数据＋背景＝信息

对于同一信息，可以有多种多样数据来表示。例如，我们可以打电话告诉某人某件事，这是利用语言符号，也可以发短信告诉某人同一件事即利用文字符号。不同的数据形式可以表达同一信息含义，同一种数据类型可以表达不同的信息。

2. 知识

《辞海》中对知识的解释为人类认识的结果或结晶，知识是人脑中系统化的信息。它是建立在信息的基础之上，是人脑对接收到的信息进行提炼和推理从而获得的结论，是人类对大自然及人类本身进行挖掘、发现、分析、综合而创造出来的新的信息，是通过实践活动和大脑的思维而总结出来的，是人类进步和社会发展的必要因素。

信息转化为知识，需要信息接收者具备一定的个人经验，只有当信息接受者具有一定理解能力以及与信息相关的知识准备，接收到的信息与经验结合，才能转化为知识。例如一份账簿对于非会计人员仅仅是信息或者数据，而对于会计而言可能会提供相关的知识。信息转化为知识要经过复杂的过程，用公式表示如下：

信息＋经验＝知识

知识传输一般遵循以下模式：传输者的知识→数据→信息→接收者的知识。只有当信息接收者对信息具备足够的经验时，信息才能转化为知识。

3. 文献

文献是记录在物质载体上的信息，或者说是记录有知识的一切载体。即用文字、图形、符号、声频、视频等作为记录的手段，将信息记录或描述在一定的物质载体上，并能起到存储、传播知识作用的载体。文献是知识的重要存储载体和重要传播工具。但是知识不全以文献形式记录。知识和文献的关系用公式可表示为：

知识＋记录＝文献

三、信息的主要特征、类型及作用

（一）信息的主要特征

1. 共享性

信息不同于物质和能量，它可以在同一时间被不同使用者同时使用。与物质和能量不同，当某信息被使用者使用后，其他使用者再使用该信息时，信息不会被损耗，信息内容和信息量不会发生改变。

2. 时效性

信息的价值具有时效性。一条信息在特定的时刻可能价值连城，而随着时间流逝，同样的信息可能就会分文不值。信息只有在特定的时刻才能发挥出它最大的效用。

3. 传递性

信息的传递性主要表现在两个方面，一方面是时间上的传递性，另一方面是空间上的传递性。时间上的传递性是指，在过去某个时段产生的信息可以在现在以及在未来的时间里被使用，这也就是信息的存储。空间上的传递是指，信息不受空间的影响，可以在不同的地域被用户所使用，这也就是通信。

4. 载体依附性

信息的存在和传递都要以特定的物质载体为依托。信息需要通过特定的符号存储在竹、纸、光盘等载体上，通过声、光、电等物质作为媒介进行传递。信息的存储与传递都离不开这些物质载体而存在。

5. 载体独立性

信息虽然不能离开载体独立存在，但是同一信息记录在不同的载体上，信息并不会受到载体的影响而改变自身的内含。同一则信息无论是记录在纸上，写在光盘里，还是刻在竹简上，丝毫不会影响到信息的内容，所以信息既依附物质载体，也具有一定独立性。

6. 认知主体差异性

我们已经知道数据转化为信息需要具有一定的背景基础，不同的人由于理解能力、认知能力、观察能力、思维方式等都会有所差异，因此当不同的人接收到同一信息时，从中获得的信息量是不同的，而且由于思维方式的不同，对信息理解的角度也不同，因此所获得的信息也会有所差异。例如信息查询，如图 1-2 所示。

（二）信息的类型

按照不同的分类原则，信息的分类方法有很多，不同的角度就会得到不同的分类结果，常见的分类方式有以下几种。

（1）按信息描述的对象划分　可以分为自然信息、生物信息、社会信息、机器信息。

（2）按信息内容划分　可分为经济信息、科技信息、农业信息、文化信息、政治信息等。

（3）按信息载体划分　可分为印刷型信息、缩微型信息、计算机阅读型信息、试听型

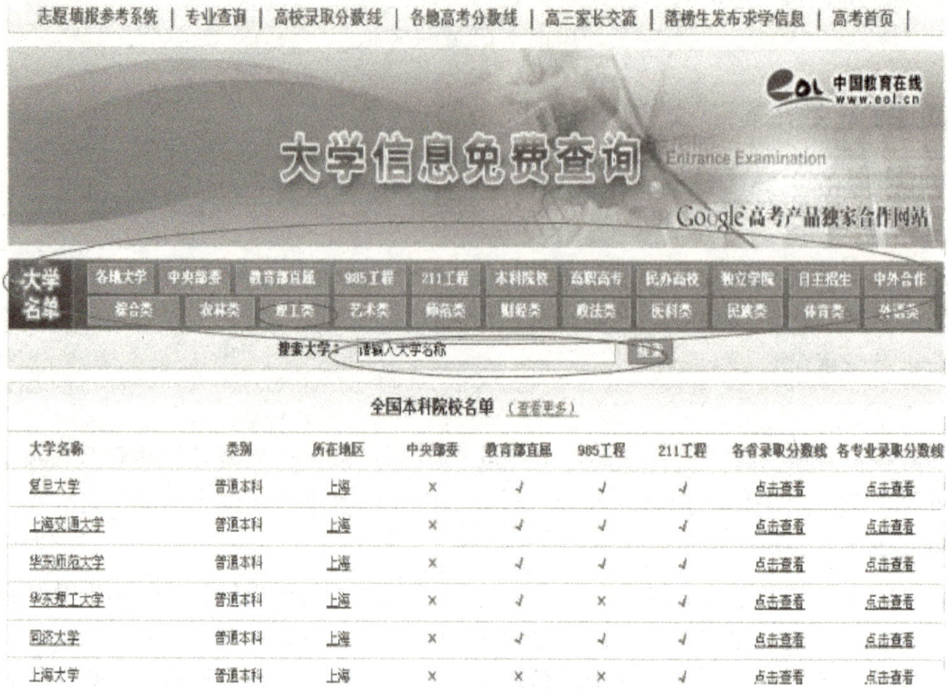
志愿填报参考系统 | 专业查询 | 高校录取分数线 | 各地高考分数线 | 高三家长交流 | 落榜生发布求学信息 | 高考首页 |
中国教育在线
www.eol.cn
大学信息免费查询
Entrance Examination
Google高考产品独家合作网站
大学名单
各地大学 中央部委 教育部直属 985工程 211工程 本科院校 高职高专 民办高校 独立学院 自主招生 中外合作
综合类 农林类 理工类 艺术类 师范类 财经类 政法类 医科类 民族类 体育类 外语类
搜索大学：
请输入大学名称
全国本科院校名单 （查看更多）
大学名称 类别 所在地区 中央部委 教育部直属 985工程 211工程 各省录取分数线 各专业录取分数线
复旦大学 普通本科 上海 × √ √ √ 点击查看 点击查看
上海交通大学 普通本科 上海 × √ √ √ 点击查看 点击查看
华东师范大学 普通本科 上海 × √ √ √ 点击查看 点击查看
华东理工大学 普通本科 上海 × √ × √ 点击查看 点击查看
同济大学 普通本科 上海 × √ √ √ 点击查看 点击查看
上海大学 普通本科 上海 × × × √ 点击查看 点击查看

图 1-2　信息查询

信息。

（4）按信息记录方式划分　可以分为图像信息、文字信息、语声信息、计算机信息等。

（5）按信息传递范围划分　可分为公开信息、内部信息、机密信息。

（6）按流通渠道划分　可以分为正式信息、非正式信息。

（7）按存在形式划分　可以分为实物信息、口头信息、文献信息、网络信息。

（三）信息的作用

信息在现代生活中的作用越来越大，在人类认识世界和改造世界的各个方面都发挥着重大的作用。

1. 带来经济收益

互联网、计算机、通信技术的发展使我们感受到我们所处在的信息化社会。在今天信息技术飞速发展，信息在人们的日常生活中得到广泛的渗透和利用，促使我们每天所接触的信息数量庞大，无论是从事各行各业，都已离不开信息。一条有价值的信息可能会给一个企业带来很大的经济效益，让一个濒临破产的企业转亏为盈，而一条没有价值的信息可能会使一个企业丧失发展机遇。信息对信息业以及对社会各个行业系统直接或间接地产生经济效益，因此需要运用一定的理论与方法对信息进行合理地利用，才能带来最大的经济收益。

2. 选择与决策

选择与决策是个体复杂的心理与行为活动，在生活与工作的各个方面，我们都面临着选择与决策，信息反映了事物演变的历史和现状，并暗含着事物发展的趋势。人们在进行选择与决策的过程中，常常会受到主观意念的干扰，从而影响选择与决策的正确性。而通过正确的方式充分地获得信息，并且能够利用正确的信息，再结合自身经验，以及科学的分析和决策方法，更有益于对事物做出最优的选择和决策。

3. 协助研究与创新

创新是一个民族进步的灵魂，是国家兴旺发达的不竭动力。人类需要不断地研究，不断地创新，人类文明才得以发展，社会才得以进步。从事科学研究和技术开发的过程中，都需要获取大量的论文、著作、报告等，这些信息都是从事研究和创新的基础。只有将科研与创新建立在大量信息的基础之上，才能更好地利用前人的研究成果，从而获得更科学、可靠、先进的成果。

4. 促进人类发展与进步

人类在理论与实践中不断总结新的知识经验，并成为人们进行新的实践的依据。人类通过实践从而形成知识，知识不断积累，从而人脑创造发展出新的知识，进而再指导人类实践活动。社会在知识不断发展与进步的过程中得到发展。社会进步和发展，需要每个环节信息交流的畅通。信息的不断发展促进人类的发展与进步，如图 1-3 所示为世界上第一台数字式电子计算机。

图 1-3　1946 年，美国研制成功世界上第一台数字式电子计算机

四、文献信息

由于信息检索课程主要讲授的是对文献信息这一类型的信息进行检索，因此，我们需要更加深入地学习和了解文献信息。

文献是记录在物质载体上的信息，或者说是记录有知识的一切载体。文献信息资源的类型按照不同的依据可以划分为多种类型。

（一）按文献信息的载体形态和制作方式划分

（1）刻写型文献信息　印刷术发明之前的古代文献及手写记录。包括手稿、日记、原始档案、碑刻。

（2）印刷型文献信息　以纸张为存储介质，以印刷为记录手段。

（3）缩微型文献信息　以感光材料为存储介质，光学摄影技术为记录手段。

（4）声像型文献信息　通过声音、图像等多媒体手段存储信息的文献。

(5) 电子型文献信息　以磁性材料为存储介质，以穿孔、打字或光学符号识别装置为记录手段。分为联机型、光盘型、网络型文献信息。

(二) 按文献信息的出版形式划分

(1) 图书　专著、教科书、各种科普读物及各专业参考工具书等。

其内容系统、成熟、定型，信息经筛选，可靠性强，包含的内容一般只是反映3～5年以前的研究水平。

(2) 期刊　一种以印刷形式或其他形式逐次刊行的，通常有数字或年月顺序编号的，并打算无限期地连续出版下去的出版物。

期刊内容专深、可靠、详尽、信息丰富，且数量大，品种多，能够及时反映有关领域的最新动态信息。

(3) 报纸　也是一种连续出版物。

报纸对社会科学特别是对广泛的社会研究和企业经营来说非常重要。

(4) 会议文献　学术会议上宣读或交流的论文和其他有关资料，分为会前文献、会中文献和会后文献。

会议文献出版形式不固定，同一会议的文献论题集中，内容新颖、丰富、专深、学术性强。

(5) 科技报告　报道研究工作和开发调查工作的成果或进展情况的一种文献类型。

科技报告内容专深、详尽、完整、可靠，出版及时，能够及时地反映研究进展信息。

(6) 专利文献　一切与专利制度有关的在专利申请和授权各阶段产生的文献统称为专利文献。包括专利说明书、专利局公报、专利文摘、专利分类与检索工具书，申请专利时提交的各种文件（如请求书、权利要求书、有关证书等）。

专利文献内容具体、可靠、详尽，具有新颖性、创造性和实用性，能够反映科学技术的最新水平。

(7) 标准文献　主要是指与技术标准、生产组织标准和管理标准有关的文献。

它的制定、审批有一定的程序；适用范围非常明确专一；编排格式、叙述方法严谨划一，措词准确；技术上具有较充分的可靠性和现实性；有一定的有效时间，需要随着技术发展而不断修订、补充或废除，新陈代谢比较频繁。

(8) 学位论文　高等学校学生为获得某种学位而撰写的科学论文。

学位论文探讨问题比较专一，带有创造性的研究成果。

(9) 产品样本　各种产品目录、产品说明书和产品资料等。

产品样本在技术上比较成熟，数据比较可靠，对产品的说明较为具体。

(10) 档案资料　具体工程、项目、产品和商品，以及集团、企业等机构在技术和开发运行和操作及活动过程中形成的文件、图纸、图片、方案原始记录等资料。具有明显的保密性和内部控制使用的特点。

(11) 政府出版物　各国政府部门及其所属机构所发表的文件。特点是政策性、综合性和指导性较强。

(三) 按文献信息的加工深度划分

(1) 零次文献　指未以公开形式进入社会使用的信息，如一些原始数据、实验记录、论文草稿等。不公开交流，较难获取。

（2）一次文献　作者以科研的直接成果为基本素材而创作的文献，如专著、学术论文、专利说明书、科技报告等。具有创造性，有直接参考、借鉴和使用的价值。

（3）二次文献　对一次文献进行加工整理后的产物，如目录、索引、文摘。没有新的知识信息的产生，具有汇集性、检索性的特点。

（4）三次文献　在一二次文献的基础之上，综合分析比较研究从而生成的再生信息资源，如综述、百科全书、参考工具书等。综合性高，针对性强，系统性好，知识信息面广，能直接被参考和借鉴。

（四）按出版形式和内容公开程度划分

（1）白色文献　正式出版并在社会公开流通的文献。如图书、报纸、期刊。

（2）灰色文献　非公开发行的内部文件或限制流通的文献。如内部期刊、专利文献、技术档案等。

（3）黑色文献　人们未破译或识别其中信息的文献，如考古发现的古老文字；处于保密状态或不愿公开其内容的文献，如未解密的档案、个人日记、私人信件。

第二章

中文数据库检索

中文数据库包括中国知网、维普资讯数据库、万方数据资源库、中国科学引文数据库、中文社会科学索引数据库。

第一节　中 国 知 网

一、CNKI 资源简介

中国知网（CNKI）英文全名为 China National Knowledge Infrastructure 。中国知网是一个网络出版与知识的服务平台，文献类型包括：学术期刊、博士学位论文、优秀硕士学位论文、工具书、重要会议论文、年鉴、专著、报纸、专利、标准、科技成果、知识元、哈佛商业评论数据库、古籍等。

CNKI 工程的具体目标，一是大规模集成整合知识信息资源，整体提高资源的综合和增值利用价值；二是建设知识资源互联网传播扩散与增值服务平台，为全社会提供资源共享、数字化学习、知识创新信息化条件；三是建设知识资源的深度开发利用平台，为社会各方面提供知识管理与知识服务的信息化手段；四是为知识资源生产出版部门创造互联网出版发行的市场环境与商业机制，大力促进文化出版事业、产业的现代化建设与跨越式发展。

网址：http：//www. cnki. net。如图 2-1 所示为其新版主页。

二、CNKI 检索特点

（一）跨库检索

CNKI 数据库跨库检索平台可以针对《中国期刊全文数据库》、《中国优秀博硕士学位论文全文数据库》、《中国重要会议论文全文数据库》、《中国重要报纸全文数据库》进行同时检索。图 2-2 为跨库检索页面。

跨库检索包括初级检索、高级检索、专业检索。

（二）单库检索

单库检索就是针对一个库进行检索。例如要找期刊文章，就去期刊数据库，论文就去论

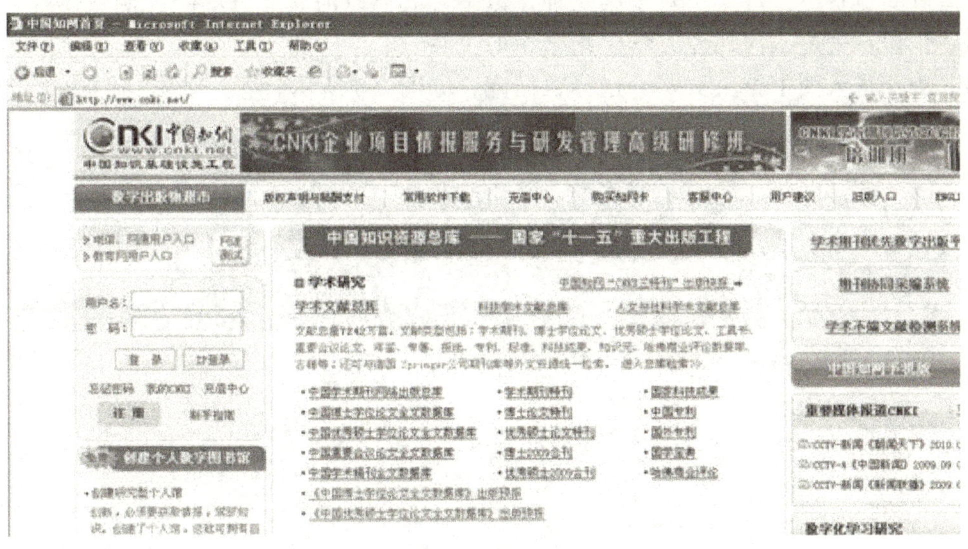

图 2-1 中国知网主页

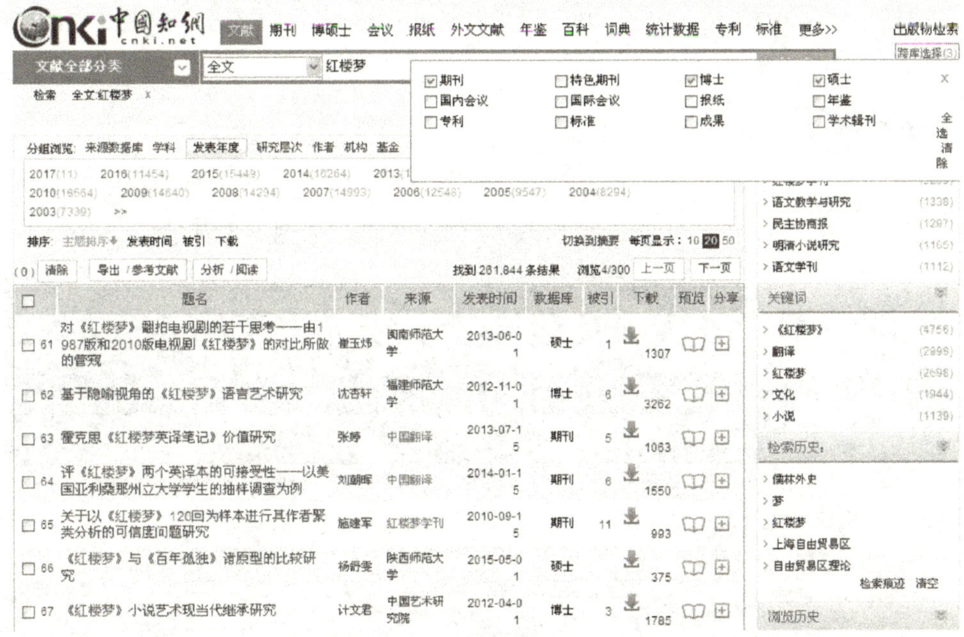

图 2-2 跨库检索界面

文数据库检索。

单库检索即传统的检索方式，分别进入期刊、博硕士学位论文、学术论文、会议论文、报纸、年鉴数据库等对该库的文献进行检索。

三、中国知网操作

中国知网的进入有三种方式：一是在搜索引擎中输入："CNKI"或"中国知网"点击搜到的链接进入；二是直接在地址栏中输入网址 http://www.cnki.net，进入；三是从单位或学校提供的免费链接进入。对于第三种，以下，我们以河北北方学院为例叙述。

第一步：首先进入河北北方学院图书馆的主页。

第二步：进入图书馆主页——选择数据库，如图 2-3 所示。

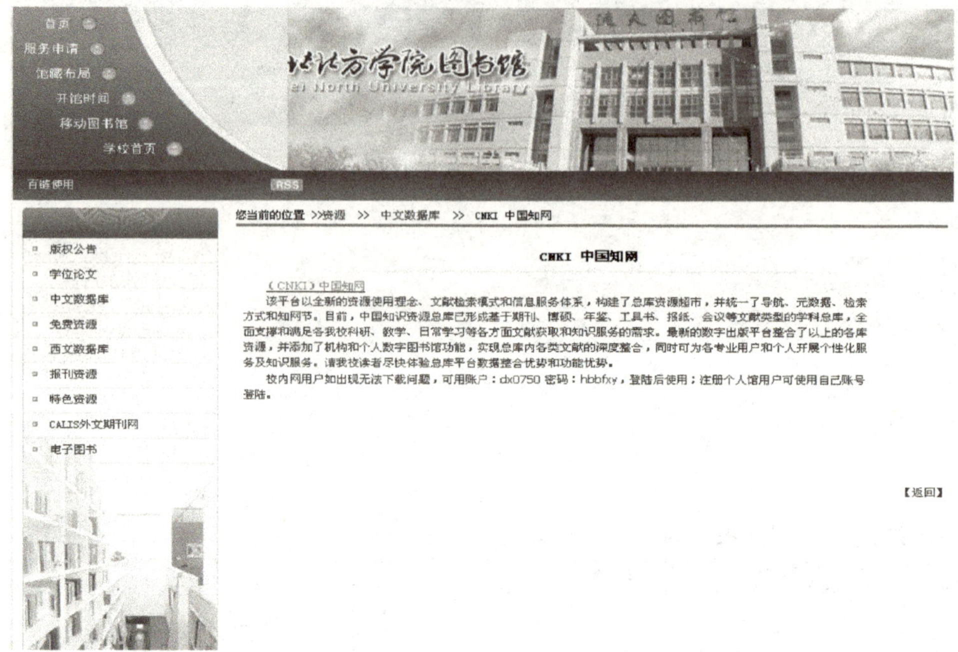

图 2-3　选择数据库

第三步：点击“（cnki）中国知网”，进入知网主页，如图 2-4 所示。

图 2-4　知网主页

第四步：在检索栏中输入欲检索的检索词。比如“红楼梦研究”，如图 2-5 所示。即可实现最简单的检索，如图 2-6 所示为检索结果。

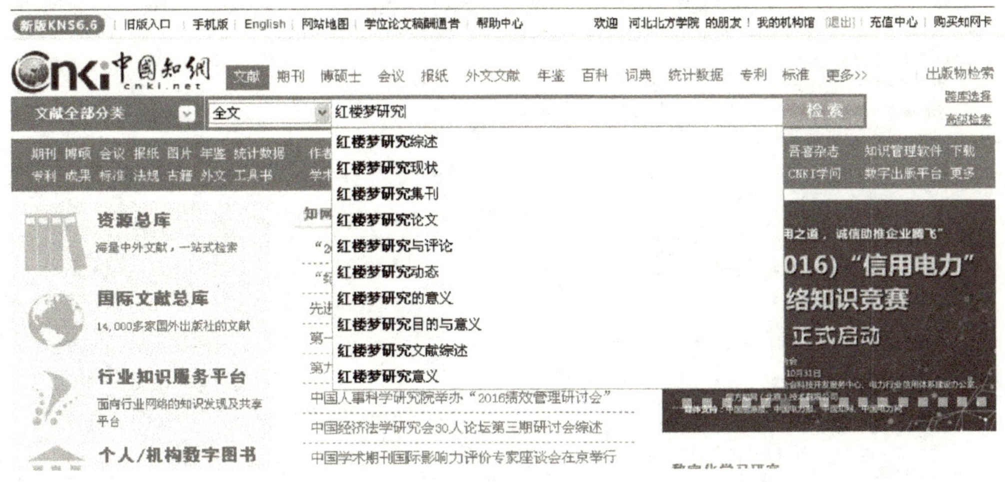

图 2-5　输入检索词

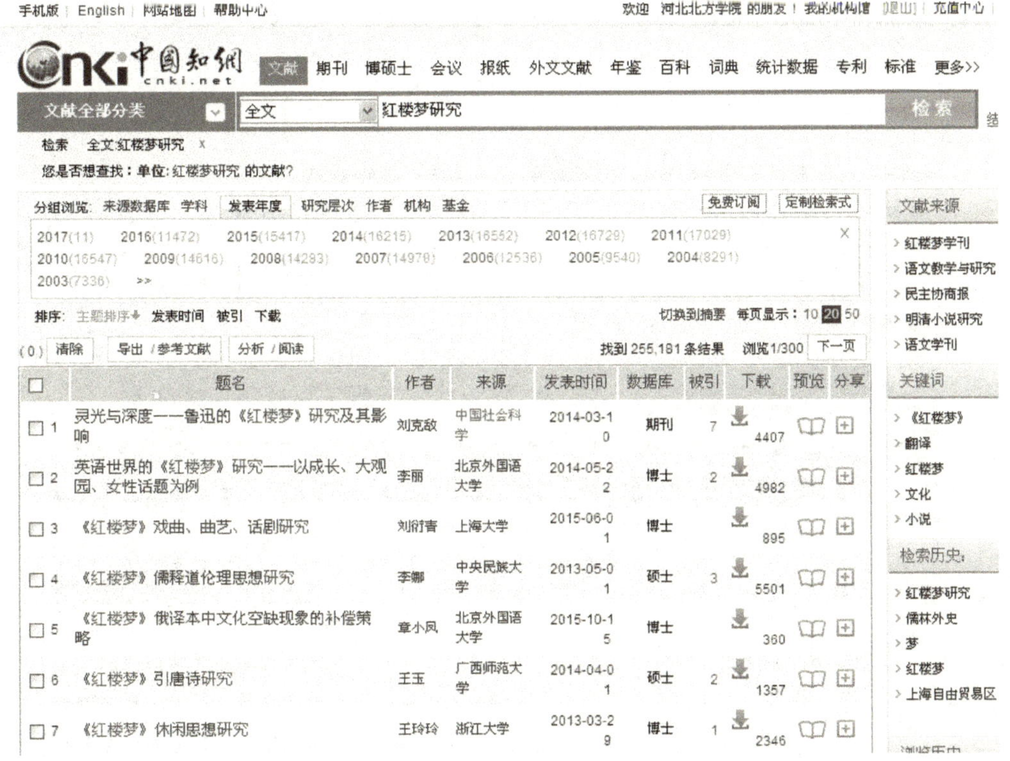

图 2-6　检索结果

这只是简单的初级检索，对于要求检索的内容范围有较多限制的，也可以使用高级检索或者是专业检索。高级检索热键在检索栏后面，点击进入，可以同时选择多个约束条件来检索文章，如图 2-7 所示为从 2014 年 1 月 1 日到 2016 年 12 月 18 日两年内，同时搜索以红楼梦和金瓶梅为主题的文章，共 130 篇。

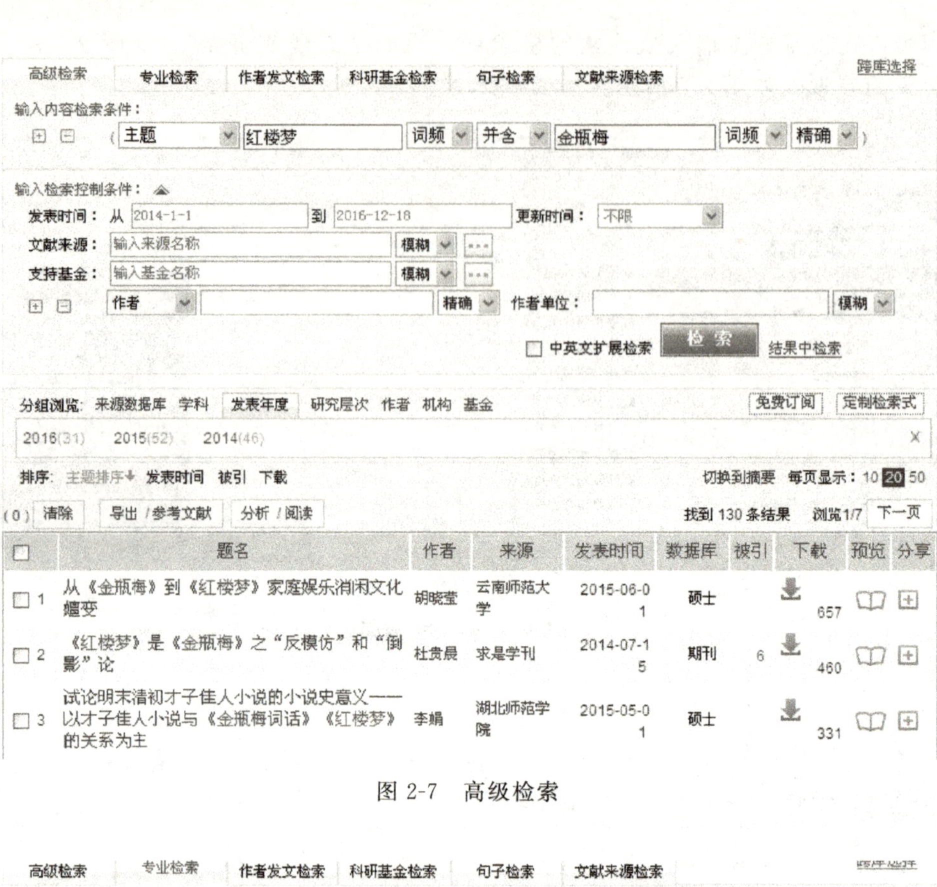

图 2-7 高级检索

高级检索 专业检索 作者发文检索 科研基金检索 句子检索 文献来源检索 跨库选择

SU='张家口'*'冬奥' and FT='雾霾'

检索表达式语法

检索文献 结果中检索

发表时间：从 2016-6-1 到 2016-12-18

可检索字段：

SU=主题,TI=题名,KY=关键词,AB=摘要,FT=全文,AU=作者,FI=第一责任人,AF=机构,JN=文献来源, RF=参考文献，YE=年,FU=基金,CLC=中图分类号,SN=ISSN,CN=统一刊号,IB=ISBN ,CF=被引频次

示例：

1）TI='生态' and KY='生态文明' and (AU % '陈'+'王') 可以检索到篇名包括“生态”并且关键词包括“生态文明”并且作者为“陈”姓和“王”姓的所有文章；

2）SU='北京'*'奥运' and FT='环境保护' 可以检索到主题包括“北京”及“奥运”并且全文中包括“环境保护”的信息；

3）SU=('经济发展'+'可持续发展')*'转变'-'泡沫' 可检索“经济发展”或“可持续发展”有关“转变”的信息，并且可以去除与“泡沫”有关的部分内容。

分组浏览：来源数据库 学科 发表年度 研究层次 作者 机构 基金 免费订阅 定制检索式

2016(3)

排序：主题排序 发表时间 被引 下载 切换到摘要 每页显示：10 20 50

(0) 清除 导出/参考文献 分析/阅读 找到 3 条结果

	题名	作者	来源	发表时间	数据库	被引	下载	预览	分享
1	2022年张家口冬奥会对河北经济社会的影响	文晶晶;李墨;刘阳	党史博采(理论)	2016-06-25	期刊		66		
2	热点二 2022年冬奥会	胡星荣	地理教育	2016-06-15	期刊		25		
3	论北京2022年冬奥会的价值和意义 优先出版	易剑东;王道杰	体育与科学	2016-09-22 12:09	期刊		65		

图 2-8 专业检索

专业检索是利用专业检索式，将检索式输入专业检索的文献检索对话框中，进行检索的方式。如图 2-8 所示为输入检索式：SU＝‘张家口’＊‘冬奥’and FT＝‘雾霾’的检索结果。这个检索式的含义为：可以检索出，主题包括“张家口”及“冬奥”并且全文中包括“雾霾”的信息，图中约束的时间段为 2016 年 6 月 1 日到 2016 年 12 月 18 日，共检出符合条件的文章 3 篇。

第二节　维普资讯数据库

重庆维普资讯有限公司（Vipinfo）是国内著名的科技资讯类软件企业，全文数据库提供商，隶属科学技术部西南信息中心。自 1989 年以来，致力于国内信息产业的发展，对期刊、报纸等文献进行科学严谨的研究，致力于信息资讯服务的深度开发和推广应用。主要产品有《中文科技期刊数据库》全文版、文摘版、引文版。其全文和题录文摘版一一对应。

公司网站：http：//www.cqvip.com，http：//www.vipinfo.com.cn。

一、维普资讯数据库简介

维普资讯的产品主要有《中文科技期刊数据库》、《外文科技期刊数据库》、《中国科技经济新闻数据库》、《维普医药信息资源系统》以及维普行业信息资源系统等。

维普公司收录有中文报纸 400 种、中文期刊 9000 多种、外文期刊 5000 余种；已标引加工的数据总量达 1500 万篇、3000 万页次；收录 1989～1999 年出版期刊 7000 多种，2000 年后收录出版期刊 12000 余种，其中医学类期刊 1062 种（2000 年底统计）。

三个镜像站：上海高校网络图书馆管理中心、第二军医大学图书馆、上海大学图书馆。

覆盖范围：涵盖社会科学、自然科学、工程技术、农业、医药卫生、经济、教育和图书情报等学科。

分类体系：按照《中国图书资料分类法》进行分类，所有文献被分为 8 个专辑：社会科学、自然科学、工程技术、农业科学、医药卫生、经济管理、教育科学和图书情报。8 大专辑又细分为 35 个专题。

著录标准：《中国图书资料分类法》。

二、维普资讯检索指南

（一）《中文科技期刊数据库》主要检索方法

输入 http：//www.cqvip.com/，首先默认的检索区域就是《中文科技期刊数据库》的检索方式，如图 2-9 所示。

（1）基本检索　系统默认的检索字段是题名或关键词，点击检索字段的下拉菜单，系统提供 9 个检索字段，分别是题名或关键词、刊名、作者、第一作者、机构、题名、文摘、分类号。检索范围只提供时间范围，不提供学科范围和期刊范围。图 2-10 为维普基本检索界面。

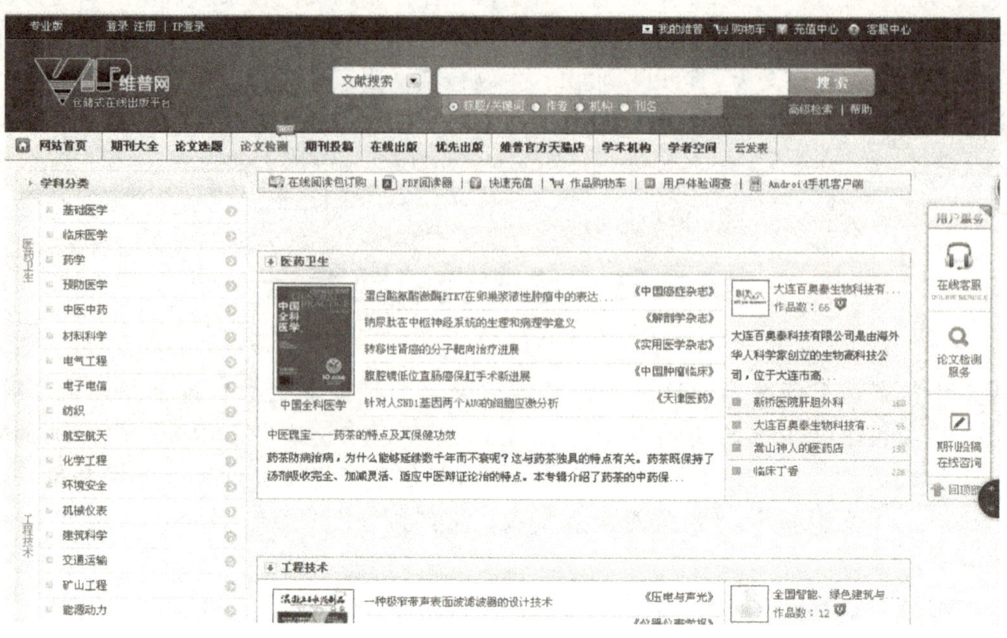

图 2-9 中文科技期刊数据库首页

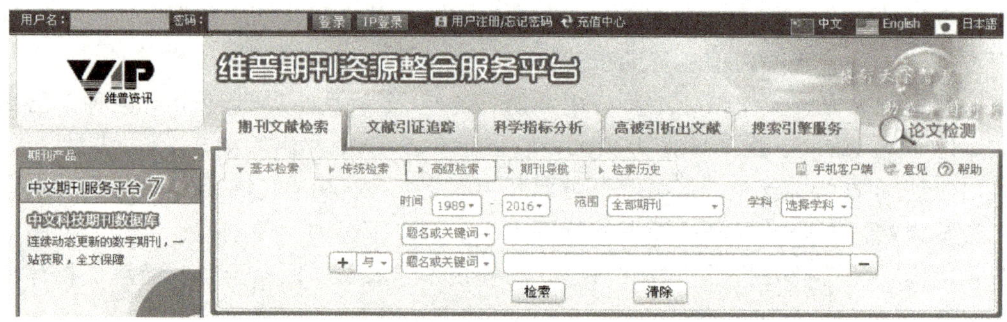

图 2-10 维普基本检索界面

(2) 传统检索 传统检索是维普信息资源系统升级前的检索界面，提供同义词库和同名作者库。当选择检索字段为关键词时，如有该关键词的同义词，系统会提示是否用这些同义词检索，使用同义词库可提高查全率，防止漏检。图 2-11 为维普传统检索界面。

图 2-11 维普传统检索界面

（3）高级检索　系统提供直接输入检索式和多条件组合检索两种方式。直接输入检索式是将检索词和逻辑运算符形成的检索表达式直接输入检索式输入框。图 2-12 为维普高级检索界面。

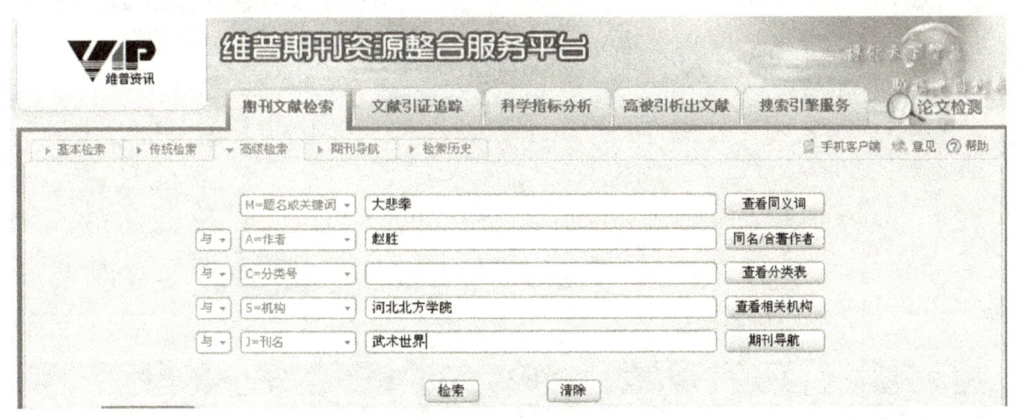

图 2-12　维普高级检索界面

（4）分类导航　根据《中国图书馆分类法》，由维普公司专业人员对每条中文期刊进行了分类标引。点击该链接，用户可按学科类别逐级进入，获取检索结果。

系统提供期刊搜索、刊名字顺、学科分类导航三种方式。期刊搜索提供刊名和 ISSN 两种检索途径，选择刊名或 ISSN，输入刊名或 ISSN 进行检索。刊名字顺是按照刊名首字的汉语拼音字顺序将期刊进行列表。图 2-13 为维普期刊分类导航检索界面。

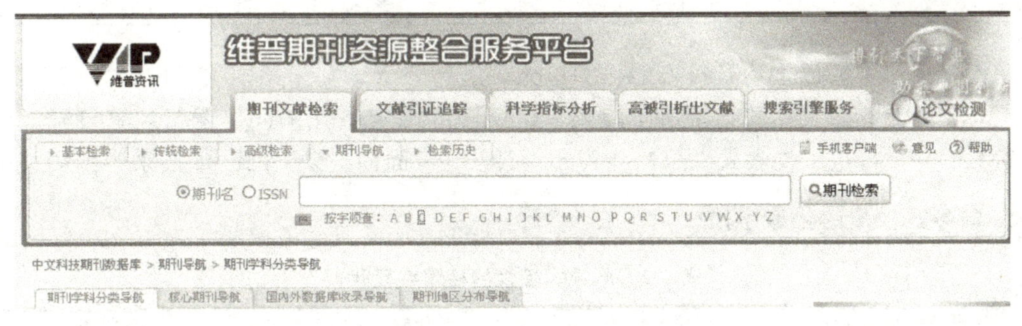

图 2-13　维普期刊分类导航检索界面

三、数据库高级检索

高级检索有两种方式供选择使用：向导式检索和直接输入检索式检索。

（一）向导式检索

向导式检索提供分栏式检索词输入方法，见图 2-14。

除可选择逻辑运算、检索项、匹配度外，还可以进行相应字段扩展信息的限定，最大限度地提高了查准率。

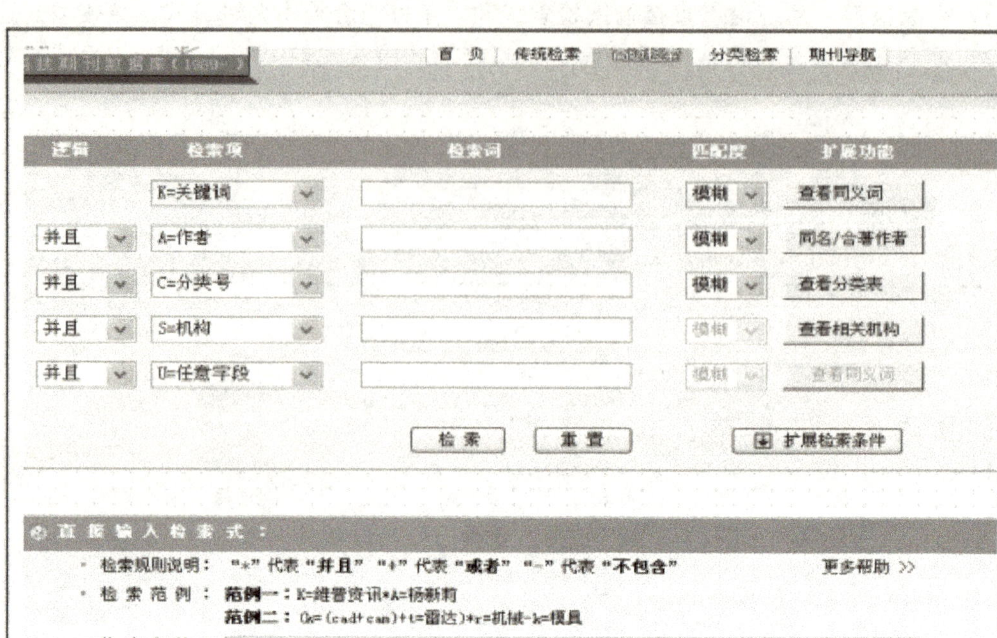

图 2-14　向导式检索

1. 向导式检索的逻辑运算符（表 2-1）

表 2-1　向导式检索的逻辑运算符

逻辑运算	*	＋	—
含义	并且、与、and	或者、or	不包含、非、not

在检索表达中，以上运算符不能作为检索词进行检索，如果检索需求中包含以上逻辑运算符，需要调整检索表达式，用多字段或多检索词的限定条件来换掉逻辑运算符号。例如，要检索 C＋＋，可组织检索式“（M＝程序设计 * K＝面向对象）* K＝C”来得到相关结果。

2. 向导式检索的检索字段代码（表 2-2）

表 2-2　向导式检索的检索字段代码

代码	字段	代码	字段
U	任意字段	S	机构
M	题名或关键词	J	刊名
K	关键词	F	第一作者
A	作者	T	题名
C	分类号	R	文摘

（二）直接输入检索式检索

即在检索框中直接输入逻辑运算符、字段表示等，点击“扩展检索条件”并对相关检索条件进行限制后进行检索，见图 2-15。

此检索式表示查找文摘中含有机械，并且关键词含有 CAD 或 CAM，或者题名含有“雷达”，但关键词不包含“模具”的文献。

直接输入检索式：

检索规则说明："*"代表"并且" "+"代表"或者" "-"代表"不包含" 更多帮助 >>

检 索 范 例 ：范例一：K=维普资讯*A=杨新莉

范例二：(k=(cad+cam)+t=雷达)*r=机械-k=模具

检 索 条 件 ：

扩展检索条件

时间条件：

时间：1989 年至 2016 年 更新时间：最近一周

专业限制：

社会科学 经济管理 图书情报 教育科学 自然科学 农业科学 医药卫生 工程技术

期刊范围：

核心期刊 全部期刊 EI来源期刊 SCI来源期刊 CA来源期刊 CSCD来源期刊 CSSCI来源期刊

检 索 重 置 扩展检索条件

图 2-15 直接输入检索式检索

第三节 万方数据资源系统

万方数据资源系统是以中国科技信息所（万方数据集团公司）全部信息服务资源为依托建立起来的，是一个以科技信息为主，集经济、金融、社会、人文信息为一体，以 Internet 为网络平台的大型科技、商务信息服务系统。万方数字化期刊收集了理、工、医、农、经管、人文社科等八大类 100 多个类目 5000 多种期刊，实现全文上网，可以进行论文引文关联检索和指标统计，囊括了我国所有科技统计源期刊和重要社科核心类期刊。

万方数据资源系统的主页见图 2-16，网址：http：//www. wanfangdata. com. cn/。

图 2-16 万方数据资源系统主页

一、万方数据资源简介

（一）学术期刊

收录自1998年以来国内出版的各类期刊6000余种，其中核心期刊2500余种，论文总数量达1000余万篇，每年约增加200万篇，每周两次更新。

（二）学位论文

收录自1980年以来我国自然科学领域各高等院校、研究生院以及研究所的硕士、博士以及博士后论文共计136万余篇。其中“211”高校论文收录量占总量的70%以上，论文总量达110余万篇，每年增加约20万篇。

（三）会议论文

收录1985年至今世界主要学会和协会主办的会议论文，以一级以上学会和协会主办的高质量会议论文为主。每年涉及近3000个重要的学术会议，总计97万余篇，每年增加约18万篇，每月更新。

（四）科技成果

主要收录国内的科技成果及国家级科技计划项目，总计约50余万项，内容涉及自然科学的各个学科领域，每月更新。

二、检索方法

系统提供了强大的单库检索、跨库检索等检索功能。在万方数据主页面上，用户既可以在页面的检索框内直接输入检索词，进行单库检索；又可以根据需要在所需数据库前的复选框中打钩，系统可自动将所选择的数据库添加到检索范围中，进行跨库检索。

在资源浏览页面既可以实现按数据库分类浏览、按学科浏览、按行业浏览、按地区浏览、按刊期浏览，又可实现多种检索条件组合检索，资源分类框和检索框则因选定数据库的不同而不同。

数据库可分为一般检索和专业检索，接下来将详细介绍这两种检索方式。

（一）一般检索

一般检索可采用字段级检索、全文检索及高级检索（逻辑检索）。

1. 字段级检索

字段级检索是在所选定的数据库字段中进行检索，检索的关键词（字）只有一个。检索步骤如下。

（1）选择数据库　进入相应栏目资源总览区直接点击选取数据库，本例选取科技文献栏目的《中国学位论文》数据库。

（2）确定检索方式　在数据库检索提问表单的字段选择列表框中按下拉箭头选择除“全文”之外的选项，本例选取“题目”。

（3）输入检索关键词（字）　在查询关键字输入框中输入第一个检索关键词（字），比如

“电机”。

(4) 执行检索　点击“执行”。针对本例，检索系统将在《中国学位论文》数据库中将题目中含有“电机”的记录取出。

2. 全文检索

单一数据库的全文检索是在选定数据库的所有字段中进行检索，检索的关键词（字）只有一个。检索步骤如下。

(1) 选择数据库　进入相应栏目资源总览区直接点击选取数据库，本例选取科技文献栏目的《中国学位论文》数据库。

(2) 确定检索方式　在数据库检索提问表单的字段选择列表框中按下拉箭头选择“全文”。

(3) 输入检索关键词（字）　在数据库检索提问表单的关键字输入框中输入关键词（字），比如“电机”。

(4) 执行检索　点击“执行”。针对本例，检索系统将在《中国学位论文》数据库中将全文中含有“电机”的记录取出。

3. 高级检索

高级检索是在所选定的数据库用两个关键词进行的检索，如图 2-17 所示。检索步骤如下。

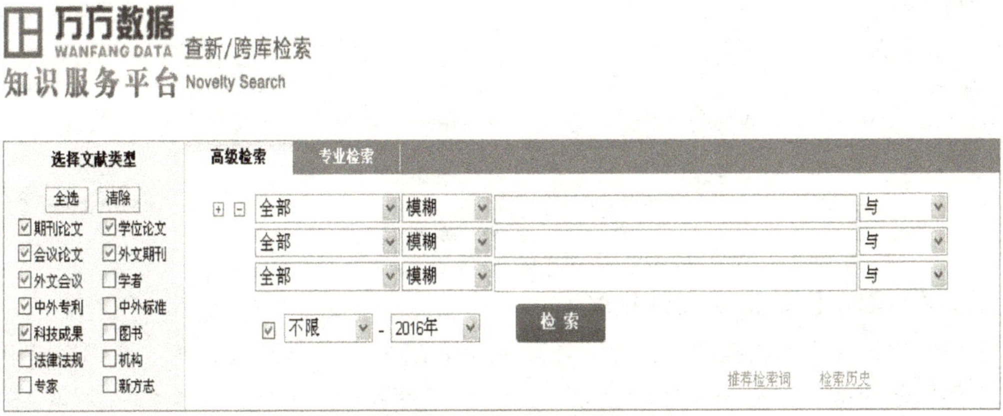

图 2-17　高级检索页面

(1) 选择数据库　进入相应栏目资源总览区直接点击选取数据库，本例选取科技文献栏目的《中国学位论文》数据库。

(2) 确定第一个关键字的检索方式　在数据库检索提问表单的第一个字段选择列表框中按下拉箭头选择，比如选择“标题”。

(3) 输入第一个检索关键词（字）　在数据库检索提问表单的第一个查询关键字框中输入关键词（字），比如“电机”。

(4) 确定词间关系　在逻辑运算选择列表框中选择“与”、“或”、“非”，比如选择“与”。

(5) 确定第二个关键字的检索方式　在第二个检索字段列表框中做出选择，比如选“会议 id”。

(6) 输入第二个检索关键词（字） 在数据库检索提问表单的第二个查询关键字框中输入关键词（字），比如“汽车”。

(7) 执行检索 点击“执行”。针对本例，检索系统将在《中国学位论文》数据库中将标题含有“电机”并且会议 id 中含有“汽车”的记录取出。

(二) 专业检索

专业检索支持布尔检索、相邻检索、截断检索、同字段检索、同句检索和位置检索等全文检索技术，具有较高的查全率和查准率。

用户可对选定的数据库进行专业检索。在单个数据库检索页面上（如图 2-17 所示）。点击“专业检索”，即可进入专业检索页面，参见图 2-18 专业检索页面。

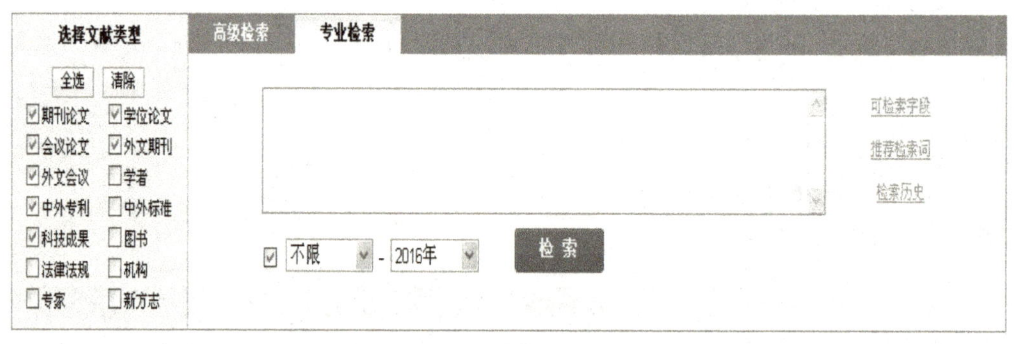

图 2-18 专业检索页面

(三)《中国学位论文全文数据库》

《中国学位论文全文数据库》由万方数据股份有限公司制作发行。该数据库精选相关单位 1977 年以来的博硕、学术、期刊论文，截至 2016 年年底，共收录学术论文 7750 多万篇，期刊论文 356 万余篇，内容涵盖自然科学、数理化、天文、地球、生物、医药、卫生、工业技术、航空、环境、社会科学、人文地理等学科。

(1) 学位论文类别 可选择硕士、博士、全部。系统默认值为“全部”。

(2) 年限选择 可选择 1977～2016 年中的任何年限。

(3) 检索方式 包括初级检索、高级检索、全库检索、分类检索。

接下来介绍一下初级检索。

初级检索界面实际上与 CNKI 和 VIP 的高级检索界面相同。在这个检索界面，既可作单一检索，也可作组合检索。不管选择哪个检索字段，在未输入任何检索词的情况下点击“检索”，都可浏览全库论文列表，完全等同于“浏览全库”的检索方式。

检索字段（途径）比较常用的字段是“论文题名”、“作者”、“关键词”和“摘要”。

例如：检索题名含有“机械设计”的论文，如图 2-19 所示。

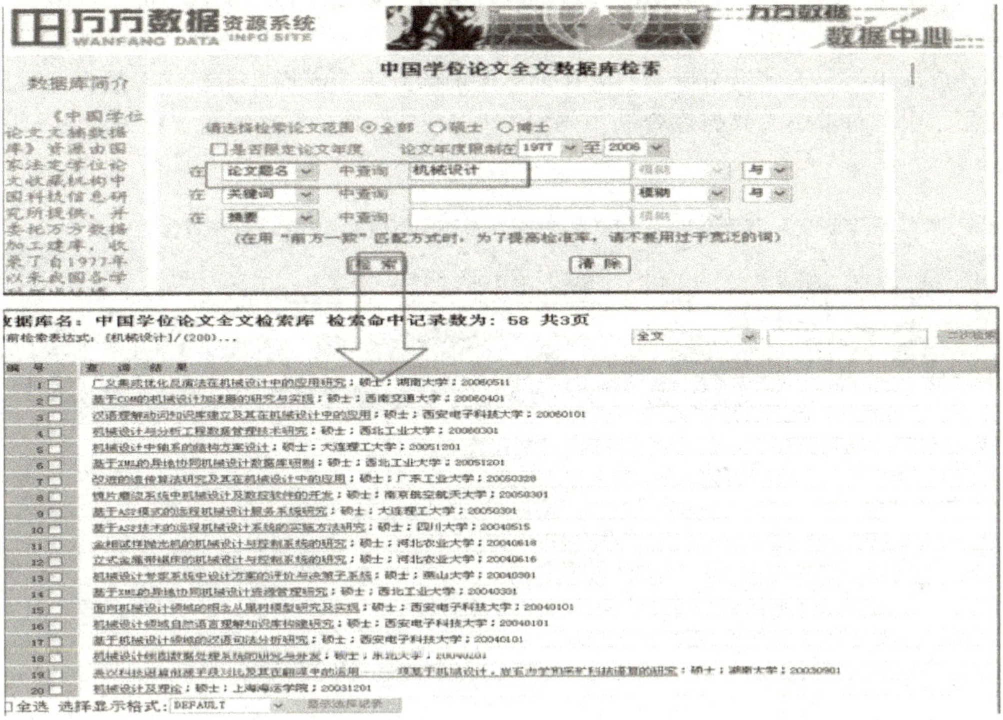

图 2-19 中国学位论文全文数据库检索

（四）万方医学网

万方医学网是万方数据秉承开放联合、专业精深的理念，联合国内医学权威机构、医学期刊编辑部、医学专家，采用先进的信息技术，对各类信息进行专业有效整合，推出的旨在关注医学发展、关注全民健康，面向广大医院、医学院校、科研机构、药械企业及医疗卫生从业人员的医学信息整合服务平台。

万方医学网收录有海量、高品质的中文医学期刊全文资源，内容涵盖医学各个分支领域，并独家收录“中华医学会”系列期刊和“中国医师协会”系列期刊的全文资源，是用户在互联网上获取中华医学会、中国医师协会等期刊全文资源的唯一途径。此外，还收录有大量医学学位、会议论文资源。

万方医学网可在线检索 4000 余种 NSTL（国家科技图书文献中心）外文医学期刊资源，全文由原文传递方式获得，并提供 1000 余种国外医学 OA 期刊的链接，是国内唯一能够实现完善的中外文期刊一体化服务的网站。

第四节 中国科学引文数据库

中国科学引文数据库（Chinese Science Citation Database，简称 CSCD），创建于 1989 年，收录中国数学、物理、化学、农林科学、医药卫生、天文学、地理学、生物学、工程技术和环境科学等领域出版的中英文科技核心期刊和优秀期刊千余种。已积累从 1989 年开始的论文记录 3714291 条，引文记录 38942322 条。中国科学引文数据库是中国第一个引文数据库，内容丰富、结构科学、数据准确。中国科学引文数据库提供了数据链接机制，支持用户获取全文。中国科学引文数据库已在中国科研院所、高等学校的课题查新、基金资助、项目评估、成果申报、人才选拔以及文献计量与评价研究等多方面作为权威文献检索工具获得广泛应用。中国科学引文数据库曾获中国科学院科技进步二等奖。基本检索界面如图 2-20 所示。

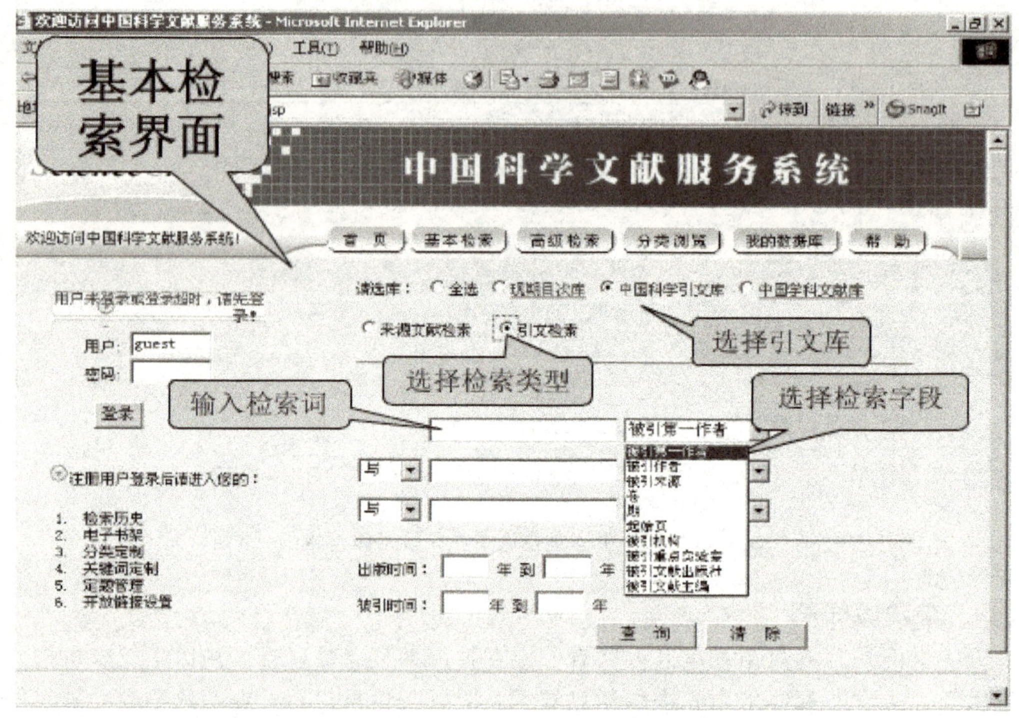

图 2-20　中国科学引文数据库服务系统

一、基本术语与检索字段

（一）基本术语

（1）来源文献　本服务系统收录的期刊论文。

（2）相关文献　如果两篇或两篇以上的论文共同引用了一篇或一篇以上的相同的文章，则这两篇或更多的论文具有相关关系，这种具有相关关系的论文称为相关文献。

（3）中文引文　包括中国出版的各语种文献、中国人（含香港、澳门、台湾、海外华人）发表的文献和外国人在中国发表的文献。

（4）引文　中国科学引文数据库收录的期刊论文文后的参考文献。

（5）引文来源　一篇引文的具体出处，如日期、图书、会议记录等。

（6）引证文献　中国科学引文数据库收录的期刊论文。

（7）被引情况　一篇论文被引用的情况。

（二）检索字段

（1）被引第一作者　引文中的第一作者名。从这个检索途径可以查找第一作者论著被引用的情况。

(2) 被引作者　引文的前三个作者姓名。从 2006 年数据开始，提供引文前三个作者的查询。

(3) 被引来源　引文中出现的期刊、专著、专利、会议录等名称。可以查找到一种期刊、一本专著等文献的被引用情况。

(4) 被引机构　收录的论文被引用的机构名称。

(5) 被引实验室　收录的论文被引用的国家重点实验室、部门开放实验室名称。

(6) 被引文献主编　当引文有主编姓名时，可以用此检索点检索，但不包含期刊的主编。

二、检索途径和方法

进入中国科学文献数据库服务系统页面，选择“中国科学引文数据库”。根据用户需要检索入口“来源文献检索”或“引文检索”，检索途径包括简单检索、高级检索、引文检索。

(一) 简单检索

简单检索页面为本数据库默认页面。用户根据下拉菜单，直接在选定的检索字段中输入检索词，进行快捷检索，并可以进行多个检索字段的组合检索。来源文献检索可限定论文发表的时间和范围，引文检索可限定论文发表和被引时间范围。

(二) 高级检索

高级检索可以根据检索系统提供的检索点，任意组配检索式进行检索，也可以构造更为复杂的检索式，并可进行任意修改，如图 2-21 所示。可以在检索框中输入“字段名称”和“布尔连接符”以及检索内容构造检索式；也可以在最下方的检索框填入相应检索词，点击增加，将自动生成检索语词。

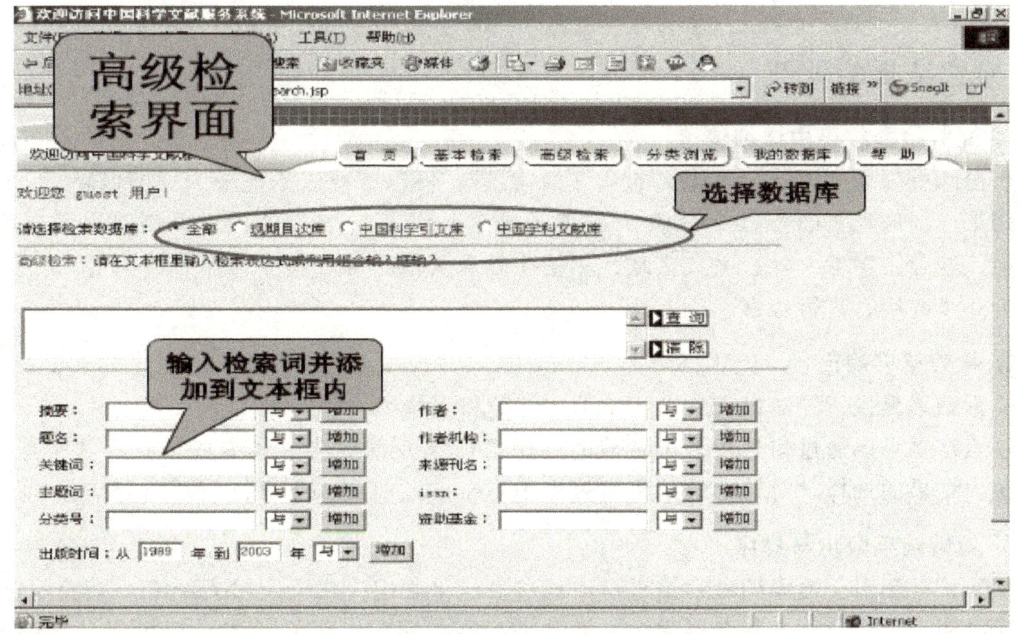

图 2-21　高级检索

（三）来源刊浏览

来源刊浏览主要是提供中国科学引文数据库来源刊浏览，页面提供期刊名首字母的选择和刊名、ISSN 的检索。如图 2-22 所示。

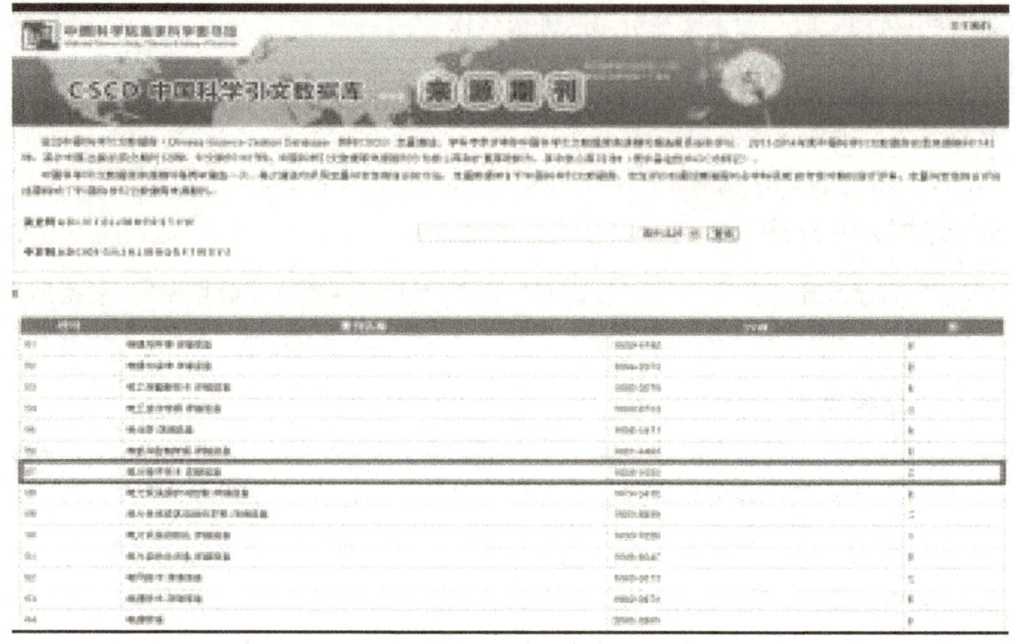

图 2-22　来源刊浏览

点击刊名可查看该期刊的详细信息以及该期刊相应卷期的具体来源文献信息。系统提供来源文献详细信息的细览页面。显示信息包括题名、作者、机构、文献、出处、ISSN、关键词、学科、基金、参考文献、引证文献和相关文献。

三、检索结果的处理

1. 浏览检索结果中详细信息

点击结果列表中每条记录题名的“详细信息”，可以查看该条记录的详细信息。

结果详细信息页面可以查看该条记录的题名、作者、作者机构、文摘、来源、ISSN、关键词、基金、参考文献、引文文献、相关文献和其他链接。其中，作者、关键词、基金都可以进一步链接，进行检索。

2. 检索结果输出

检索结果提供三种输出方式：E-mail、打印和下载。

检索结果可以通过勾选每条记录前的选择框，或者直接选中“本页”或者“所有记录”进行输出结果的选择，对选中的结果直接点击 E-mail、打印和下载即可进行相应操作。

3. 检索结果限定与排序

来源检索和引文检索的检索结果可以通过“结果限定”来限定检索结果。来源检索结果可以从来源、年代、作者和学科四个方面来进行结果限定；引文检索结果可以从被引出处、年代和作者三个方面来进行结果限定。

来源检索和引文检索的检索结果可以进行排序。点击结果输出列表中相应字段名称，可以实现相应字段的排序，来源检索结果可以按照题名、作者、来源和被引频次进行排序，引文检索可以按照作者、被引出处和被引频次进行排序。

4. 检索结果分析

可以按照多种途径对最多500条记录进行分析。可分析的字段包括来源、年代、作者、学科类别。通过对检索结果进行不同字段分析，可以帮助用户发现相关的学术期刊，有助于相关领域的期刊订购；了解该研究课题主要发表在什么时间；发现该研究领域的高产出研究人员；了解该研究领域课题在不同学科的分布情况。

第五节 中文社会科学引文索引数据库

一、CSSCI 简介

中文社会科学引文索引（Chinese Social Sciences Citation Index，缩写为 CSSCI）是由南京大学中国社会科学研究评价中心开发研制的引文数据库，用来检索中文人文社会科学领域的论文收录和被引用情况。

入口地址：http：//cssci. nju. edu. cn。

CSSCI 是对国内社会科学进行引文分析的评价系统，点击“包库用户登录入口”即可使用。它是由南京大学中国社会科学研究评价中心开发研制的数据库，用来检索中文社会科学领域的论文收录和文献被引用情况。CSSCI 收录自 1998 年以来管理学、马克思主义、哲学、宗教学、语言学、中国文学、外国文学、艺术学、历史学、考古学、经济学、政治学、法学、社会学、民族学、新闻与传播学、图书情报与档案学、教育学、体育学、统计学、心理学、社科总论、高校综合性社科学报、人文、经济地理、环境科学等社会科学领域的中文期刊 493 种。

利用 CSSCI 的“来源文献检索”，读者可以检索到包括普通论文、综述、评论、传记资料、报告等类型的文章。利用 CSSCI 的“被引文献检索”，读者可以检索到论文（含学位论文）、专著、报纸等文献被引用的情况（注意：该数据库只能检索论文第一作者的引用情况）。

二、CSSCI 检索途径

CSSCI 以包库、预付费和委托查询三种形式为用户提供服务。预付费用户需要登录后方可使用，包库用户打开 CSSCI 主页后，点击“包库用户登录入口”，即可进入并使用。

使用数据库选择页面，有“来源文献”和“被引文献”两种检索可选择。

（一）来源文献检索

来源文献查询：作者检索、机构检索、关键词检索、刊名检索、篇名（词）检索、作者地区检索、文献类号检索、学科类别检索、基金项目检索、发表年代和期刊卷期的检索、结果组配检索，查看文献的详细内容，相关文献的显示。CSSCI 的来源文献检索提供了 10 余个检索途径，大多数检索途径自身就可以实现逻辑组配检索，这种逻辑组配包含两种运算方式，即“或”（参加运算两者只要有其一即可）和“与”（参加运算两者必须均被包含）。

1. 作者检索

希望查找某一学者或某团体作者（如某课题组）的发文情况，可在“作者”栏中输入该学者的姓名或团体作者名称，输入后点“开始检索”按钮，即可在结果显示窗口中显示本次检索的命中结果，在检索结果窗口中显示出本次检索条件及命中篇数等。

在作者检索中，可采取模糊检索或前方一致的方式进行。例如用“费孝”或“孝通”查询也可以得到费孝通先生发表的所有文章，当然，这样出现误检的可能性增加了（如，可能把“费孝成”或“李孝通”的文章都包括进来）。

2. 机构检索

机构检索为了解某一机构发表文章提供了最佳途径。如，想知道北京大学在 CSSCI 所收录的期刊上发表了多少篇论文，可以在机构输入框中键入“北京大学”，然后点击“开始检索”按钮，则可得 CSSCI 上所收录的北京大学所有论文发表情况。

在机构检索中，同样可采用模糊检索或前方一致的方式，如用“复旦大学”检索命中 760 条，同样“旦大”也命中 760 条。当然，这样易出现误检。

3. 标引词检索

标引词是用来反映论文主题意义的词汇，标引词检索提供了通过关键词找到相关论文的途径。检索式中的标引词组可以有多个。

4. 刊名检索

检索主要用于对某种期刊发表论文情况的查询。若欲查看在《中国社会科学》上发表的论文，可以在刊名录入框中，输入“中国社会科学”，点击“开始检索”按钮后，可以得到 CSSCI 所收录该刊论文情况。当然也可以通过卷期来限制某卷某期发表论文的情况。

5. 篇名词检索

篇名词检索主要是为用户提供用篇名中词段进行检索的手段。可以在篇名录入框中输入整个篇名，也可以输入一个词，甚至一个字。如全名“我看北大”只有一篇，而篇名中含有“北大”一词的论文则有 36 篇。

6. 基金检索

对来源文献的基金来源进行检索，可以使用精确、前方一致或模糊检索。

7. 发表年代检索

将检索结果控制在划定的时间范围内。

8. 地区检索

检索结果限制在指定地区或者非指定地区。

9. 文献类型检索

对于文献类型如研究论文、简报等进行限制。

10. 刊物学科检索

将检索结果控制在指定学科的刊物上。

（二）被引文献检索

被引文献检索：被引作者的检索、被引篇名的检索、被引出处的检索、其他被引情况的检索。可以给出论著被引用的详细信息，包括引用文献的作者、篇名、期刊出处等。

1. 被引作者检索

通过此项检索，可以了解到某一作者在CSSCI中被引用的情况。如查询刘国光先生的论著被引用情况，可在此框中输入“刘国光”得到结果。具体操作与说明参见来源文献的作者检索。

2. 被引篇名检索

被引篇名的检索与来源文献的篇名词检索相同，可输入被引篇名、篇名中的词段或逻辑表达式进行检索。具体操作说明参见来源文献的篇名词检索说明。

3. 被引出处检索

被引出处的检索主要用于查询期刊、报纸、汇编（丛书）、会议文集、报告、标准、法规、电子文献等的被引情况。在此框中输入某刊名，可得到该刊在CSSCI中所有被引情况。

4. 其他被引情况的检索

其他被引情况的检索多为附加限制检索项，通常不被单独用来检索。如年代项，通常作为某一出版物某年发表的论文被引用情况的限制。

第三章

电子图书与专业资源网站检索

第一节　国家科技图书文献中心

NSTL（国家科技图书文献中心）是根据国家科技发展需要组建的一个虚拟科技信息服务机构，目前拥有 3 大类 21 个数据库，包括期刊论文、会议文献、学位论文、科技报告、专利文献、标准文献、计量检定规程等，文种涉及中文、西文、俄文、日文。

NSTL 中文期刊数据库收录了 1989 年至今国内出版的 4350 余种期刊上所刊载的 720 余万篇文献，学科范围涉及自然科学各专业领域，并兼顾社会科学和人文科学。

NSTL 的网址：http://www.nstl.gov.cn，其主页见图 3-1。

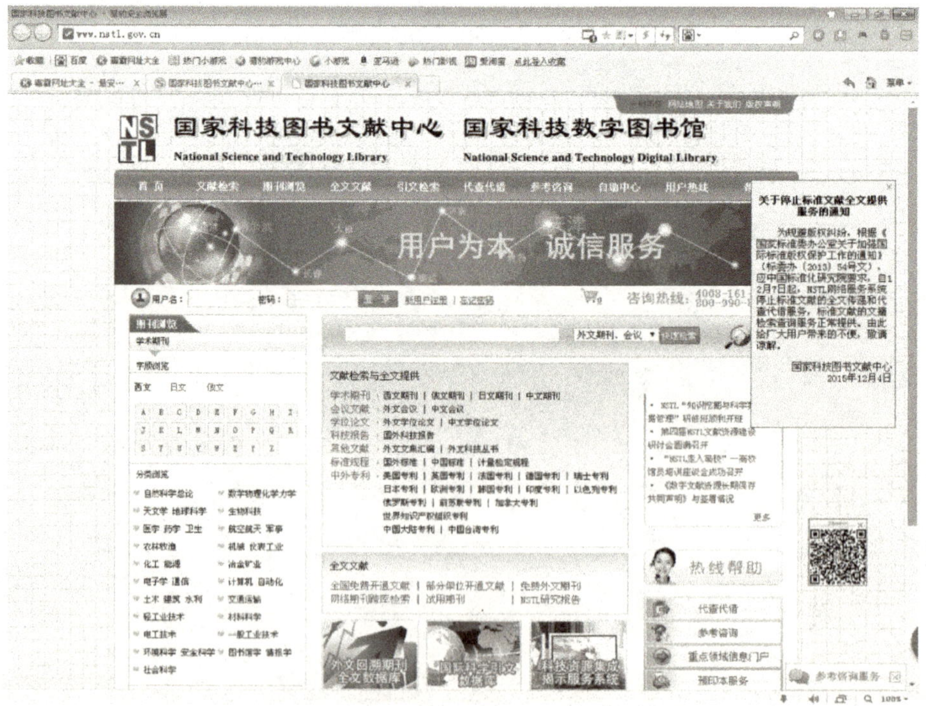

图 3-1　国家科技图书文献中心（NSTL）主页

国家科技图书文献中心的“文献传递”、“代查代借”、“我的图书馆”等服务只向注册用户提供服务，用户可根据自身情况，选择注册成为个人用户、公益性机构用户或企业机构用户。

一、NSTL 文献检索

NSTL 文献检索分为普通检索、高级检索、期刊检索、分类检索。

（一）普通检索

适合大部分用户使用，点击图 3-1 中的“文献检索”按钮进入文献检索界面。

在检索时，首先选择数据库，选择时，可以单选，也可以多选或部分全选，也可以跨库选择。所选数据库的简介在页面上端显示，若显示数据库名称将显示该库简介和样例。

其次设置查询条件，包括馆藏范围、查询范围、时间范围、按出版年、查询方式。

然后再输入检索词，查询框之间的逻辑关系可选择“与”“或”“非”。

注册用户在查询过程中可以点击“保存检索策略”按钮，将有意义的检索策略保存到“我的图书馆”栏目中的“我的检索策略”中。

如果查询到的结果太多，可在“文献查询结果”页面进行二次查询，提高查询准确率。用户只需在二次查询框内选择限制字段并输入新的查询词，点击“二次检索”，系统将在前次查询的结果中进行查找。

（二）高级检索

高级检索是为专业检索人员或熟悉检索技术的人员执行更为复杂的检索提供的一种检索方法。高级检索可以使用：字段限定符、布尔运算符和截词符。

1. 选择数据库、设置查询条件

数据库选择和查询条件设置同普通检索，与“普通检索”不同之处就是输入检索词的“查询”部分。

2. 构造查询表达式

查询表达式的编制可以利用系统提供的数据库、字段对照表和逻辑运算符对照表，再通过输入查询词和小括号“() ”（半角符号）的限定，在文本框中便可组织出用户定制的查询表达式，若不用“字段对照表”选择字段而直接输入查询内容，表示在全部字段中查询。在“字段对照表”和“逻辑运算符对照表”选中后单击，系统自动将字段标识符和运算符加入输入框中。您可在“＝”后输入查询的词、词组或符号，也可以进行修改。您可以直接在文本输入框中定制查询表达式。使用小括号“()”限定运算的顺序。使用截词符“＄”进行右边截词检索（“＄”代表零个或任意个字母）。注意：运算符前后一定有半角的空格。字段名称和运算符不区分大小写。例如：查询题名包含“计算机”，关键词是“审计”或“会计”的文献。则表达式应为：TIT＝计算机 and DE＝（审计 or 会计）。

（三）期刊检索

期刊检索是针对期刊文献的特性所提供的一种检索方法，提供对单一期刊的文献进行检索，同时也提供浏览所选期刊的目次信息。对于中文期刊，目前不提供此种检索方法。

1. 选择期刊类型

外文期刊分为西文期刊、日文期刊、俄文期刊三类，可选择其中之一。

2. 刊名选择

在当前选择的类型下通过浏览或查询的方法准确找到所需期刊。除了浏览方式外，还允许直接输入准确的刊名或 ISSN 号。

(1) 刊名浏览　对刊名记忆不准确时，点击“刊名浏览”按钮，选择按分类或首字母字顺两种方式浏览期刊列表，进而找到所需期刊，点击刊名，系统自动将该刊名加入到“期刊检索”页面的输入框内。

(2) 刊名检索　输入刊名或刊名缩写或 ISSN 号，点击“刊名检索”查询获得所需期刊，点击刊名，系统自动将该刊名加入到“期刊检索”页面的输入框内。

(四) 分类检索

分类检索提供了按学科分类进行辅助检索的功能，可以在系统提供的分类中选择类目，在选定的学科范围内检索文献。在一个学科类目下最多选择不超过 5 个子类别，若超过 5 个，查询时按大类查询。

检索界面提供的数据库选择、查询条件设置等检索方法与“普通检索”相同。

(五) 非英语语种文献检索

非英语语种文献的查询方式与西文相同，可通过单个词、词组或布尔逻辑式进行查询。用户可选择日文或俄文库检索日文及俄文期刊论文，德、法文文献直接在西文库中检索。

二、NSTL 文献全文的获取方式

(一) 获取方式

提供文献全文是 NSTL 面向注册用户的网络化全文请求特色服务，是文献检索栏目的一项重要功能。用户可以在检索的基础上通过原文请求的方式获得所需要的文献全文复印件。提供方式包括电子邮件、信函传真或特快专递等。全文提供服务在 2 个工作日内处理完毕，其中电子邮件服务在 24 小时内处理完毕，在主页“代查代借”栏目下可查看详细的收费标准。注册后，通过银行、邮局、网上支付等方式交纳预付款，或者通过网上支付方式交纳当前检索后需要订购的全文文献费用。

(二) 文献格式说明

根据不同的接收方式提供不同的原文格式，除 E-mail 和传真外，均提供纸质复印件。通常情况下，E-mail 发送三个文件，文件格式分别为 TIF，TXT，GDI。

三、NSTL 个性化定制服务

NSTL“自助中心”面向注册用户提供个性化定制服务，其由“我的图书馆”和“我的账户”两部分组成。

(一) 我的图书馆

为注册用户常用的期刊、数据库、检索策略、文摘信息等内容进行定制和保存，以便快捷地检索和查阅。该栏目包括“我的期刊”、“我的检索策略”、“我的定制推送”、“我的收藏”、“我的账户”等功能。

（二）我的账户

为注册用户提供原文订购状态、账户信息、费用信息查询以及用户信息自助管理服务，包括“订单查询”、“账务查询”、“修改密码”、“修改注册信息”、“账户充值”、“申请加入集团/查看所属集团”等功能。

第二节 中国高等教育文献保障系统

中国高等教育文献保障系统（China Academic Library & Information System，CALIS），是以中国高等教育数字图书馆为核心的教育文献联合保障体系，是我国高等教育“211工程”总体规划中三个公共服务体系之一，管理中心设在北京大学，下设了文理、工程、农学、医学四个全国文献信息服务中心，华东北、华东南、华中、华南、西北、西南、东北七个地区文献信息服务中心和一个东北地区国防文献信息服务中心。通过CALIS建设，把国家的投资、现代图书馆的理念、先进的技术手段以及高校丰富的文献资源和人力资源整合起来，实现信息资源共建、共知、共享，为中国的高等教育服务。

CALIS联合书目数据库报道全国350多所“211工程”高校图书馆的馆藏信息，为实现全国高校图书馆的资源共享、馆际互借和文献传递奠定了基础。

CALIS（http：//www. calis. edu. cn）的主页见图3-2。

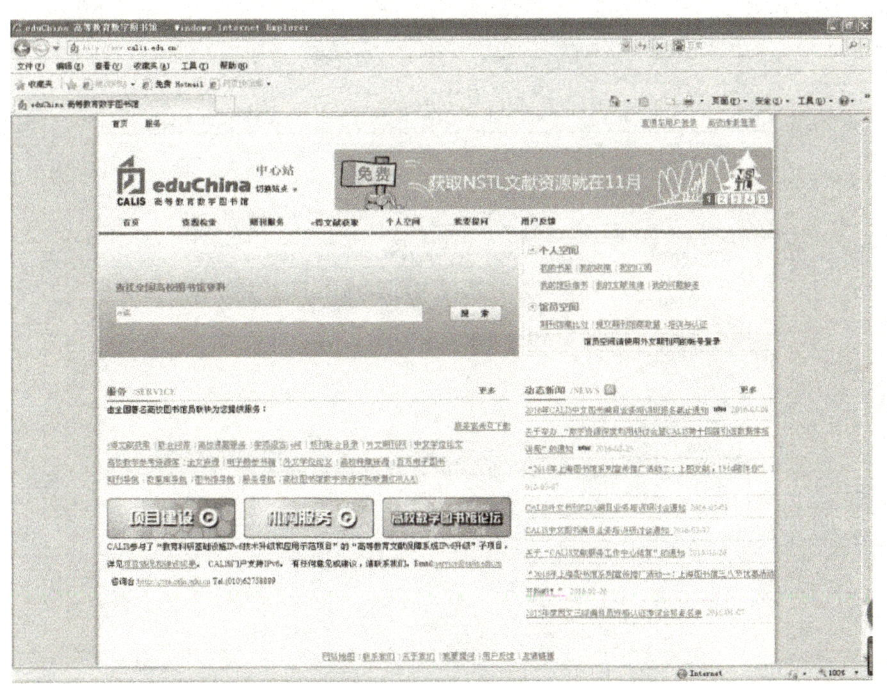

图3-2 CALIS主页

CALIS已经开发出多种信息服务系统和技术产品，包括：统一检索平台、联机合作编目系统、虚拟参考咨询系统、馆际互借与文献传递、资源调度系统、CCC西文期刊篇名目次以及数字图书馆门户等。其中，西文期刊篇名目次数据库（CCC）是CALIS管理中心买断的美国EBSCO公司TOC在中国内地的数据应用平台，是目前国内最大的西文期刊二次文献数据库。各成员馆用户登录新的CALIS主页，可点击图3-2中“项目建设”，进入原来CALIS主页。

一、西文期刊篇名目次数据库简介

CCC西文期刊篇名目次数据库（http://ccc.calis.edu.cn/）综合服务系统包含了2.3万种西文学术类期刊，涵盖9种著名二次文献的期刊收录数据，包括100多个大型图书馆的馆藏数据和15个已在国内联合采购的电子全文期刊数据库的全文链接（覆盖8000种以上期刊），具备篇名目次检索、馆藏期刊的OPAC链接、电子全文期刊链接，揭示了九种二次文献收录情况、国内馆藏情况以及提供各种分类统计数据，并且还无缝链接了馆际互借和文献传递系统（需另购CALIS馆际互借和文献传递系统即可实现其功能），具备了强大、准确的揭示功能、完善的链接功能和各种统计分析功能。

作为CALIS管理中心二期工程的重点项目，CCC西文期刊篇名目次数据库综合服务平台的应用将对资源进行科学、全面的整合调度，为各类读者提供更深层次的文献服务，大大促进全国范围内的西文期刊文献资源共享。

可点击原CALIS主页上的“CCC西文期刊篇名目次”进入说明界面，见图3-3。

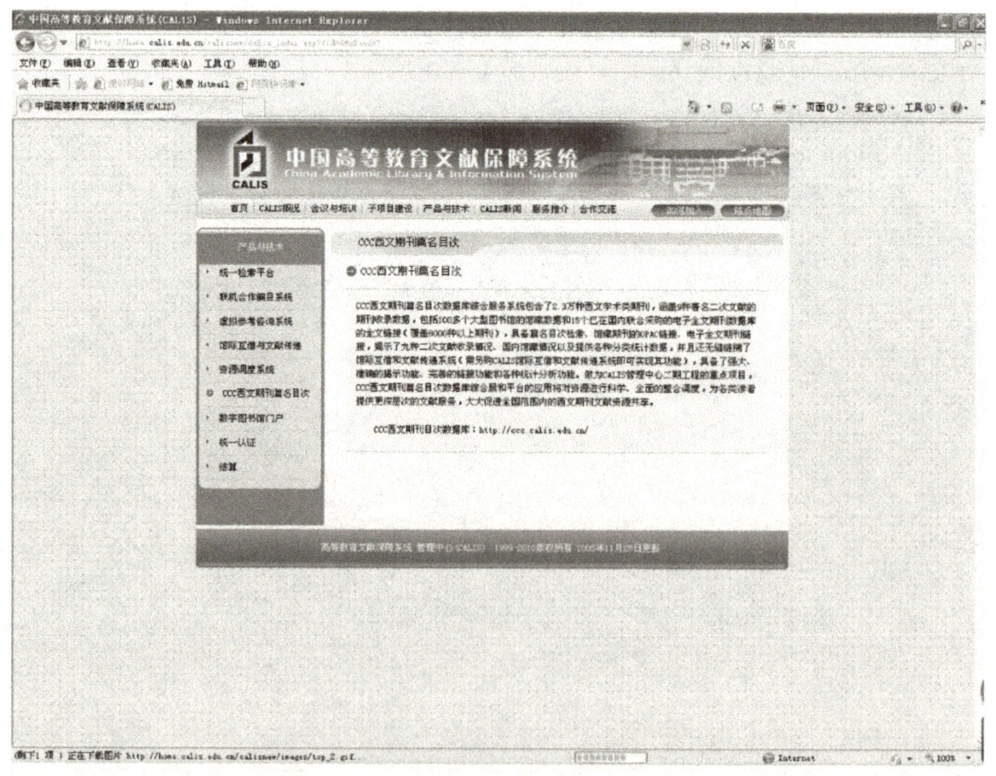

图3-3　西文期刊篇名目次数据库说明界面

二、西文期刊篇名目次数据库检索

（一）文献检索页面

点击 http://ccc.calis.edu.cn 链接进入 CCC 西文期刊篇名目次数据库，点击“查找文章”导航卡即可进入检索页面，如图 3-4 所示，CALIS 系统提供题名、责任者、出版者、主题、分类号、ISBN/ISSN/ISRC、期刊题名、丛编题名、会议名称等检索字段，可以分别采用“简单检索”或“高级检索”两种检索方式，其中“简单检索”只有 1 个检索框，字段设置也较少，而“高级检索”可以较好地满足检索要求。

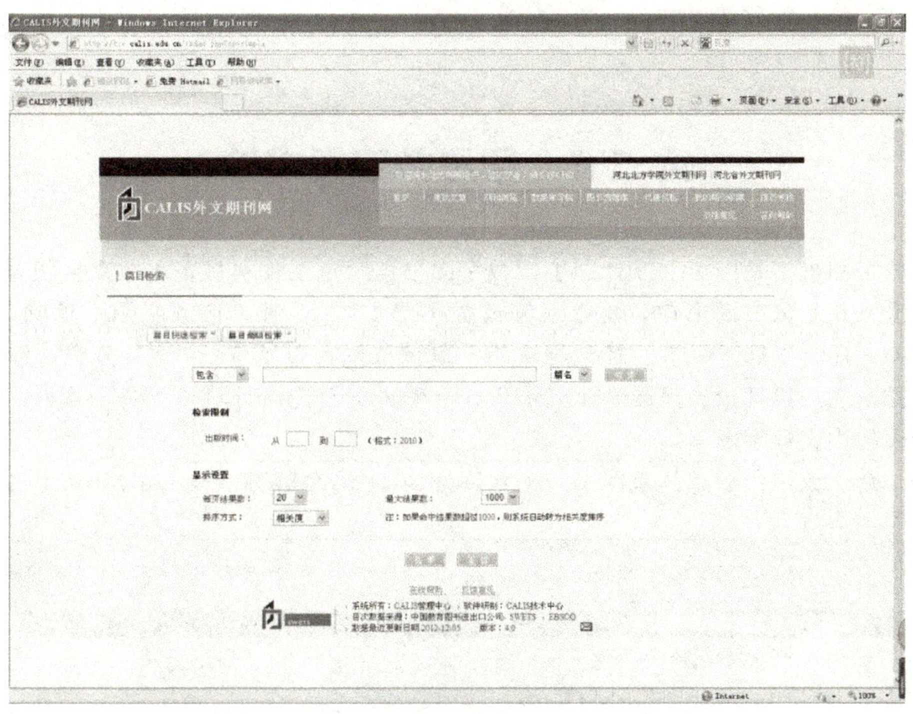

图 3-4 篇目快速检索页面

（二）篇目快速检索

在输入框中输入关键字，最多支持三个关键字同时检索，关键字之间缺省的逻辑关系为“and”，不区分大小写和前后顺序。输入框前下方的下拉菜单可以选择关键字的字段范围，关键字可以分别为刊名、篇名或作者名。简单检索的匹配方式为前方一致。

（三）篇目高级检索

在各个输入框中输入检索条件，每个输入框最多支持三个关键字同时检索，关键字之间的逻辑关系为“and”，不区分大小写和前后顺序。可以同时组配多个条件进行检索，检索条件之间可以选择“and”、“or”和“not”的关系。如果在同一输入框中输入多个作者名，应用“;”分隔。

（四）二次检索

可以分别以刊名、篇名、作者名进行二次检索，但每一项只能再进行两次检索，不支持更多次的检索。

(五) 索取原文

用户在检索到自己所需要的文献目次后，可以逐篇索取原文。点击需要的文章名称，按如下步骤操作。

(1) 在本地图书馆馆际互借系统中注册，已获得合法使用的用户名和密码。

(2) 通过馆际互借网管到本地馆借处提出互借请求。如果用户所在的学校没有安装馆际互借网关，可以通过 E-mail 给该校的馆际互借员发送请求。

如果需要继续索取别的文章，可以回到检索结果页面，重新点击需要的文章名称，然后按 (1)～(2) 的步骤重新操作。

第三节　超星数字图书馆

超星数字图书馆是国家 863 计划中国数字图书馆示范工程项目，由北京世纪超星公司投资兴建。进入超星数字图书馆，可在线阅读数字图书 10 万种。该数字图书馆除具有浏览、检索功能外，还辅以插入书签、标注等功能。覆盖范围：包括 51 个学科分类，涉及哲学宗教、社科总论、经典理论、民族学、经济学、自然科学总论、计算机等各个学科门类，是目前全球最大的中文数字图书馆。

面向公众个人用户的“超星图书”平台网址为 http://book. chaoxing. com，见图 3-5。

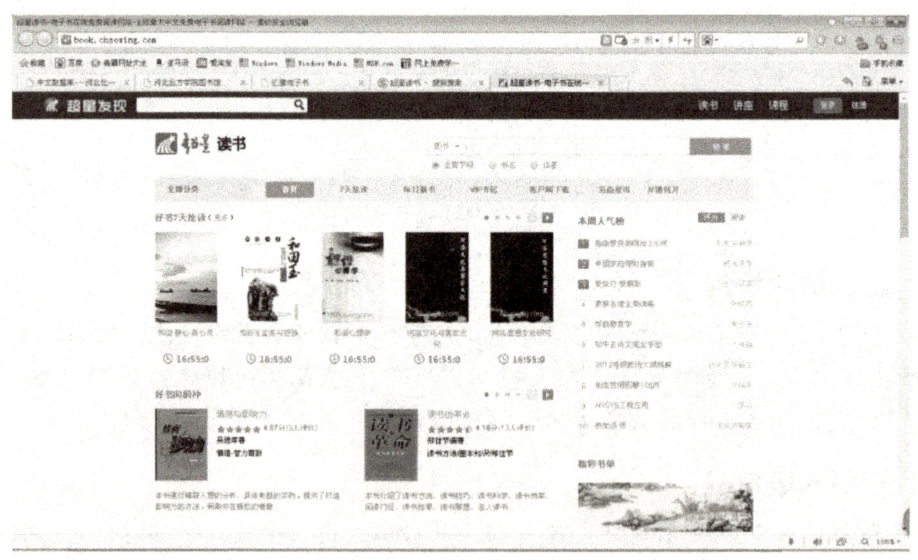

图 3-5　面向公众个人用户的“超星图书”平台

一、检索方法

(一) 分类检索

用户可以点击页面左侧“全部分类”，将图书分为 17 大类，逐级点击分类进入下级子分类，同时页面右侧显示该分类下图书的详细信息，可以选择图书，如图 3-6 所示分类检索结果。

图 3-6 分类检索的结果

（二）快速检索

在图 3-6 中的快速检索区域，通过书名、作者、主题词进行的简单检索。

（三）高级检索

对书名、作者、主题词、年代、检索范围等条件的组合检索。如图 3-7 所示中的高级检索。

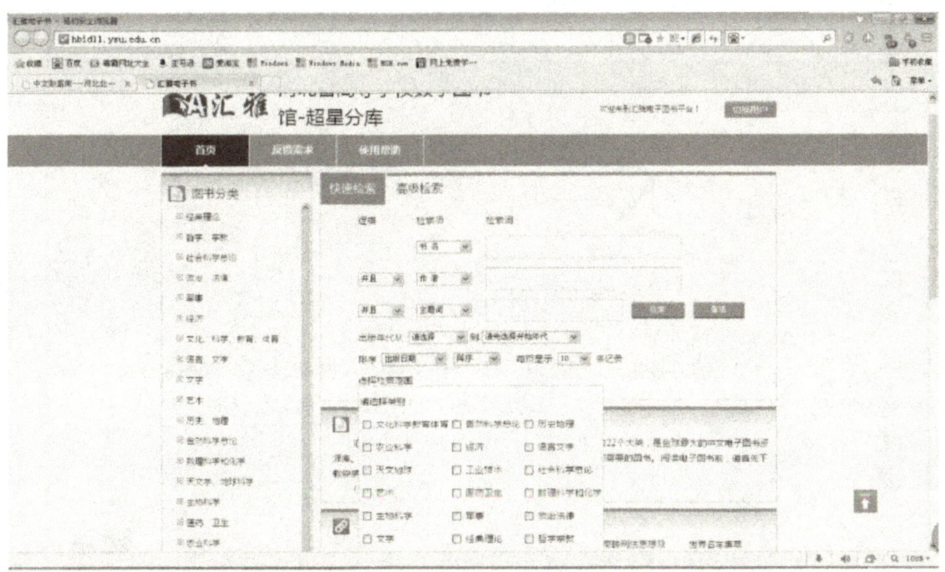

图 3-7 高级检索

二、全文阅读

超星电子图书为 PDG 格式，需下载并安装专用阅读工具——超星阅览器 4.0.2 版。在检索结果页面，通过点击图书书名超链接即可自动启动超星阅览器阅读图书。见图 3-8。

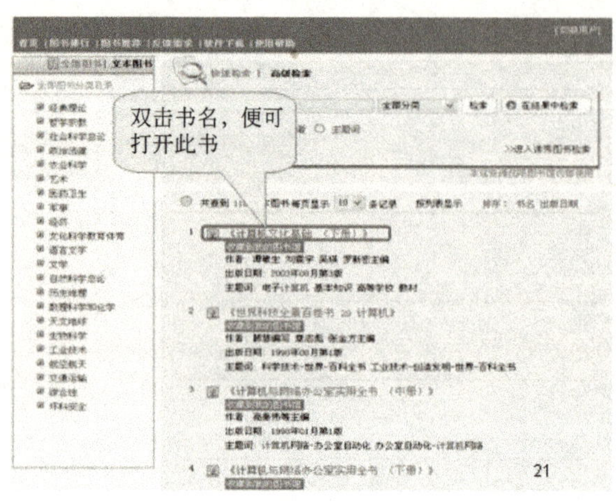

图 3-8　点击图书书名

进入软件下载频道点击立即下载，在弹出窗选择文件保存的目录并单击保存。阅览器下载完毕后，双击安装程序，自动安装向导会引导您完成超星阅览器的安装。

三、文字识别与摘录

超星 PDG 图像格式的电子书可以使用文字识别功能转换为 TXT 文本格式保存。使用文字识别工具或在阅读书籍页面点击鼠标右键选择“文字识别”，然后按住鼠标左键任意拖动一个矩形，其中的文字全部被识别在弹出窗口中，识别结果可进行编辑、导入采集窗口或者保存为 TXT 文本文件。

四、采集功能

超星采集器具有资料采集、文件整理、加工、编辑、打包等功能。通过采集窗口可以将收集的资料制作 pdg 格式 Ebook，使用方法如图 3-9 所示。

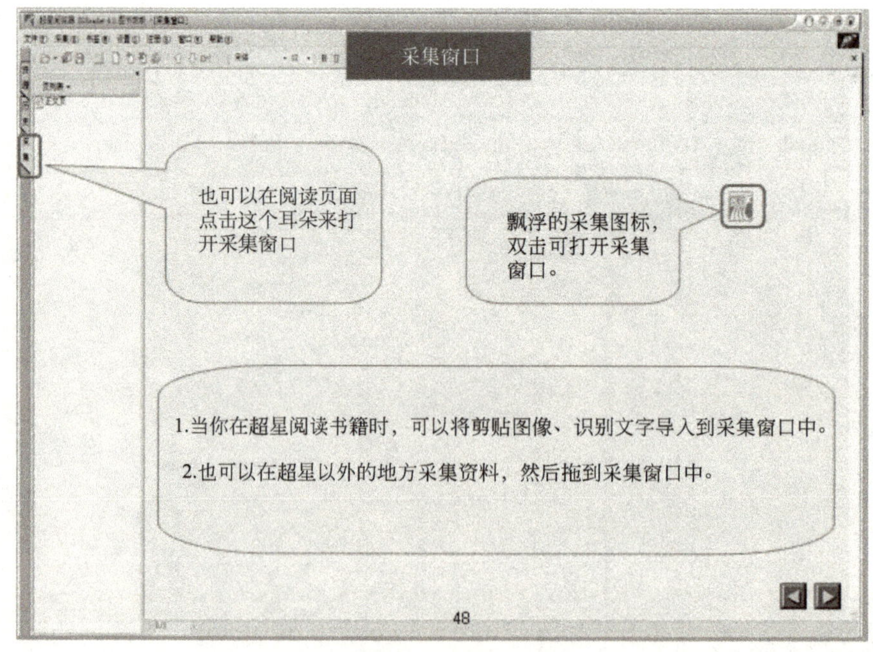

图 3-9　采集功能

五、使用方法小结

（1）访问超星数字图书馆只限于校园网内。

（2）匿名登录下载的图书只能在本机阅读（一定在下载前先登录，养成一个好习惯）。

（3）下载好的图书拿到不能上网的电脑上阅读请先获取离线证书或将其转换成 PDF 格式。

（4）需要永久保存电子图书，请将其转换成 PDF 格式。

第四节　书生数字图书馆

书生之家数字图书馆由北京书生科技有限公司创办，集成了图书、期刊、报纸、论文、CD 等丰富资源，下设中华图书网、期刊网、报纸网、资讯网和 CD 网等子网。资源内容分为书（篇）目、提要、全文三个层次，提供全文、标题、主题词等十种检索功能。

书生之家电子图书主要提供 1999 年以来中国大陆地区出版的新书全文电子版，所收图书涉及社会科学、人文科学、自然科学和工程技术等所有类别。可在线阅读，也可利用相关软件进行格式转换后保存。主页见图 3-10。

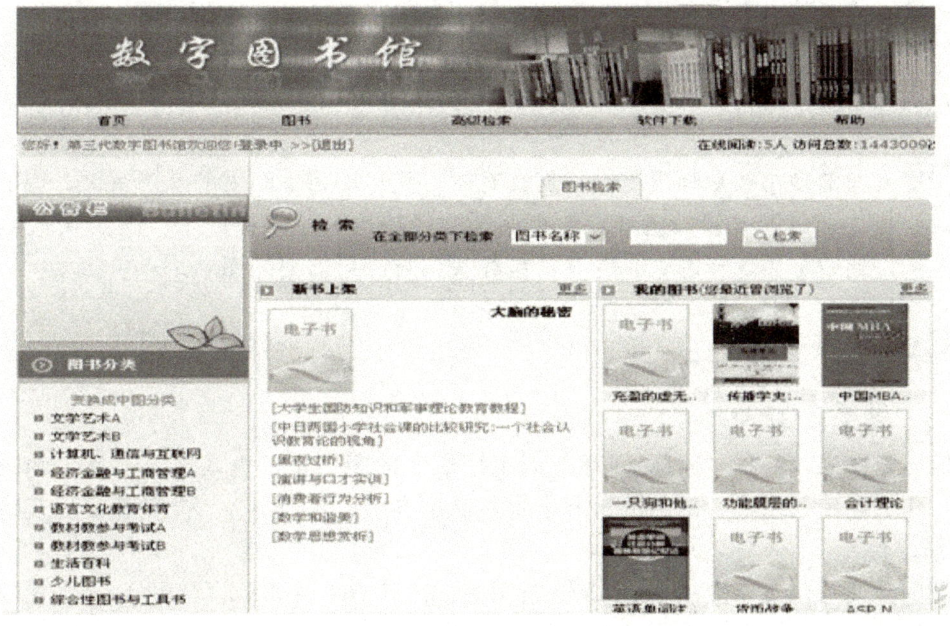

图 3-10　书生数字图书馆

用户在第一次登录首页时进行注册，用户名由 4～20 个英文字母或数字组成（支持中文）。正确注册后即可以合法用户名登录书生数字图书馆，检索、阅读和借阅书生数字图书。图 3-10 是书生数字图书馆的首页，供网上注册会员使用。

阅读数字图书不需要下载阅读器，其支持 IE 浏览器，也可以安装书生公司发行的专用阅读器。专用阅读器具有强大的功能，目前版本号为 7.1，书生阅读器 7.1 采取类似微软风格的标准界面，更加美观大方，在翻页、缩略图、内容选取、批注等许多方面有更加良好的用户体验；支持连续、对开等翻页方式，支持嵌入 IE 浏览器，支持插件体系。

第五节 OPAC 数字图书

书目的类型很多，就揭示的范围和内容而言，大致可区分为馆藏书目、联合目录、国家书目、专科目录、出版目录等，用于报道图书馆收藏的文献信息的书目称为“馆藏书目”。随着现代计算机技术的发展，大多数图书馆都已建成馆藏书目数据库，并进而发展成基于计算机网络的联机公共目录检索系统（OPAC）。读者利用 OPAC 系统，在任何地方都可以方便地查询图书馆的书刊信息，使馆藏书目走出图书馆，实现了更广泛地服务于公众的目的。

OPAC 系统一般设置题名、责任者、主题词、分类号、索取号、ISBN/ISSN 号、出版社等字段，输入检索词即可检索。系统执行后将逐条显示命中书刊的基本信息，单击某个题名则进一步显示详细的书目信息和馆藏及流通信息，读者可据此前往图书馆借阅。

目前国内各高校图书馆采用的 OPAC 系统平台，主要有国外引进的 Innopac、Horizon、Sirsi、Totals 以及国内开发的 ILAS、汇文（Libsys）、文津、博菲特、Melinets、Sulcmis 等。

一、OPAC 系统的查询策略

OPAC 系统的使用比较简单，但如果不讲求一定的策略，检索效果可能达不到预期，而策略得当则会事半功倍。灵活运用 OPAC 提供的多种检索途径，不失为图书查询的有效方法。

由于图书馆的藏书数量相当庞大，而读者不可能尽知每本图书的准确书名，因此在使用 OPAC 时，可先通过题名、责任者、主题词等途径找出若干所需图书，然后从这些图书的分类号入手，通过分类途径浏览、查寻，最终找到自己最需要的图书。

二、OPAC 系统平台

（一）“国图” OPAC

中国国家图书馆简称“国图”，是亚洲规模最大的图书馆，也是世界上最大的国家图书馆之一。作为国家总书库，国图的馆藏丰富，品类齐全，古今中外，集精撷萃，现有馆藏近 3000 万册（件）。

国图的公共目录查询使用 Ex Libris 公司 ALEPH 500 系统中的 Web OPAC 模块，在国图主页“馆藏资源”栏目下点击“馆藏目录检索”即可进入。国图用户登录系统后可使用 OPAC 的全部功能，其他用户只能检索，不能预约和续借。主页见图 3-11。

（二）“国科图” OPAC

中国科学院国家科学图书馆简称“国科图”，于 2006 年 3 月组建，整合了原中国科学院文献情报中心等四个中国科学院院级文献情报机构，是我国的国家级科技文献情报机构，拥有藏书 1140 万册（件），中外期刊 1.6 万种。

图 3-11 “国图”OPAC

国科图 OPAC 默认查询中科院图书联合目录数据库，涵盖总馆和兰州、成都、武汉分馆以及中科院部分研究所共 40 余家图书馆。如果只需查询某馆藏书，可在检索页面上点击相应图书馆的馆藏目录链接，对该馆的馆藏进行查找。主页见图 3-12。

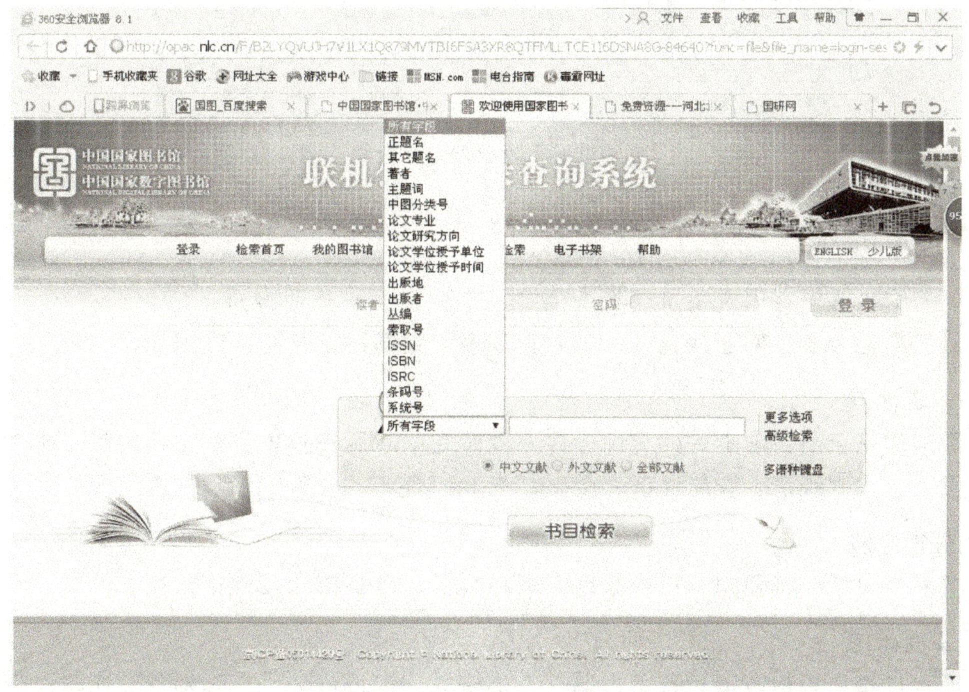

图 3-12 “国科图”OPAC

第六节 国务院发展研究中心信息网

国务院发展研究中心信息网（www. drcnet. com. cn，以下简称“国研网”）是国务院发展研究中心主办的中国著名的大型经济类信息提供商，是向各级领导者、研究人员和投资决策者提供经济决策支持的权威信息平台。

国研网以国务院发展研究中心丰富的信息资源和强大的专家阵容为依托，并与海内外众多著名的经济研究机构和经济资讯提供商保持着长期的紧密合作，全面整合了中国宏观经济、金融研究和行业经济领域的专家资源及其研究成果，主页见图 3-13。

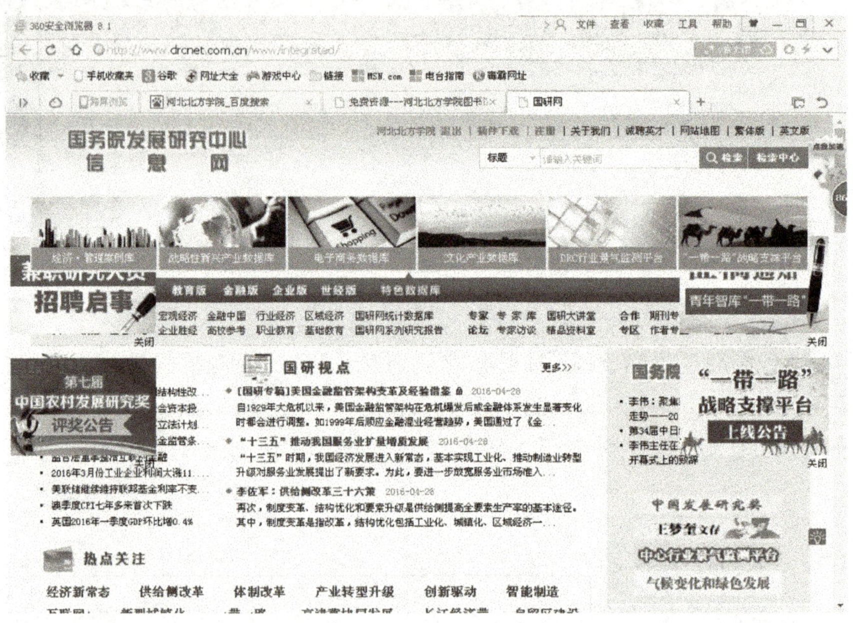

图 3-13 国研网综合板块

一、栏目简介

国研网综合版设有国研视点、宏观经济、金融中国、行业经济、区域经济、世经评论、企业胜经、高校参考、职业教育、基础教育等多个专题栏目及专项数据文库。

1. 国研视点

该数据库是全国目前唯一的《国务院发展研究中心调查报告》全文数据库。研究方向包括社会发展、宏观经济、农村经济、金融、产业、企业、政府管理及技术发展等。

2. 宏观经济

主要栏目包括经济要闻、运行数据、运行分析、政策探讨及理论探讨。

3. 金融中国

主要栏目包括货币政策与货币市场、金融研究、银行信托、证券期货及保险保障。

以上三种数据库提供网上浏览、局域网两种版本。

4. 行业经济

主要发布信息产业、房地产业、石油化工、生物医药、汽车、冶金、能源、服务行业以及其他行业的行业要闻、运行数据、分析预测、理论探讨、政策法规等。

5. 区域经济

辟有经济动态、权威视点、经济分析、决策参考、发展数据、比较鉴赏等子栏目及区域列表专区。

6. 世经评论

该数据库重点编译国际知名经济研究机构的最新研究报告。

7. 企业胜经

主要包括改革与发展、经营管理、战略管理、市场营销、人力资源、财务管理、案例研究、企业风云录等，还辟有企业经典案例库。

8. 高校参考

设有要闻要事、校长论坛、高校博览、网络教育、教育与市场、外国教育、理论研究、政策法规等栏目，为高校管理提供全面、翔实的参考文献。

此外，新版国研网还推出了主要面向职业教育和基础教育的专题栏目。

国研网高校专版由深受高校师生欢迎的“研究文献数据库”和“资料中心”两大数据库组成，每个大库又分别由系列的专项子数据库构成。

“研究文献数据库”由高校管理决策参考、国研报告、宏观经济、金融中国、行业报告、财经数据、世界经济与金融评论七个子数据库构成。

二、使用方法

用户登录国研网主页后，可直接在主页面的检索区进行站内检索。在图 3-13 的检索框内输入关键词等即可看到检索结果见图 3-14。

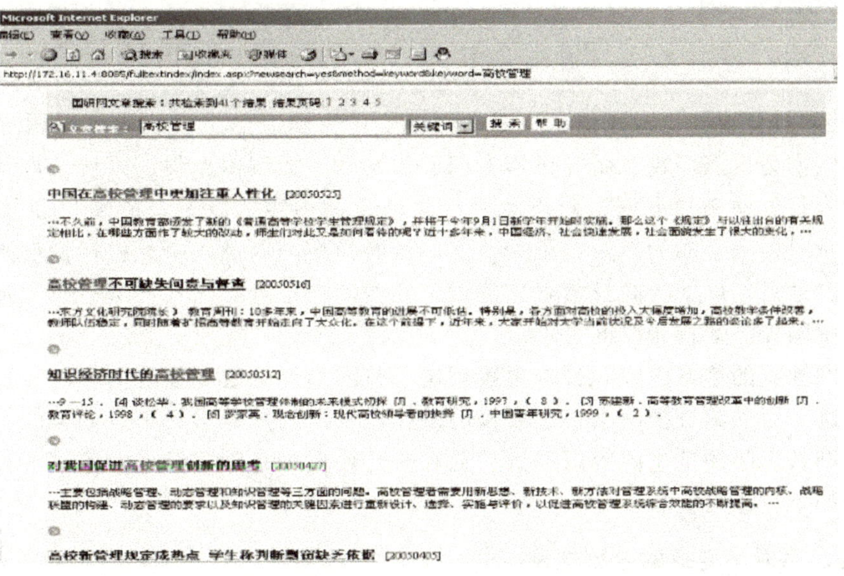

图 3-14 国研网检索结果

第七节　中国经济信息网

中国经济信息网（简称“中经网”），是国家信息中心中经网面向集团用户开发的一套实时自动更新的内容、技术和通信手段有机结合的信息服务系统。该系统集成了中经网的信息内容精华，从宏观、行业、区域等角度，全方位监测和诠释经济运行态势，为政府、企事业、金融、学校等机构把握经济形势、实现科学决策，提供持续的信息服务。主页见图 3-15。

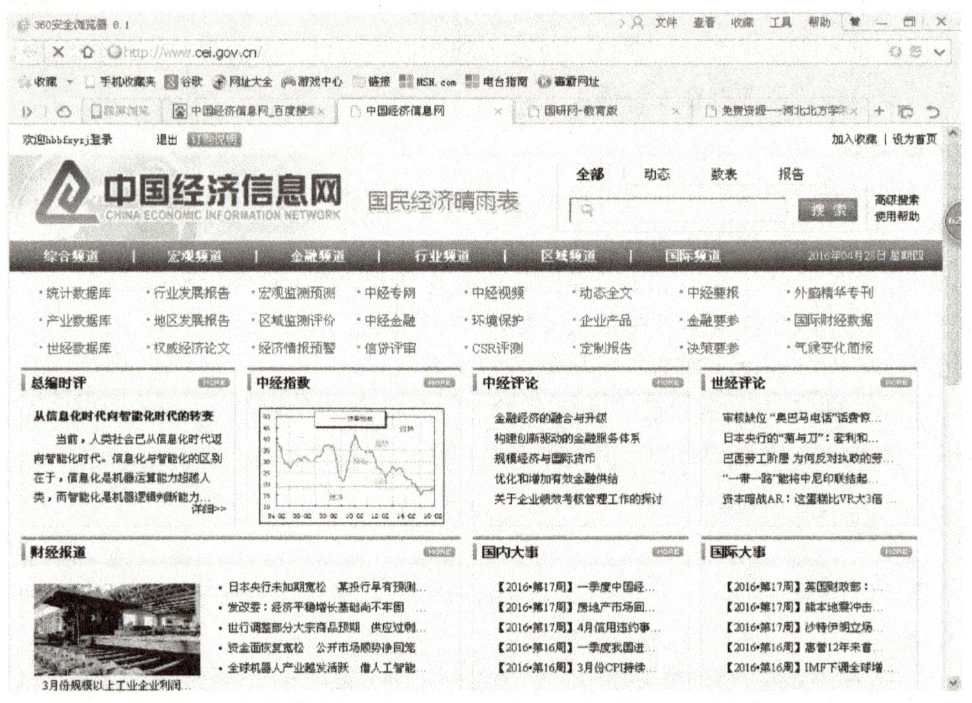

图 3-15　中国经济信息网主页

“中经专网教育版”是国家信息中心中经网公司在国家信息中心为政府服务的数据库基础上，针对国内各重点高校及研究机构专门开发的一个大型信息集成系统。该系统以中经网高品质、大容量的动态、数据、分析及个性化信息为内容，以卫星同步更新技术为通讯基础，安全、及时、完整的为高校电子阅览室、校园局域网以及各研究机构提供同时支持多终端的经济金融信息，以配合高校信息化建设，充实图书馆资源内容，满足广大师生熟悉了解和分析研究中国经济运行状况的需求。

中经专网独到的信息内容和技术手段解决了校园内部网宏观经济信息内容缺乏及更新周期过慢的问题，帮助高校把图书馆、校园网的建设发展到更科学、更专业化的水平。

中经专网教育版的信息内容以经济信息和统计数据为基础，经过专家筛选、加工、整合而成，具有如下特色与优势。

1. 完整、及时、专业的内容体系

涵盖监测、分析、研究、数据、政策、商情等方面，涉及宏观、金融、汽车、房地产等

16个重点行业，覆盖全国31个省（区、市）、港澳台及世界主要国家（地区），每日动态更新800余篇文章、120万汉字及1小时最新视频，“事实＋数据＋专家观点”构造系统化、专业化的信息结构。

2. 结构合理、检索方便、客户定制化

积木式模块化三层结构设计，800多个内容模块组合为160多项信息产品，支持任何栏目下的任意词全文检索和多次全文检索，镜像用户可定制网页并可与用户网页融为一体。

第四章

外文数据库检索

外文电子期刊和全文数据库一直是从事研究和教育的高级人才借鉴他人研究成果、开阔视野、紧跟学科发展方向所必不可少的工具。从目前的网络数据库来看，全文数据库和电子期刊所占比重越来越大，已经成为十分重要的网络学术资源。

第一节　Nature电子期刊

一、简介

1869年约瑟夫·诺尔曼·洛克耶爵士建立了《自然》杂志，《自然》（Nature）是世界上最早的科学期刊之一，也是全世界最权威及最有名望的学术杂志，首版于1869年11月4日。虽然今天大多数科学期刊都专一于一个特殊的领域，《自然》是少数（其他类似期刊有《科学》和《美国国家科学院院刊》等）依然发表来自很多科学领域的一手研究论文的期刊。在许多科学研究领域中，每年最重要、最前沿的研究结果是在《自然》中以短文章的形式发表的。

二、内容

Nature的原创性研究论文主要发表在论文（Articles）、来信（Letters to Nature）和简讯（Brief Communications）栏目。在此之前，大约有40页的非正式栏目，主要包括：目录页、观点、新闻简报、新闻分析、简评、读者回音、评论、新闻和观点、新闻和观点特写、书评、回顾、美术与科学、综述和进展、职业和招聘等。

三、进入数据库主页

Nature网站专为中国国内读者而设，由中国高等教育文献保障系统提供服务，面向已经购买使用权的学校和机构用户。如图4-1高校Nature电子期刊系统。

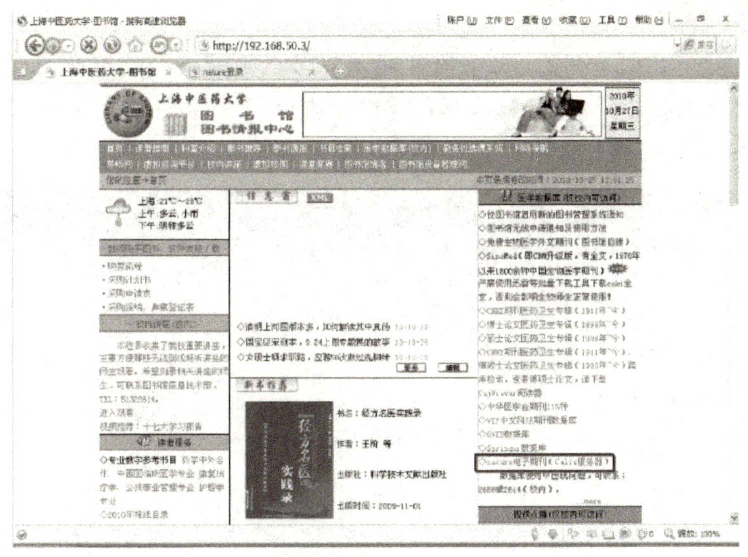

图 4-1 高校 Nature 电子期刊系统

四、检索途径

进入网页后可以按上方的期刊检索、简单查询、复杂检索分别进行浏览检索。

1. 期刊检索

登录后进入 Nature 页面，选择主题类分页，选择具体期刊如选择“2008 年，12 月 7222 期”点击后方“全文”进入即可看到期刊内容。

2. 简单查询

进入 Nature 网址页面后，点击“简单查询”，在检索输入框内输入检索内容，即可得到查询结果。如图 4-2 简单查询。

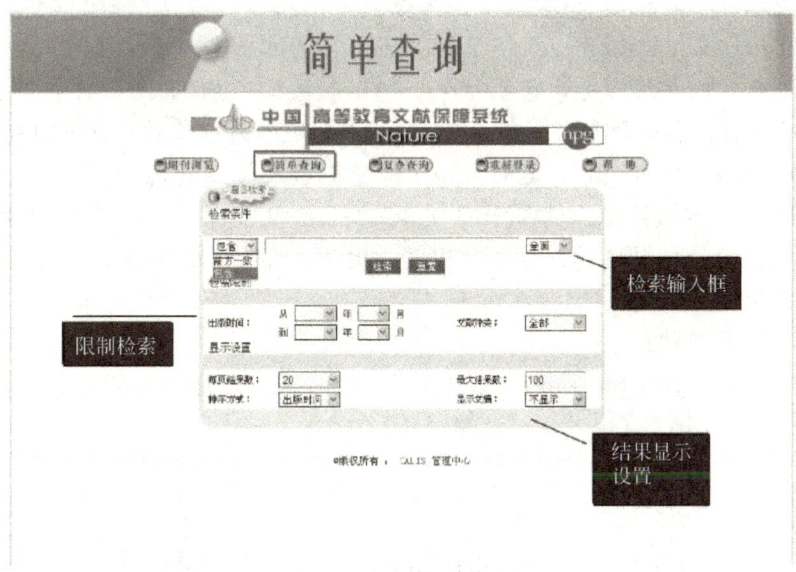

图 4-2 简单查询

3. 复杂检索

复杂检索即高级检索，可输入多个检索词实现多个检索字段的组合检索；默认为逻辑与 AND 运算，可自行选择 OR、NOT 运算；与简单查询检索字段基本相同，增加了国际统一刊号（ISSN），作者单位两个检索入口。如图 4-3 复杂检索。

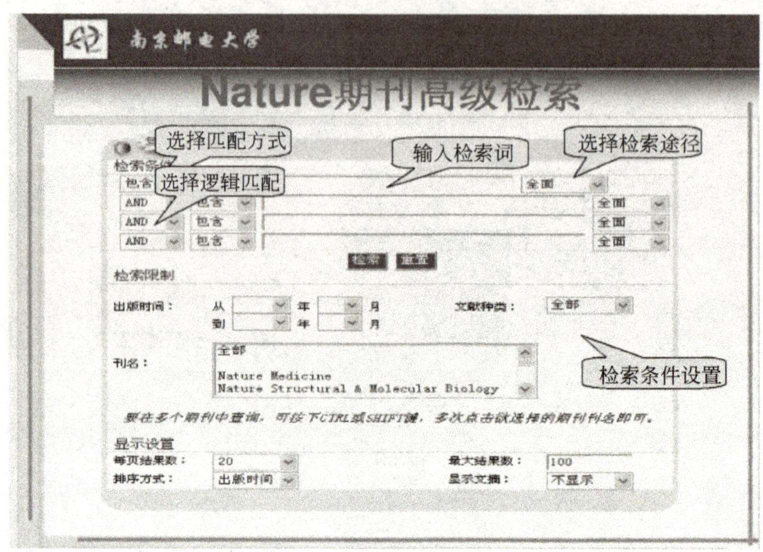

图 4-3　复杂检索

第二节　Elsevier Science Direct 全文数据

一、简介

荷兰爱思唯尔（Elsevier）出版集团是全球最大的科技与医学文献出版发行商之一，已有 180 多年的历史。ScienceDirect 系统是 Elsevier 公司的核心产品，自 1999 年开始向用户提供电子出版物全文的在线服务，包括 Elsevier 出版集团所属的 2500 多种同行评议期刊和 30000 多种系列丛书、手册及参考书等，数据库收录全文文章总数已超过 1300 万篇，是目前世界上公认的高品位学术期刊，同时方便了同学们查阅外文资料。

目前校园网用户通过 ScienceDirect 平台可访问的内容包括：计算机科学、工程技术、能源科学、环境科学、材料科学、数学、物理、化学、天文学、医学、生命科学、商业及经济管理、社会科学等。

服务形式有以下两种：

SDOL（Science Direct On Line）在线服务——一般高校服务形式。

SDOS（Science Direct On Site）镜像服务。

二、检索

进入 Science Direct 主页（www. sciencedirect. com）后，可以从页面上找到检索页面，进入检索界面后，可以通过上方的资源进行基本检索和高级检索。

1. 检索界面（图 4-4）

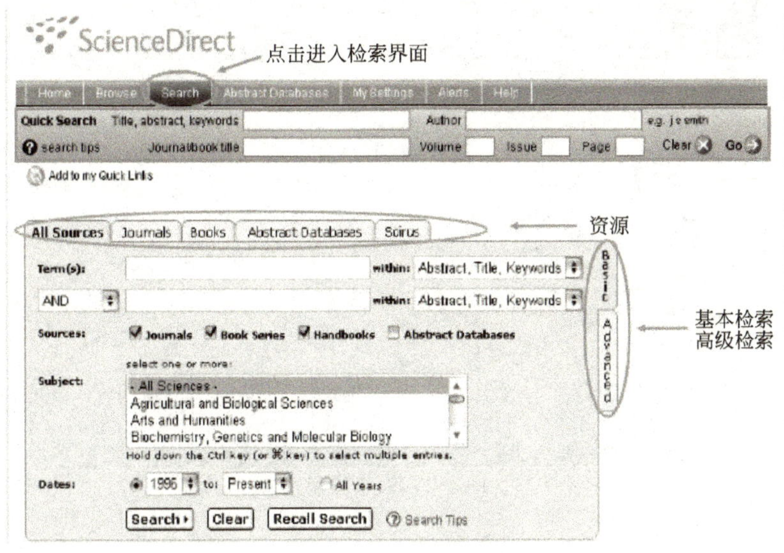

图 4-4 检索界面

2. 基本检索

单击页面左侧的“Search”按钮，进入简单检索界面。

简单检索界面分为上下两个区，即检索策略输入区和检索结果的限定区。

检索结果有两类信息：一类是期刊题名，在题名下有该刊目次页（table of contents）的超链接和搜寻相关文件按钮；另一类是期刊论文题录，排在靠后的部分为论文标题、出处、作者、相关度和搜寻相关文件按钮，通过搜寻相关文件按钮可检索到与该文内容类似的文章。

3. 高级检索

如果简单检索找不到你需要的结果，可以在简单检索的界面或检索结果的界面中，点击左侧的“Expanded”或“Expanded search Form”进入高级检索界面。

高级检索除增加了“ISSN（国际标准刊号）”、“PII（Published Item Identifier，出版物识别码）”、“Search in author keywords（作者关键词）”、“Search in text only（正文检索）”等检索字段外，还增加了学科分类、文章类型、语种等限定条件，可进行更精确的检索。如图 4-5 高级检索模式。

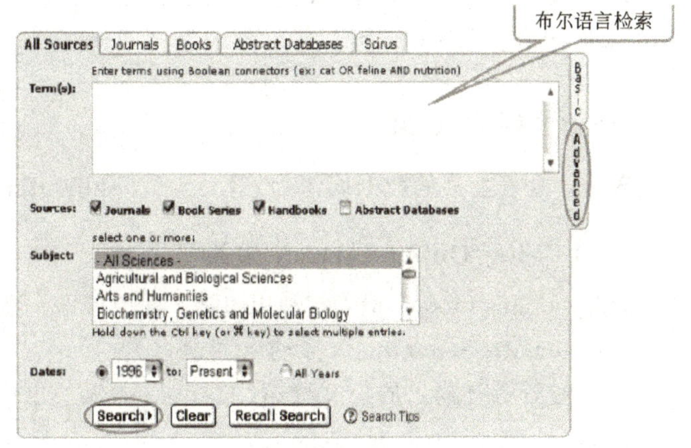

图 4-5 高级检索模式

通过简单检索或是高级检索中的编辑检索式、设置检索提示、二次检索等方式即可以得到需要的检索结果，如图 4-6 为检索结果。

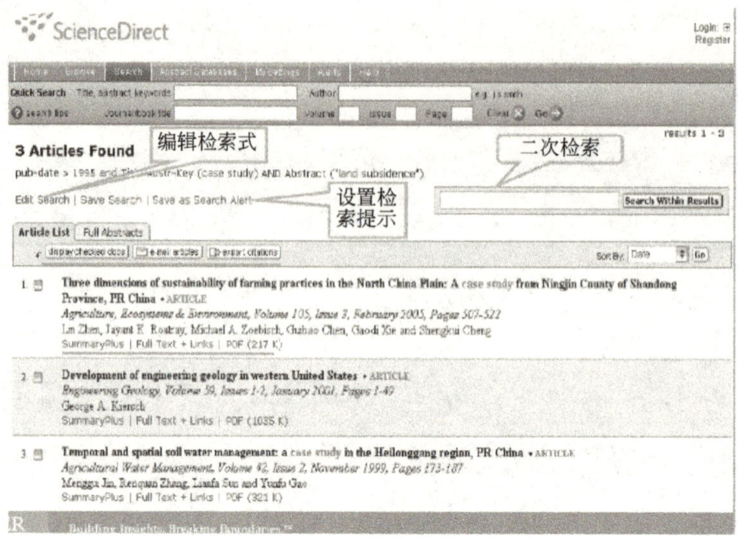

图 4-6　检索结果

第三节　Wiley 数据库

一、简介

Wiley 创建于 1807 年，为来自包括文学、经济学、生理学/医学、物理、化学与和平奖等各类别的 400 多名诺贝尔奖获得者出版了他们的著作。

Wiley 同微软、通用、可口可乐等一起被 Financial Times 选为最受人敬佩的 40 家公司之一，是入选的唯一一家出版公司。2005 年、2006 年入选《Fortune》（《财富》）杂志“100 家最佳雇主”。2007 年、2008 年入选《Forbes》（《福布斯》）杂志“400 家最佳大公司”。

二、Wiley 检索主页

Wiley 检索主页的数据库入口：http：//onlinelibrary. wiley. com，主页如图 4-7。

（一）Wiley Online Library 检索与利用

Wiley Online Library 检索与利用包括：简单检索、高级检索、刊内检索等。如图 4-8 所示。

1. Automatic Stemming（自动取词根）

系统将对所有输入的英文检索词自动取词根，也可用通配符或截词符实现词扩展。

2. Search Conventions（检索规则）

检索规则有以下几项如表 4-1 所示。

表 4-1　检索规则

检索	规则	示例
单词检索	所选字段中包含该词及所有词形变化	cloning
多词检索	词之间默认“逻辑与”关系	diabetes mellitus
词组检索	采用英文半角引号可进行精确检索	“diabetes mellitus”

续表

检索	规则	示例
通配符与截词符	通配符:“*”号,位置不限。截词符:“?”号。单个检索词字符数少于3,不能使用通配符或截词符	transplant* / * glycemia/leuk* miawom? n
连字符	连字符只能用于ISSN或DOI检索	evidence-based只能用“evidence based”检索
词组中包含逻辑运算符	词组中包含逻辑运算符,要用英文半角引号	“Food and Drug Administration”

特别提醒:所用检索方式或检索字段都能自动取词根。

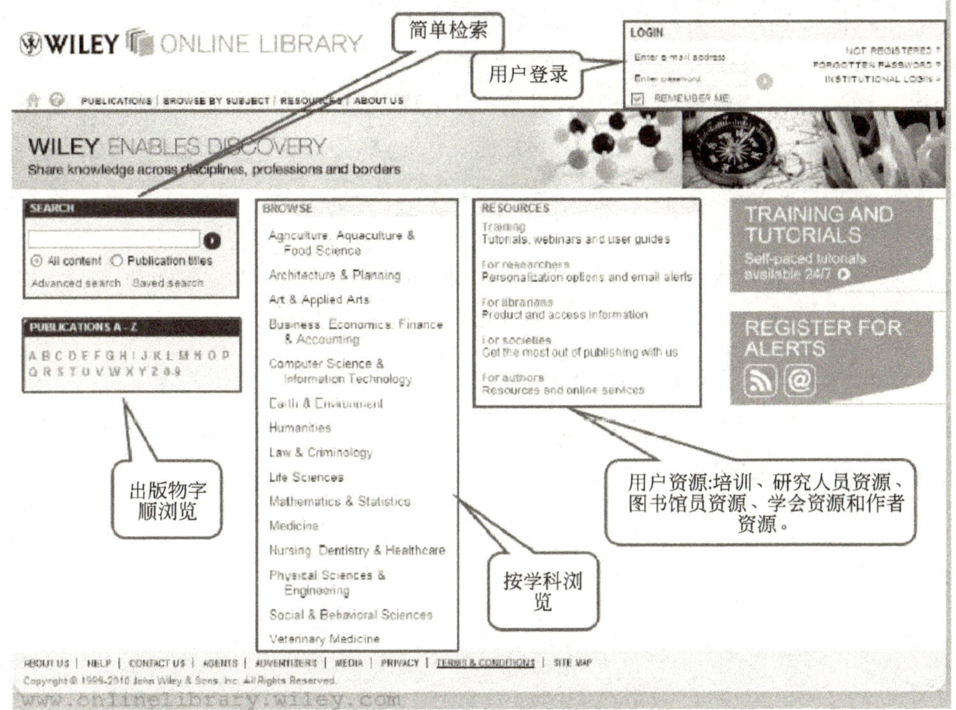

图 4-7 Wiley 检索主页

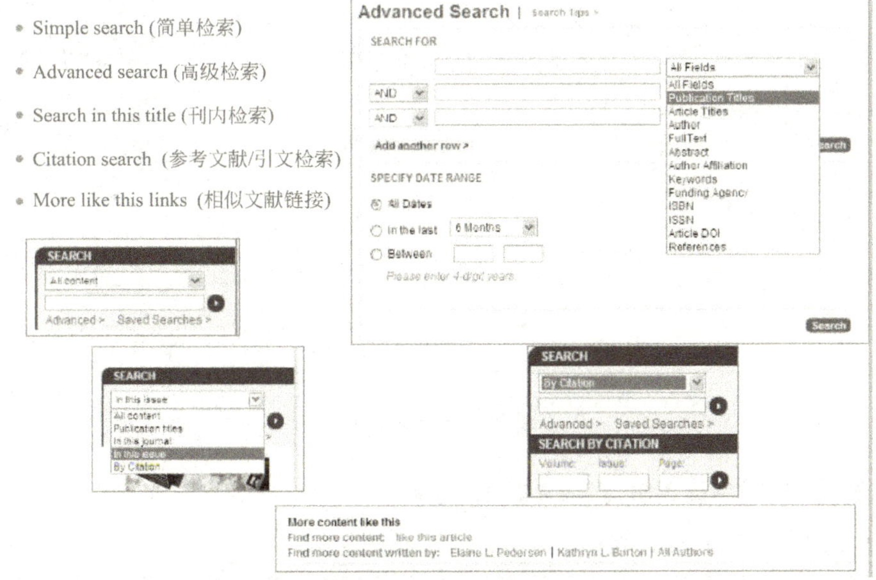

图 4-8 Wiley Oline Liabrary 检索与利用

3. Logical（Boolean）**Operators**（布尔逻辑算符）

所有检索框检索均可使用逻辑运算符：AND、OR、NOT。默认优先运算顺序：NOT 、AND、OR。可以用英文半角小括号改变优先运算顺序。

另外，还有 Advanced Search Features（高级检索功能）。

4. 限定条件

时间范围（Date Range Searching）包括所有、最近一年、指定时间段。

检索结果排序（Search Results）包括相关性、出版时间。

5. Improving Your Search Results（调整检索策略）

（1）检索结果过多　检索结果过多可以使用下面的方法避免：①将检索词限定在 title、abstracts、keywords 字段中检索，提高相关性；②选择下位词，避免多义词所带来的不相关结果；③采用逻辑与（AND）增加限定概念；④采用逻辑非（NOT）排除无关概念；⑤限定时间范围。

（2）检索结果过少　检索结果过少可以使用下面的方法避免：①在所有（ALL）字段中检索；②采用逻辑或（OR）增加同义词、近义词、交替词等。

（二）Wiley Online Library 资源

Resources of WLO（WLO 的资源）包括 training 、for researchers、for librarians、for societies、for author。如图 4-9 所示。

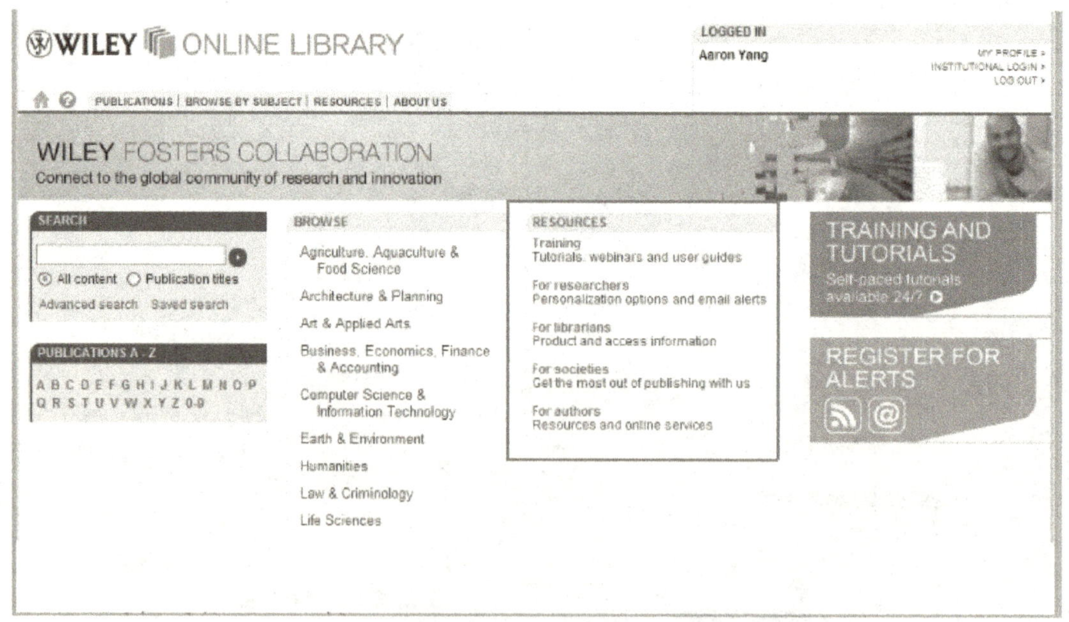

图 4-9　WLO 资源

（三）最终用户的得力助手——我的档案（My Profile）

“My Profile”——我的档案。

任一用户均可通过申请用户名及密码，登录自己的“My Profile”。可以在任何地点申请和登录自己的文档——My Profile。我的档案登录界面如图 4-10 所示。

如果是注册的Wiley InterScience用户，登录信息已转至Wiley Online Library。

Registration

Register on Wiley Online Library to:
- Receive email alerts for new content and saved searches
- Save articles, publications and searches to your profile
- Purchase individual articles and chapters
- Receive email updates and promotional offers on Wiley books and journals relevant to you
- Track your accepted article if you are a journal contributor
- If you have previously registered on Wiley InterScience your details have been migrated and you can log in with the same username and password

* = Required Field

Login Information
E-mail Address: * Password: *
Re-type E-mail Address: * Re-type Password: *

Personal Profile
First name: * Country/Location: *
Last name: * Area of Interest: *

Promotional Information
By e-mail: Please send me updates about enhancements to the Wiley Online Library and related products from Wiley.
By regular mail: Please include me on your mailing list to receive brochures and other printed information about books and journals in my subject area

Terms of Use
Please review our Terms and Conditions of Use prior to completing registration.
I have read and accept the Wiley Online Library Terms and Conditions of Use

Submit registration

图 4-10 我的档案登录界面

My Profile Home 我的档案家族如图 4-11 所示。

图 4-11 我的档案家族

第四节 Springer 数据库

一、SpringerLink 简介

SpringerLink 是科技出版领域不可或缺的重要内容，每年加入超过 100000 篇最高水平

新科技研究成果，2005 年全球总下载量超过二千六百万篇次。SpringerLink 平台提供：超过 2000 电子期刊；超过 36000 电子图书；超过 20000 实验室指南；丛书和参考工具书；海量的回溯内容。

2008 年，施普林格与中国知网（CNKI）签约合作。施普林格向中国知网（CNKI）免费提供 SpringerLink 电子出版物发布平台上各类资源（电子期刊、电子图书、丛书、工具书等）的题录摘要数据。CNKI 利用成熟的关联技术和关键词自动翻译功能，使用户免费看到丰富的施普林格出版物双语题录摘要。

二、Springer 检索主页

可输入检索网址 www. springerlink. com 进入检索主页，检索主页如图 4-12 所示。

图 4-12　检索主页

三、SpringerLink 检索方式

如果你知道期刊（或图书、丛书、参考工具书）的名称，想看其中的某一册请用：浏览方式——名称浏览。以期刊为例说明具体步骤。

打开主界面，选择期刊浏览，如图 4-13 所示。

浏览页面会显示出当前出版物类型以及期刊名称，也可以输入刊名进一步检索；如图 4-14 所示。

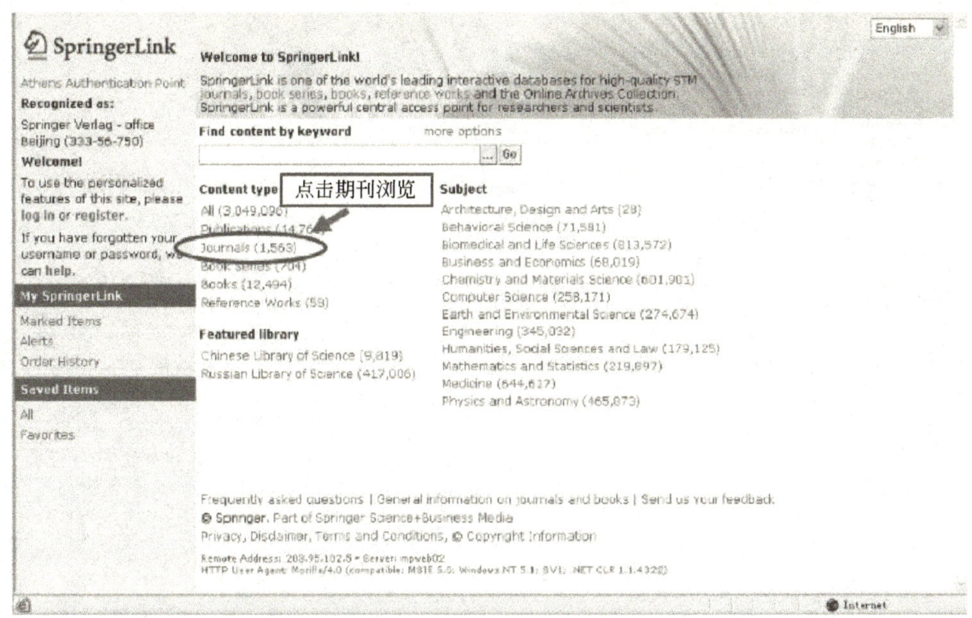

图 4-13 选择期刊浏览

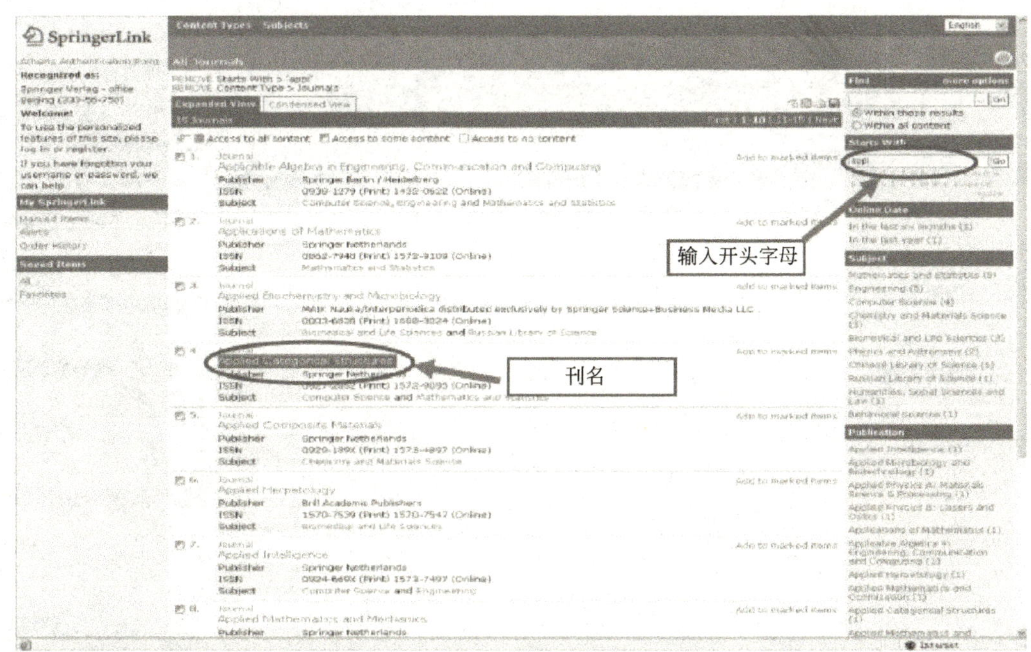

图 4-14 选择刊名

如果想看看某一学科的出版物，请用：浏览方式——学科。具体操作步骤如图 4-15～图 4-18 所示。

点击学科名称，见图 4-15。

进入学科内，显示该学科内容，见图 4-16。

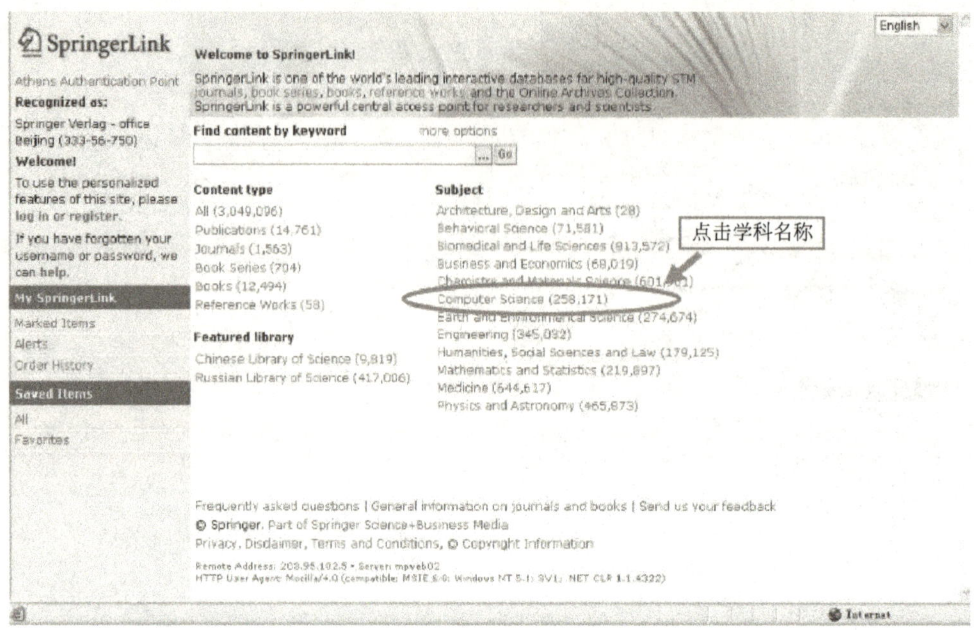

图 4-15　点击学科名称

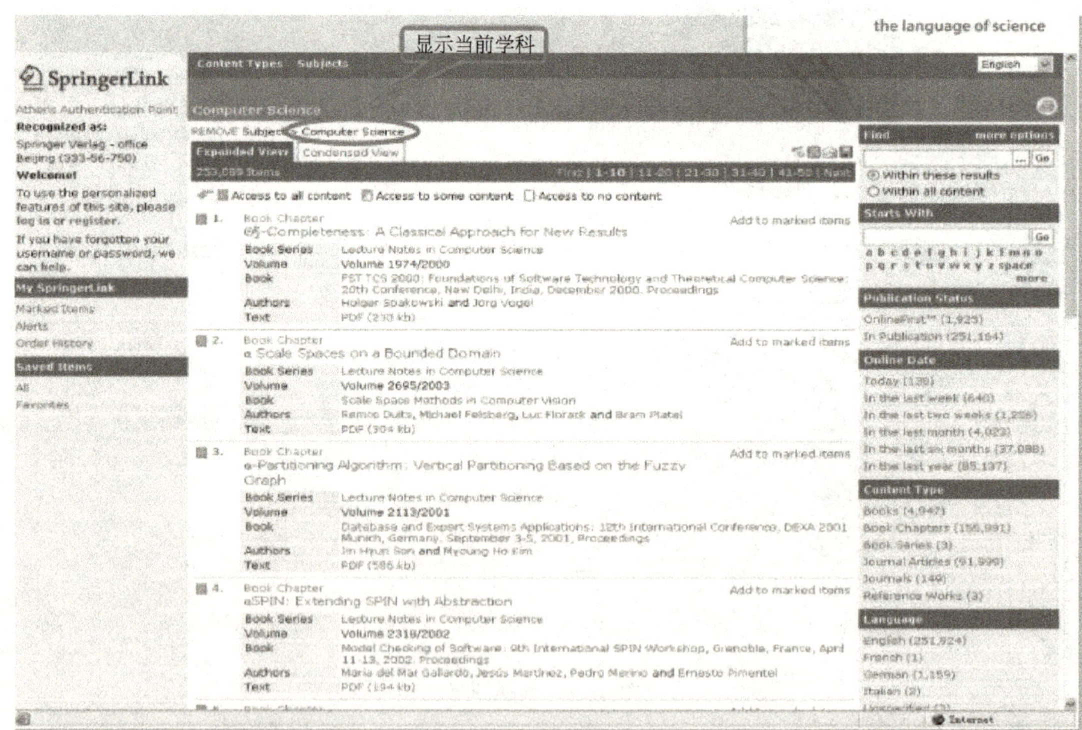

图 4-16　显示学科内容

输入要查找的字段，见图 4-17。

显示出查找的结果（图 4-18）。

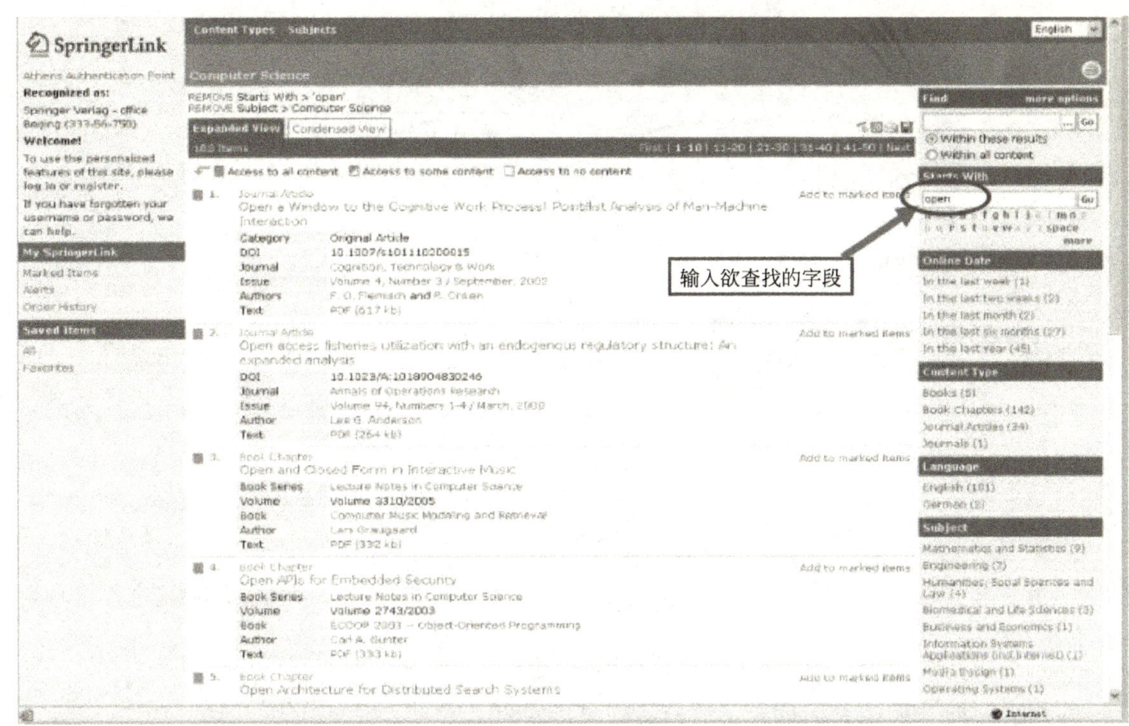

图 4-17 输入欲查找字段

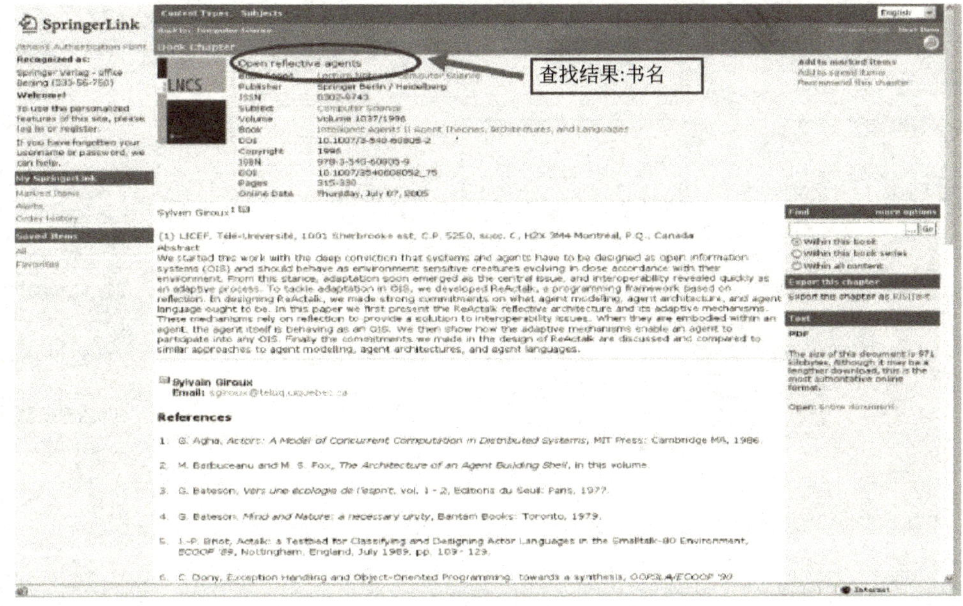

图 4-18 显示查找结果

想查找某一主题的文章，但不知道出版物的任何信息，请用简单检索功能 Google 化的检索方式，具体操作步骤如图 4-19～图 4-21 所示。输入需要的主题，词或词组进行搜索，见图 4-19。

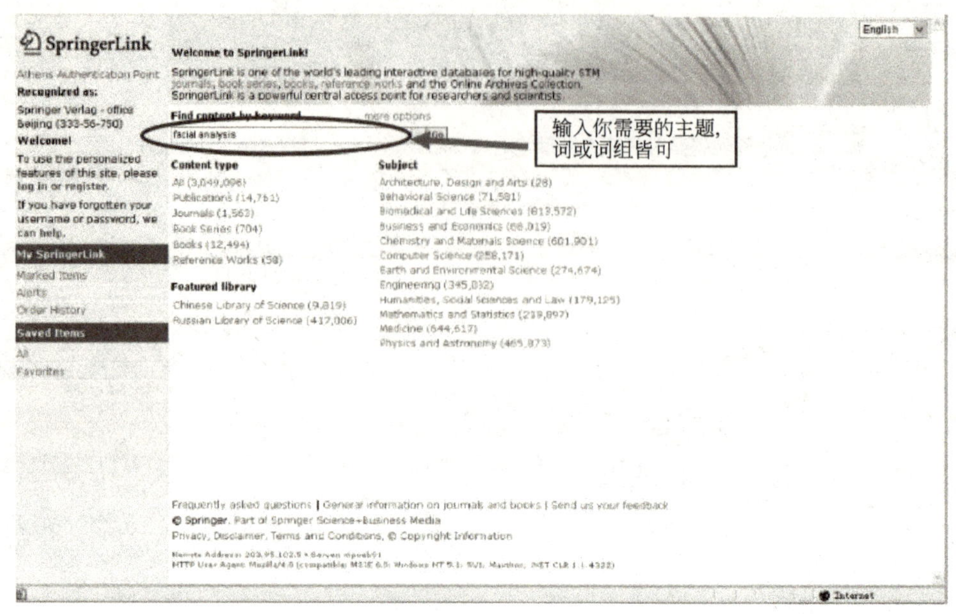

图 4-19　简单检索

找到需要的文章，点击查看文章内容，见图 4-20。

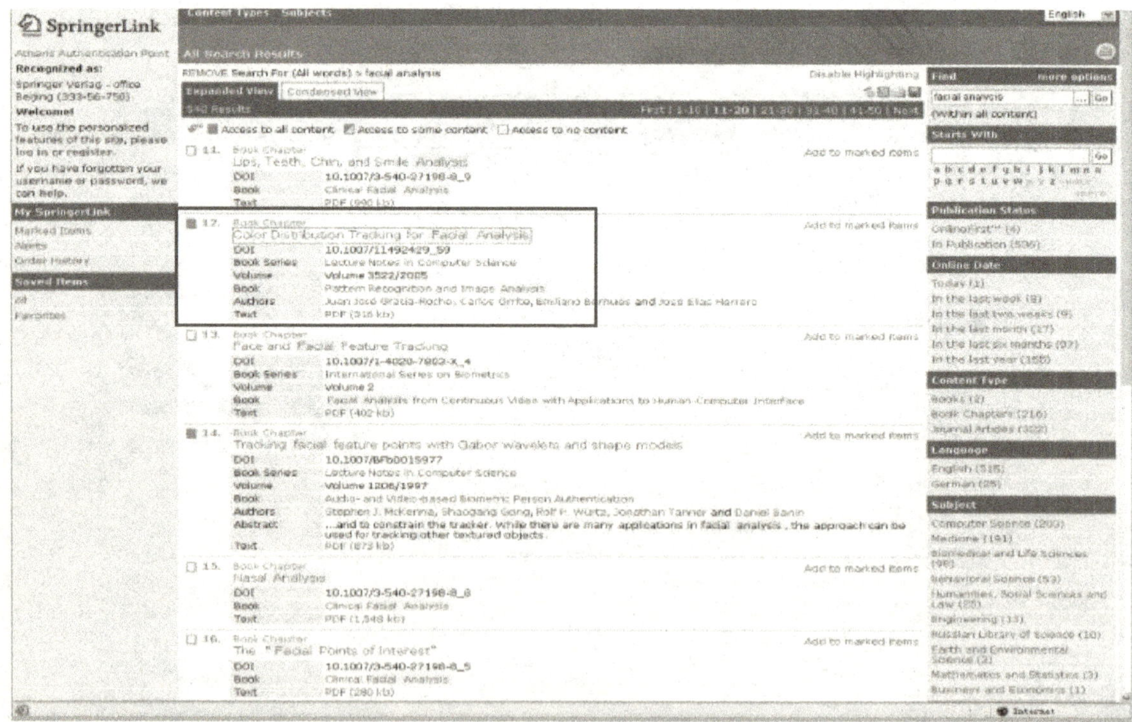

图 4-20　查看文章内容

欲从蛛丝马迹中准确找到你要的文章请用高级检索功能。

在主页中点击高级检索进入高级检索页面，如图 4-21 内容。在题目中输入相关检索内容，用精确匹配检索，高级检索分引文检索、文章内容检索、参考文献检索、出版物检索。

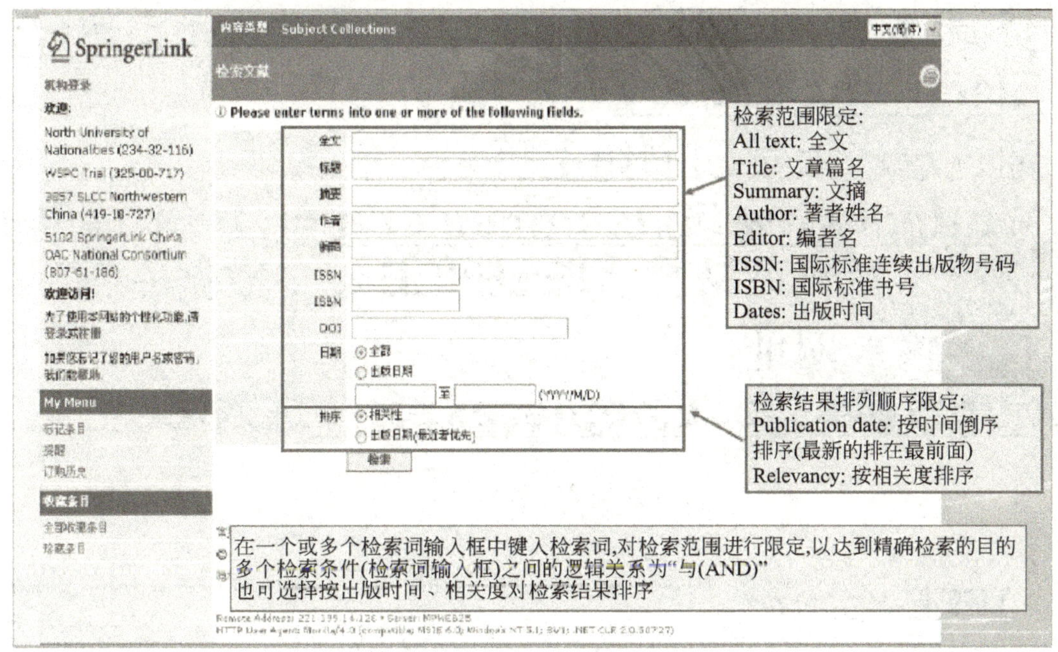

图 4-21 高级检索页面

第五节 IEEE/IEE 全文数据库

一、简介

IEEE/IEE Electronic Library (IEL) 数据库提供美国电气电子工程师学会 (IEEE) 和英国电气工程师学会 (IEE) 出版的 207 种期刊、6279 种会议录、1496 种标准的全文信息。多数出版物提供 1988 年以后的全文数据，但有 IEEE 学会下属的 13 个技术学会的 18 种出版物可以看到更早的全文。

校园网的用户均可通过连接 Internet 访问美国 IEL 主页，采用 IP 地址限定用户范围，不需要账号和口令。

由于数据库的并发用户数限制在 15 个，会出现“All available online seats are currently being occupied”的信息，并提示输入用户名和账号。请用户检索之后尽快退出，以便他人能够联通。网上浏览期刊全文（PDF 格式）需要使用 Acrobat Reader 软件。

进入方法如图 4-22 列出。

二、检索

Xplore 最热点检索词和文章，如图 4-23 所示。

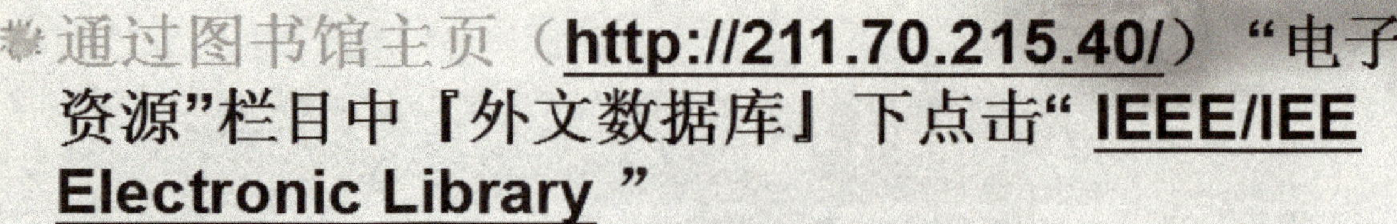

图 4-22　进入方法

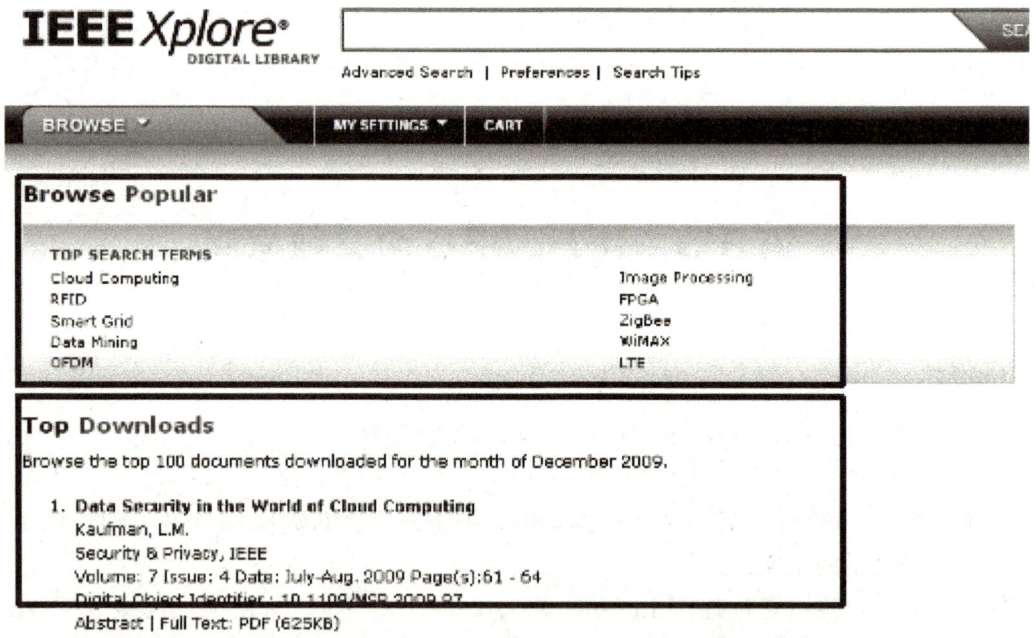

图 4-23　Xplore 最热点检索词和文章

1. 检索方法

直接在检索输入框中输入检索词进行 Basic Search，系统默认是在全文字段中进行检索在主页上部“Browse”和“Search”栏目下分别列出 IEL 数据库不同的检索方式，点击相应的选项选择检索方式

2. 基本检索（Basic Search）

(1) 在输入框内输入检索词。

(2) 系统默认是在“All Fields”字段进行检索。

(3) 点击“[≫]”按钮，开始检索。

(4) 系统列出符合检索条件的文献，点击每篇文献下方的［Abstract］或［PDF Full-Text］可浏览文摘或原文。如图 4-24 基本检索。

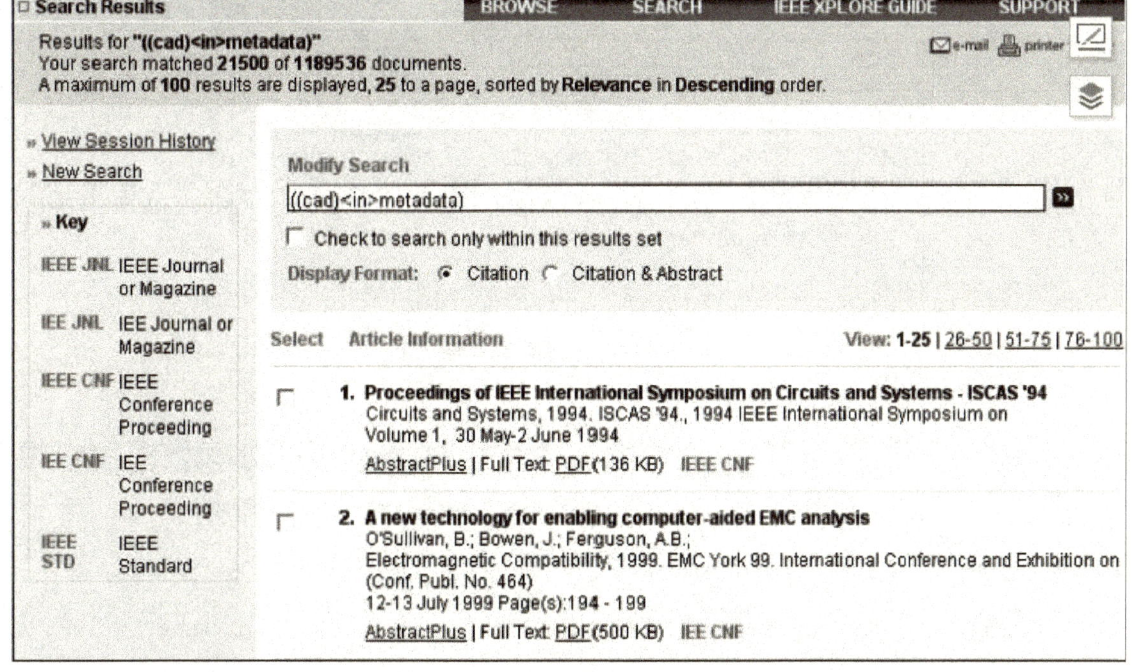

图 4-24 基本检索

3. 高级检索（Advanced Search）

(1) 在输入框内输入检索词或检索式。

检索式构成：检索词 1 逻辑算符……检索词 n <in>字段名 1，……字段名 n。

(2) 选择限制条件 * 。

(3) 点击“Run Search”按钮，开始检索。

(4) 系统列出符合检索条件的文献，点击每篇文献下方的［Abstract］或［PDF Full-Text］可浏览文摘或原文。如图 4-25 为高级检索页面。

4. 作者检索（By Author）

(1) 系统显示前 50 个作者列表。

（2）如果已知作者姓名的首字母，直接点击该字母，系统列出以该字母打头的作者列表；如果已知作者名中某个词，在输入框内输入该词，点击“≫”按钮，系统列出含有该词的作者列表。

（3）从列表中选择所查询的作者，点击该作者名，系统显示该作者发表的文献。

（4）点击每篇文献下方的［Abstract］或［PDF Full-Text］可浏览文摘或原文。

注：这种查询方式下，输入框内输入的词或词组之间不能使用逻辑算符。如图 4-26 为作者检索页面。

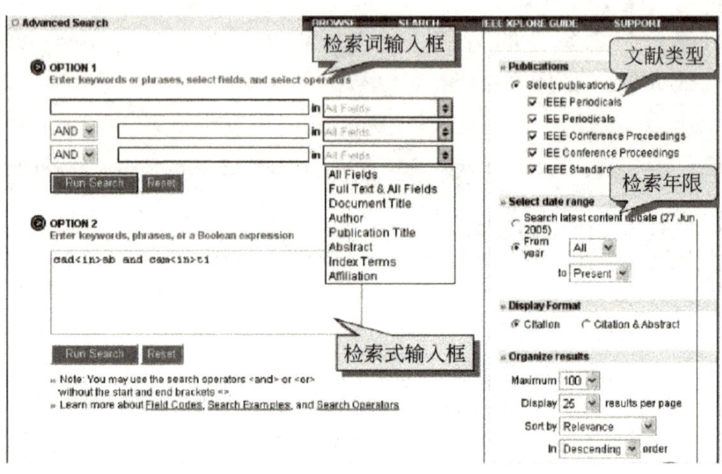

图 4-25　高级检索页面

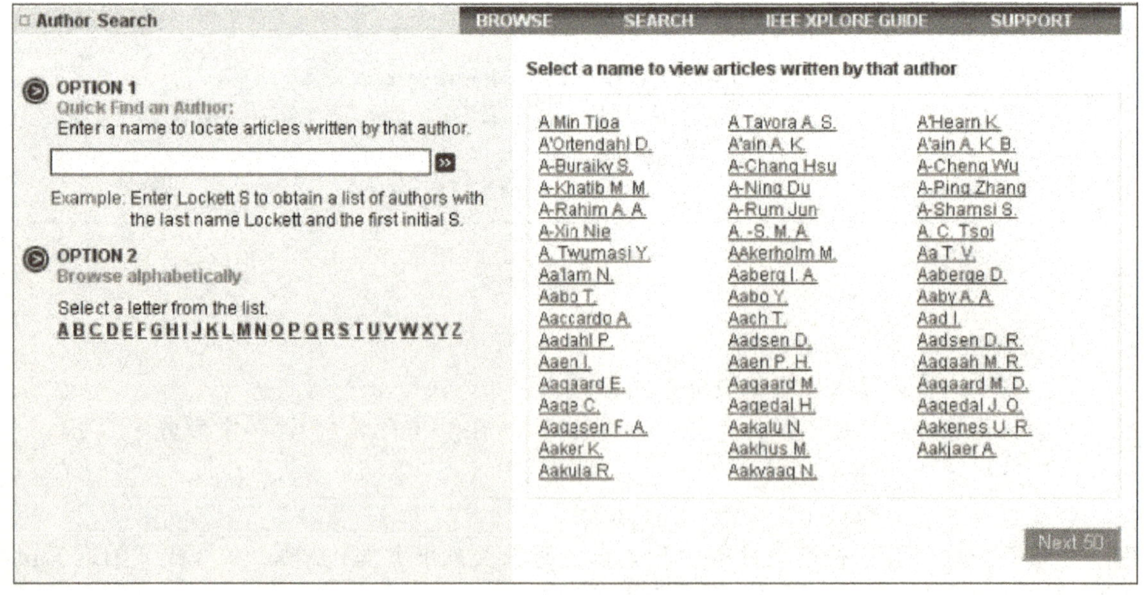

图 4-26　作者检索页面

第六节 OvidSP 数据库

科威集团是全球五大出版集团之一，Ovid 是科威健康的综合在线平台，独家在线出版的科威旗下的 LWW 和 Adis 的所有医学药学的核心期刊。此外，Ovid 整合了 2000 多种期刊、2200 多种在线图书和 100 多个数据库，内容涉及生命科学、医学、农业、生物、工程技术、地质石油、交通运输等。在“Content＋Tool＋Services”的服务理念之下，Ovid 已经发展成为了全球学术科研最前沿、使用最普遍的和最受科研人员喜爱的综合数据库平台。

OvidSP 将新型的、省时的工作流工具、直观界面和先进的搜索技术整合在一起，并且用户可以从多种搜索模式中进行选择，包括带有自然语言处理的基本搜索、高级 Ovid 搜索以及更多种搜索模式。利用通过 RSS 技术实现的期刊 eTOCS 功能和 AutoAlerts 服务，用户可以轻松地在结果中搜索注释。可进行无缝搜索并找回已排序的相关结果，并可同时在数据库、期刊和书籍之间进行搜索。

一、如何进入此数据库？

通过图书馆主页的常用数字资源导航链接直接进入。Ovid 数据库如图 4-27 所示。

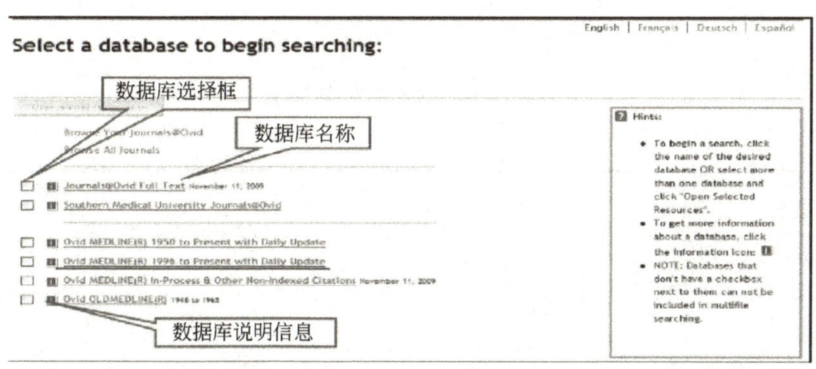

图 4-27 Ovid 数据库

二、检索主页（Main Search Page）

输入网址 http：//ovidsp. ovid. com/ 进入检索主页。

1. 基本检索（Basic Search）

默认的检索模式，可以不必考虑检索规则。可选择使用：拼写检查功能、相关词检索，并且检索词尽量采用名词形式。基本检索界面如图 4-28 所示。

2. 引文检索（Find Citation）

在检索界面点击 Find Citation 即引文检索，如图 4-29 所示。

3. 特定文献检索

在检索界面点击 Find Citation，在 Joural Name 输入文献的名字，然后执行。

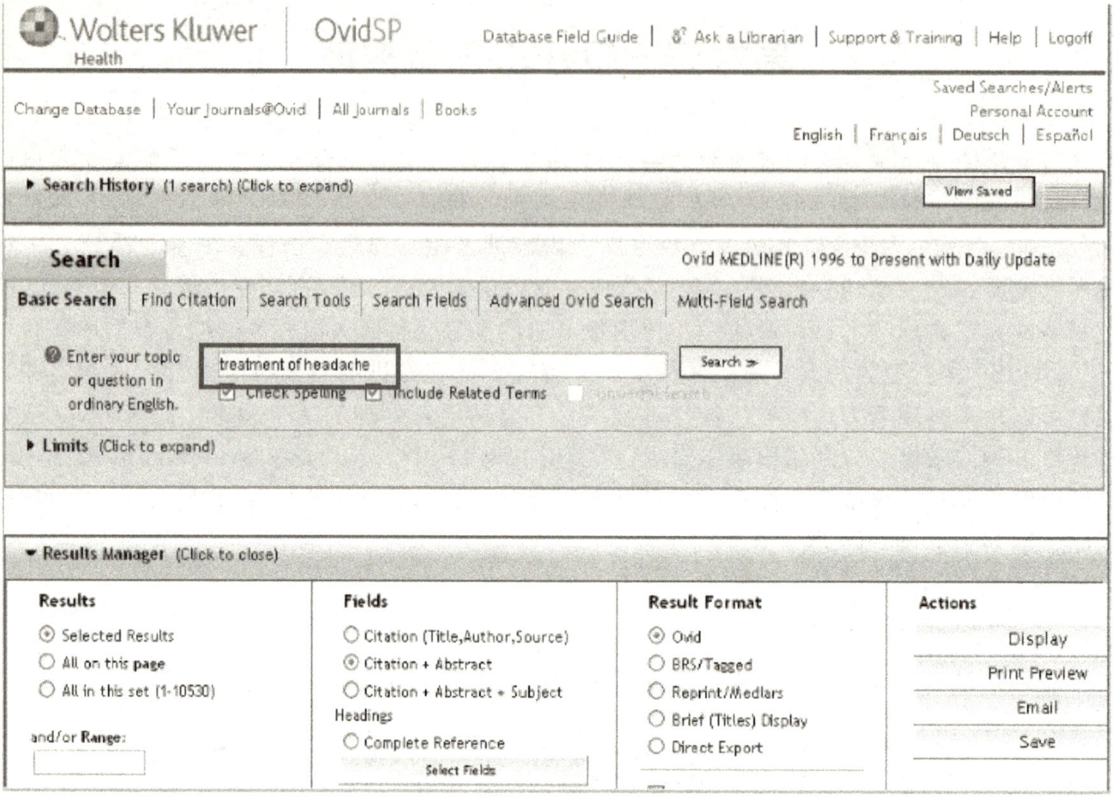

图 4-28　基本检索界面

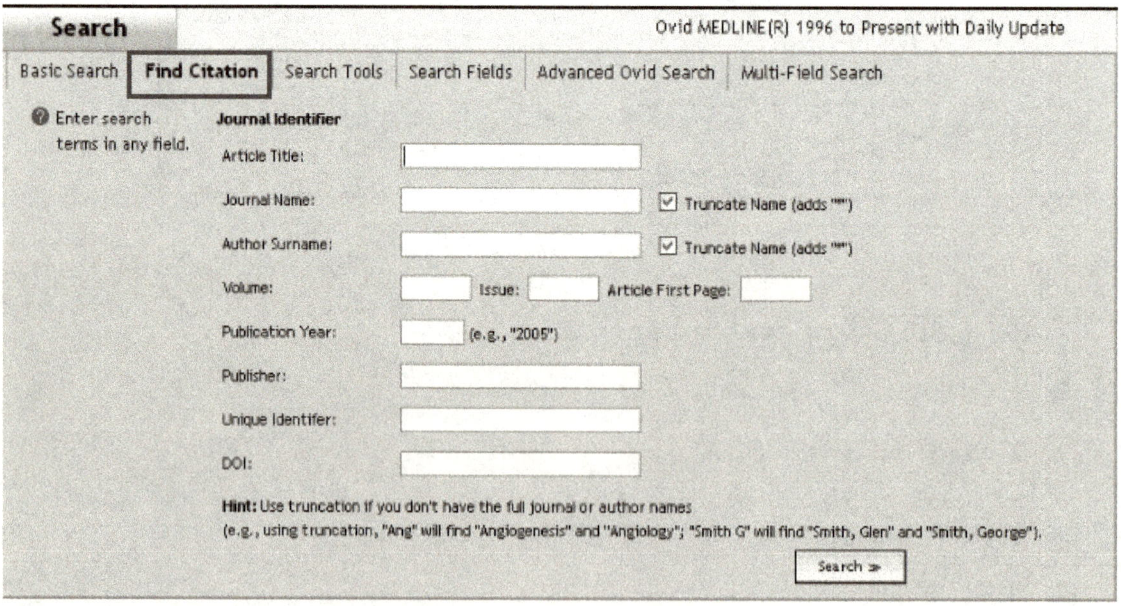

图 4-29　引文检索界面

4. 词表辅助检索（Search Tools）

在检索界面点击 Search Tools 即词表辅助检索，然后执行检索，如图 4-30 所示。

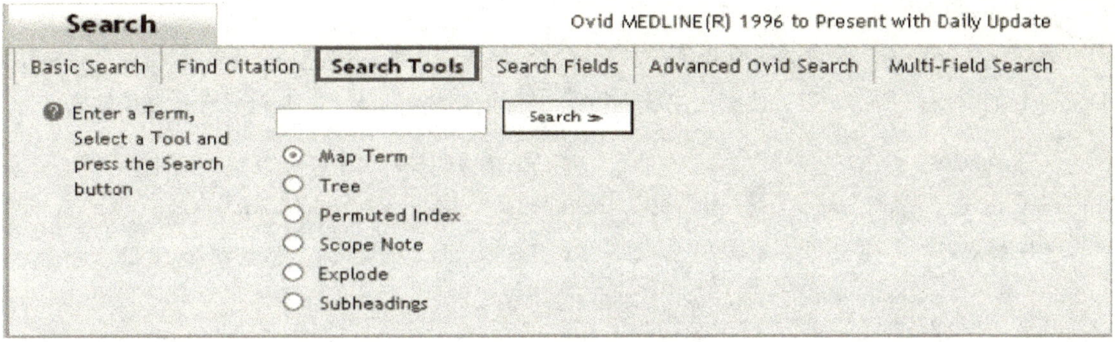

图 4-30　词表辅助检索

5. 字段限定检索（Search Fields）

在检索界面点击 Search Fields ，输入限定字段，执行检索，如图 4-31 所示。

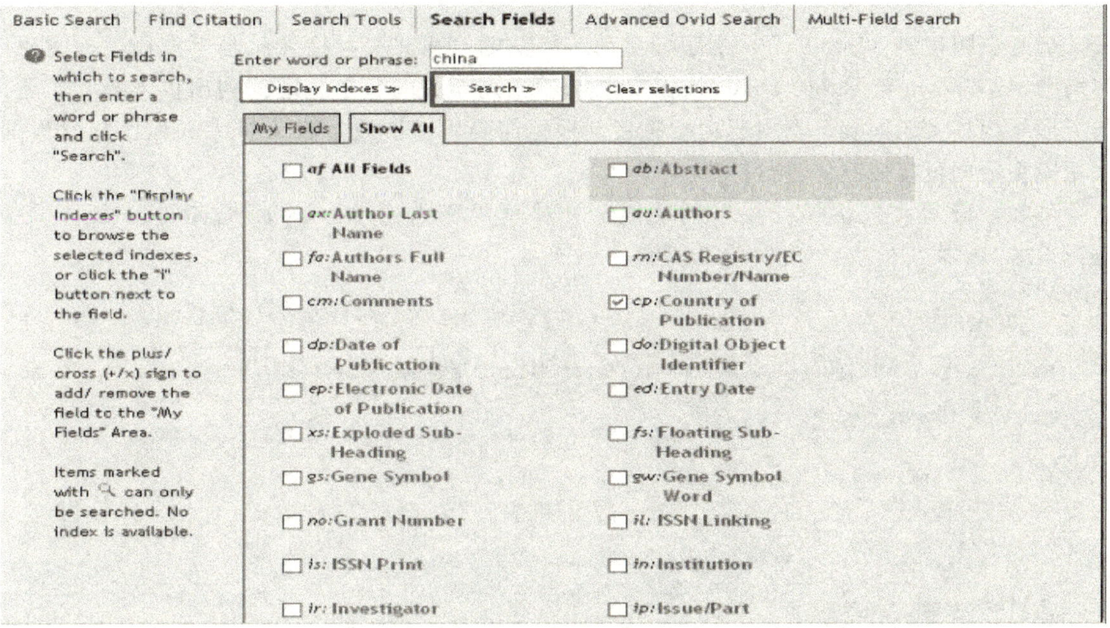

图 4-31　字段限定检索

6. 高级检索（Advanced Ovid Search）

在检索界面点击 Advanced Ovid Search 即高级检索，输入检索内容执行，如图 4-32 所示。

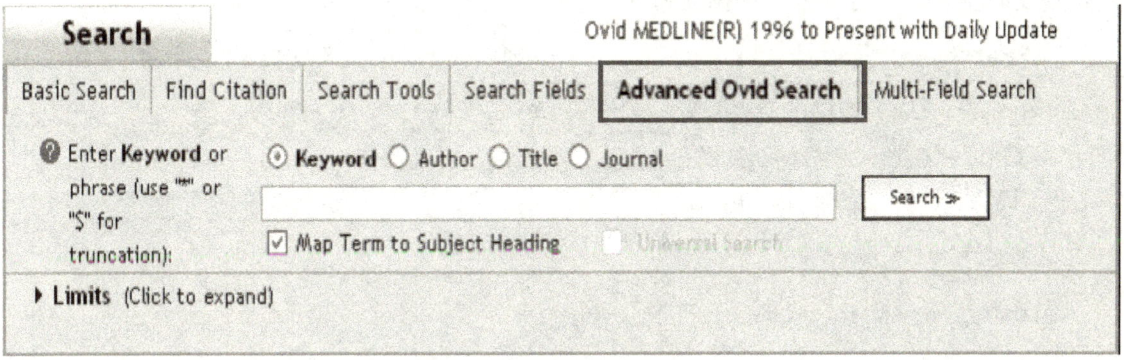

图 4-32　高级检索主页

高级检索提供的检索途径有以下几种。

（1）关键词检索　在关键词检索状态下，可以选择使用主题词匹配功能（Map Term to Subject Heading）如图 4-33 所示，以方便利用主题词检索。也可用“＊”或“＄”符号进行截词检索。

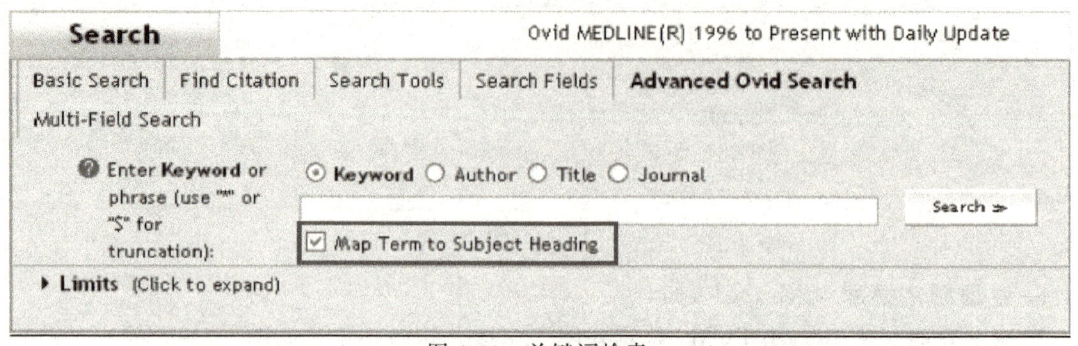

图 4-33　关键词检索

（2）主题检索（Subject）　主题词自动匹配功能，在关键词检索状态下使用，检索时应勾选“Map Term to Subject Heading”，将与检索词相关的数个主题词列出供选择，主题词与树形结构、主题词表、副主题词相链接。根据需要可扩展或加权来扩大和缩小检索范围，无相应主题词可按关键词进行检索。

例如：检索“liver fibrosis”的文献。在检索界面点击 Advanced Ovid Search ，输入 liver fibrosis 执行检索，如图 4-34 所示。

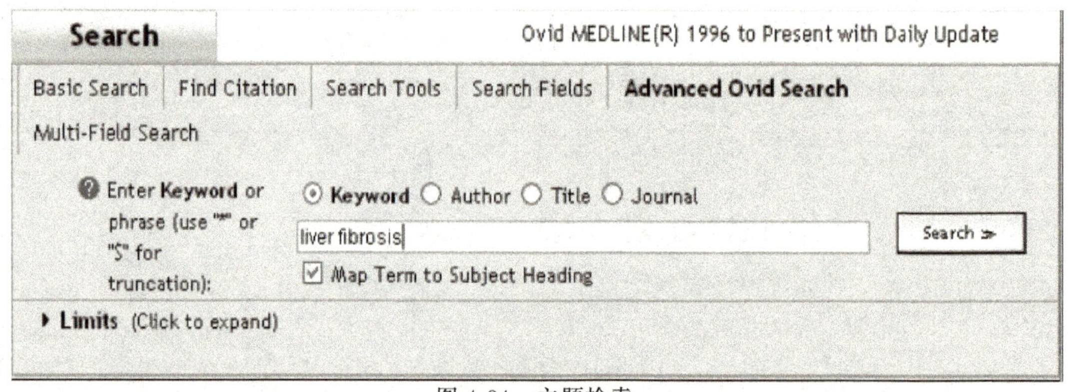

图 4-34　主题检索

（3）作者检索（Author）　在检索界面点击 Advanced Ovid Search ，点击作者选项，输入要查找的作者，执行检索，如图 4-35 所示。

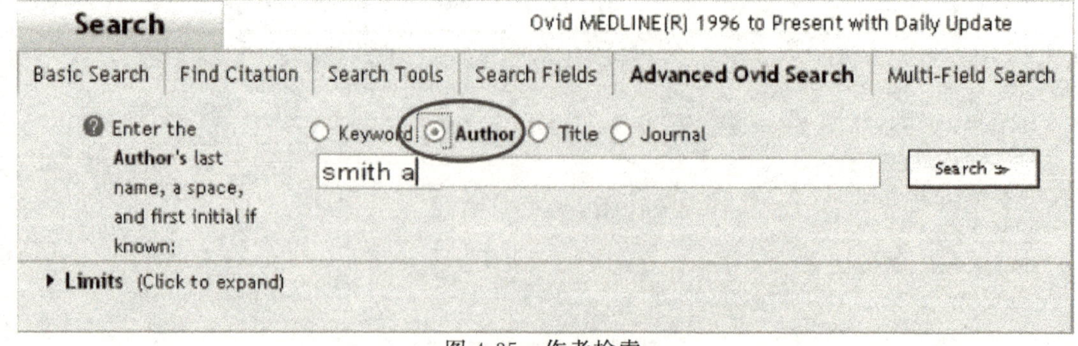

图 4-35　作者检索

（4）篇名检索（Title） 在检索界面点击 Advanced Ovid Search ，选择 Title 选项，输入篇名执行检索，如图 4-36 所示。

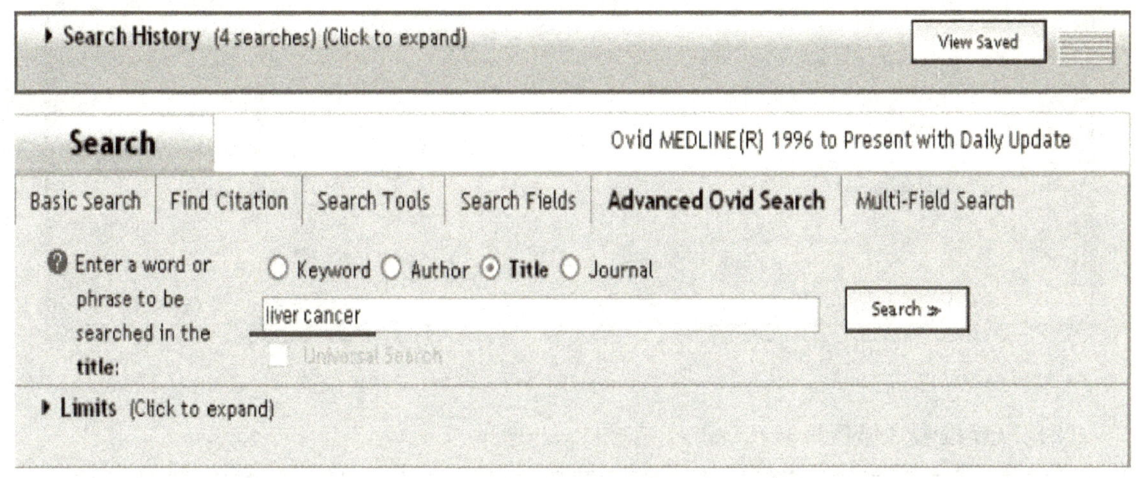

图 4-36 篇名检索

三、其他检索功能及方法

1. Limit——限定功能

在检索界面的检索区下的结果限制区可以直接点击“Limits”，打开限制条件选项，对检索历史栏中选定的结果进行限制。也可点击“Additional Limit”按钮打开限制条件界面进行其他条件限制。并且可利用“Edit Limits”可更改外部限制选项。如图 4-37 所示。

Search
Ovid MEDLINE(R) 1996 to Present with Daily Update
Basic Search
Find Citation
Search Tools
Search Fields
Advanced Ovid Search
Multi-Field Search
Enter Keyword or phrase (use "*" or "$" for truncation):
Keyword
Author
Title
Journal
Search
Map Term to Subject Heading
Limits (Click to close)
Abstracts
English Language
Full Text
Review Articles
Humans
Core Clinical Journals (AIM)
Latest Update
Publication Year
Additional Limits
Edit Limits

图 4-37 限定功能

2. 指令检索

指令检索在关键词检索页面实现。

（1）字段限定检索，如图 4-38 所示。

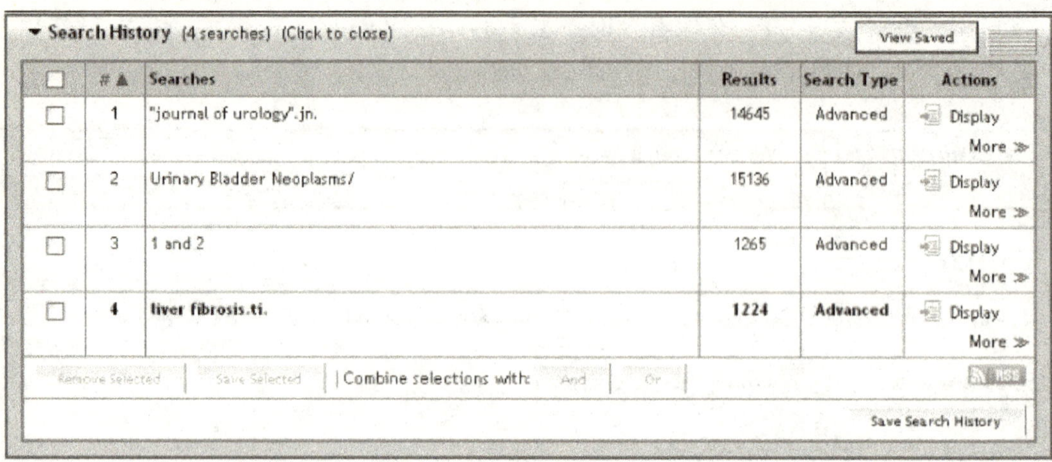

▼ Search History (4 searches) (Click to close) View Saved

	# ▲	Searches	Results	Search Type	Actions
☐	1	"journal of urology".jn.	14645	Advanced	Display More ≫
☐	2	Urinary Bladder Neoplasms/	15136	Advanced	Display More ≫
☐	3	1 and 2	1265	Advanced	Display More ≫
☐	**4**	**liver fibrosis.ti.**	**1224**	**Advanced**	Display More ≫

Remove Selected | Save Selected | Combine selections with: And | Or RSS

Save Search History

图 4-38　字段限定检索

（2）位置检索（邻近检索）(adj)，如图 4-39 所示。

▼ Search History (6 searches) (Click to close) View Saved

	# ▲	Searches	Results	Search Type	Actions
☐	3	1 and 2	1265	Advanced	Display More ≫
☐	4	liver fibrosis.ti.	1224	Advanced	Display More ≫
☐	5	acute kidney failure.mp. [mp=title, original title, abstract, name of substance word, subject heading word]	167	Advanced	Display More ≫
☐	**6**	**(acute adj3 kidney failure).mp. [mp=title, original title, abstract, name of substance word, subject heading word]**	**8680**	**Advanced**	Display More ≫

Remove Selected | Save Selected | Combine selections with: And | Or RSS

Save Search History

EXPAND

图 4-39　位置检索

（3）截词检索（$或 *）diagnos$，如图 4-40 所示。

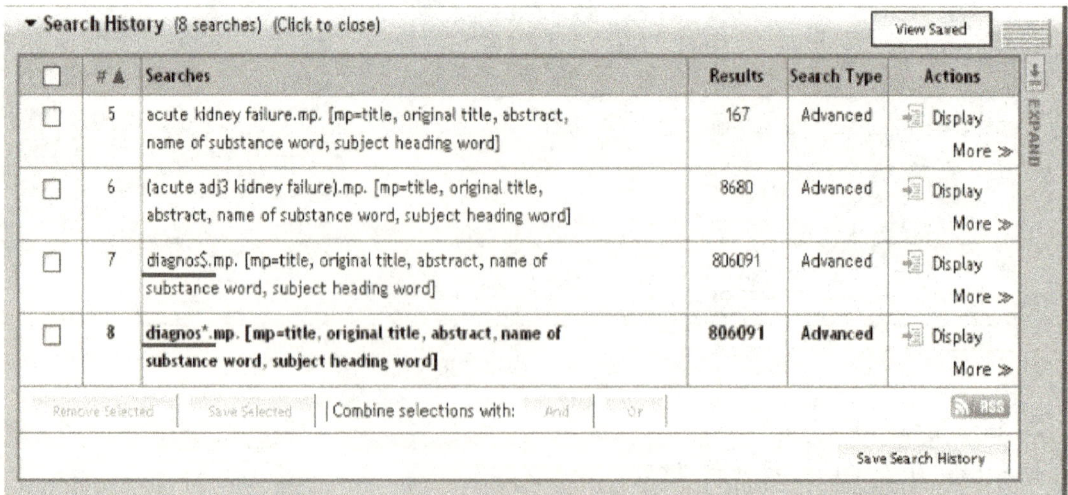

▼ Search History (8 searches) (Click to close) View Saved

	# ▲	Searches	Results	Search Type	Actions
☐	5	acute kidney failure.mp. [mp=title, original title, abstract, name of substance word, subject heading word]	167	Advanced	Display More ≫
☐	6	(acute adj3 kidney failure).mp. [mp=title, original title, abstract, name of substance word, subject heading word]	8680	Advanced	Display More ≫
☐	7	diagnos$.mp. [mp=title, original title, abstract, name of substance word, subject heading word]	806091	Advanced	Display More ≫
☐	**8**	**diagnos*.mp. [mp=title, original title, abstract, name of substance word, subject heading word]**	**806091**	**Advanced**	Display More ≫

Remove Selected | Save Selected | Combine selections with: And | Or RSS

Save Search History

EXPAND

图 4-40　截词检索

(4) 通配符（#，?），如图 4-41 所示。

Search History (10 searches) (Click to close)   View Saved

	# ▲	Searches	Results	Search Type	Actions
☐	7	diagnos$.mp. [mp=title, original title, abstract, name of substance word, subject heading word]	806091	Advanced	Display More »
☐	8	diagnos*.mp. [mp=title, original title, abstract, name of substance word, subject heading word]	806091	Advanced	Display More »
☐	9	tumo#r.mp. [mp=title, original title, abstract, name of substance word, subject heading word]	70666	Advanced	Display More »
☐	**10**	**tumo?r.mp. [mp=title, original title, abstract, name of substance word, subject heading word]**	**577829**	**Advanced**	Display More »

Remove Selected | Save Selected | Combine selections with: And | Or   RSS

Save Search History

图 4-41 通配符

3. Combine——组合功能

用 and 或 or 对检索词进行逻辑运算，使用此功能时检索历史栏中至少应有两个检索式，勾选相关检索式，并选择使用的算符，也可直接在检索输入框内使用指令格式：1 and 2，3 or 4，3 not 4，如图 4-42 所示。

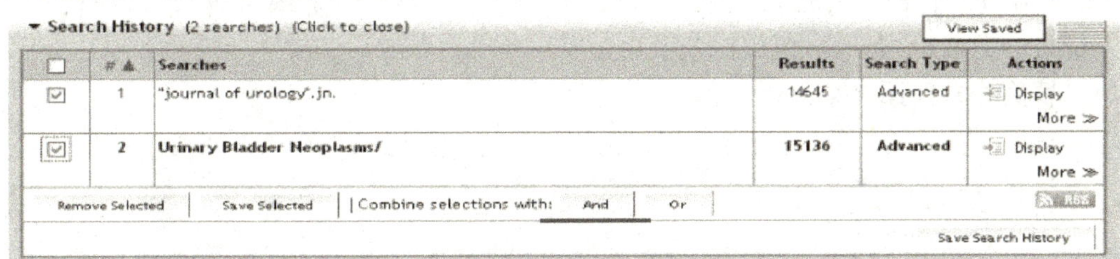
Search History (2 searches) (Click to close)   View Saved

	# ▲	Searches	Results	Search Type	Actions
☑	1	"journal of urology".jn.	14645	Advanced	Display More »
☑	**2**	**Urinary Bladder Neoplasms/**	**15136**	**Advanced**	Display More »

Remove Selected | Save Selected | Combine selections with: And | Or   RSS

Save Search History

图 4-42 组合功能

四、检索结果的输出

检索结果的输出包含显示——Display，打印——Print，发送——Sent E-mail，存盘——Save as。

首先，点击检索历史栏中的 Display 后，系统显示检索记录。

其次，记录的题录格式（默认）：记录顺序号（Record number）、作者（Author）、篇名（Title）和文献出处（Source）。

最后，记录的输出——Results Manager。如图 4-43 所示。

Results Manager (Click to close)

Results	Fields	Result Format	Actions
⦿ Selected Results ○ All on this page ○ All in this set (1-167) and/or Range: Clear Selected Results	○ Citation (Title,Author,Source) ⦿ Citation + Abstract ○ Citation + Abstract + Subject Headings ○ Complete Reference Select Fields ○ Selected fields: (ab, au, dp, fa, is, in, ir, kw, oa, oi, ot, rn, ro, sh, st, so, st, ti, ui)	⦿ Ovid ○ BRS/Tagged ○ Reprint/Medlars ○ Brief (Titles) Display ○ Direct Export ☐ Include Search History ☐ Include link to each record	Display Print Preview Email Save

Sort Keys

Primary: - | Ascending

Secondary: - | Ascending

图 4-43 检索结果输出

注意：每次最多可保存 200 条文献的书目信息。

第七节 PubMed 数据库

一、数据库简介

PubMed 是美国国立医学图书馆（NLM）的国家生物技术信息中心（NCBI）开发的互联网生物医学信息检索系统。收录 1966 年以来的包含医学、护理、牙科、兽医、健康保健系统及临床科学的文献。

二、PubMed 检索途径

检索途径包括三个：基本检索、辅助检索、个性化检索。

（一）基本检索

PubMed 首先将键入的检索词视为合理的短语在短语索引中进行查找，没有找到词语时，系统将会把两个词分开进行查找。

（1）精确检索如图 4-44 所示。

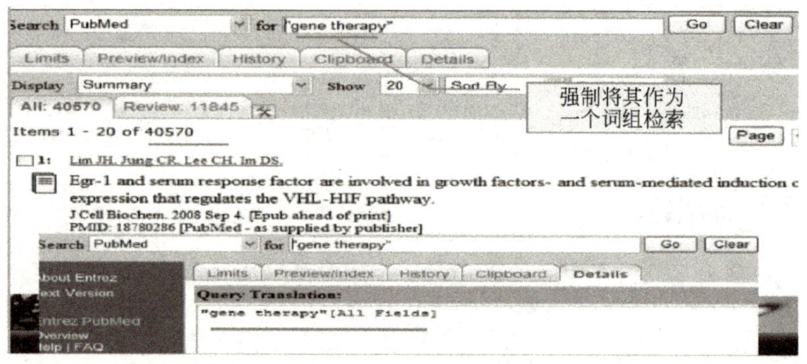

图 4-44 精确检索

（2）截词检索 可利用系统的截词功能获取更多的相关文献，截词符“＊”可代表多个字符，将＊加在截词符后面可表示对所有以该词开头的词进行检索，即无限截词检索如图 4-45 所示。搜索 PubMed 一次最多可检索出 150 个词形变异词。如 bacter＊，可以产生 bacteria、bacteremia、bacteriophage 等检索结果，可以采取加长词根的方法进行检索，即有限截词检索。

（3）逻辑组配检索 在检索框中输入逻辑运算符（大写），顺序从左到右，可用括号来改变顺序。

（4）作者姓名检索 在条索框内按照姓名的缩写（不用标点）的格式键入作者姓名，如 Smith ja，系统会自动在作者字段内进行检索。如果想进行更精确的检索，可以用双引号将作者的名字引起来，再加【au】，如“Smith ja”【au】。

(5) 期刊检索　期刊检索可通过三个途径检索：刊名输全称、Medline认可的标准英文缩写、国际标准期刊号。

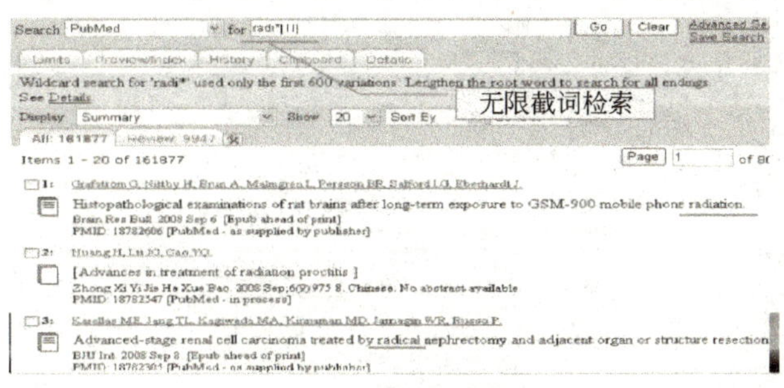

图 4-45　无限截词检索

在检索框中键入杂志全名 molecular biology of the cell；也可以直接键入 Medline 的期刊标准缩写形式，如：mol boil cell；键入刊物的 ISSN（国际标准出版物代码）进行检索，如 1059-1524；Cell transplantation【ta】。

（二）辅助检索

(1) Limit（限定检索）对检索结果进行多重限定。

对检索词的限定和修饰，包括字段、年龄、性别、研究对象、出版类型、语种、出版或输入日期以及子字段等。数据输入时间是默认检索可回溯到 1950 年，限制选择 30 天到 10 年。

(2) Previw/index（预览/索引）　Previw 是对检索结果进行预览，显示检索结果的条数和最近三次检索式，用户可根据具体情况在检索提问框中用逻辑运算符组配新的检索式。

index 是对提交的检索词列出按字顺排列的某一字段的索引词表的位置和数量，可用流动条来回进行查看列表。选中的词高亮显示，然后选择合适的逻辑运算符进行检索。

第一步，点击预览和索引。第二步，输入待选词。第三步，索引选词。第四步，确定与检索栏中检索提问的逻辑关系。浏览索引检索步骤如图 4-46 所示。

(3) History（检索史）　可保留所有的检索策略和结果，但只有在执行了一次检索后，才能有记录；可显示检索序号、检索词、检索时间以及检索结果数量；可在检索序号之间添加逻辑运算符进行检索；并且单击记录条数超级链接可以重新显示检索结果。点击 Clear History 按键可以清除 History 和 Previw/index 中的信息。最多储存的检索式数为 100 个，检索式的储存时间为 1 小时。

(4) Clipboard（剪贴板）　剪贴板用于暂时存放选中的文献，以备集中显示、打印或存盘。剪贴板总可存的最多记录为 500 条，如果一小时内无任何操作，记录将自动消失。

(5) Details（检查明细）　可以在检索框中执行检索策略，再点击 Search 按键重新执行检索。点 URL 按钮，检索策略将显示在 URL 框中，再用浏览器的书签收藏功能保存该策略。

（三）个性化检索

(1) Mesh Database　Mesh Database 的功能包括确定规范检索词；查看词义注释、树状结构表；副主题词、扩展、主要主题词。

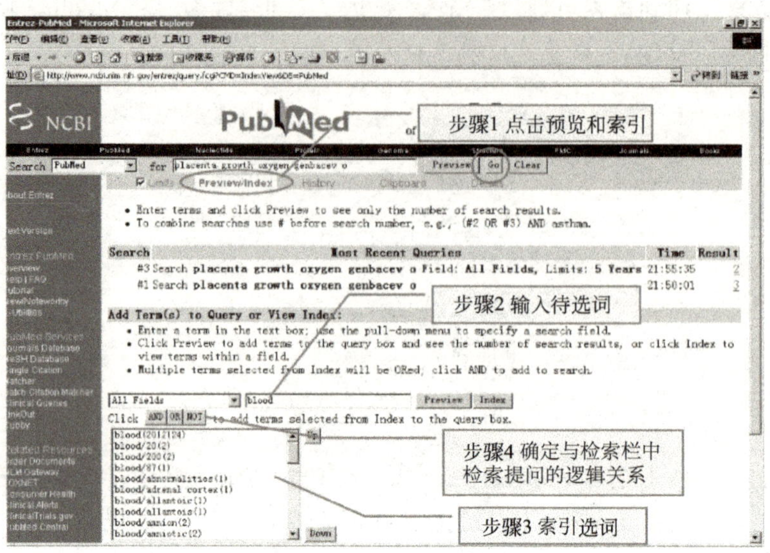

图 4-46　浏览索引步骤

Mesh Database 的特点有一般检索逻辑关系粗浅、修饰概念匹配不特定、检索词涵盖不全面；规范检索逻辑关系紧密、修饰概念匹配特定、下位词检索全面。

（2）引文匹配器（Citation Matcher）　ingle citation matcher（单篇引文匹配器）用来查找特定文献进行补缺，以查文献的准确信息。

Batch citation matcher（批量引文匹配器）一般用户不会使用，给出版商使用。

（3）临床问题（Clinical Queries）　为了帮助临床医生更有效地获取 PubMed 数据库中一般疾病的病因学、预后、诊断、预防以及治疗等方面的信息，PubMed 系统设置了 Clinical Queries 功能项。

点击 Clinial Queries，输入检索内容执行检索

三、检索结果输出

检索结果的输出包括：显示检索结果、保存检索结果、保存检索策略、打印检索结果。

1. 显示字段选择（Display）

PubMed 可用五种不同的格式显示结果，默认 Summary 格式，可通过 Display 下拉菜单选择其他显示方式。

Abstract：来源期刊、标题、著者、著者地址、记录性质、文献类型、勘误、评论、PMID 或 UI、摘要。

Summery：作者姓名、文章出处、题目、语种、记录状态、出版物类型、PMID。

Brief：作者姓名、文章题目的前 30 个字母、PMID。

Medline：所有记录字段都是以两个字目格式显示，应用该格式保存套录记录可以用文献管理者软件保存。

Citation：显示除上述内容外，加 MeSH 叙词、化学物质名称、资助项目号等。

2. 记录选择

记录的选择包括三种形式：单一记录、所有记录、选定记录。

3. 输出格式选择（send to）

（1）Text 文本格式，用浏览器文件保存。

（2）File 文件格式保存。

（3）Clipboad 暂存需下载记录，多项检索后一起保存。

（4）E-mail 通过邮件发送。

（5）Other 全文传递服务等申请。

4. 保存检索结果

浏览器提供的保存功能可保存屏幕上显示的结果。点击 sent to file 可以保存所有的检索结果或选择保存，系统允许以不同的显示方式保存检索结果，最多一次可保存 10000 条。可以保存 Clipboard 中的记录，最多可保存 500 条。存盘时 PubMed 默认文件名为 query. fcgi，该文件名可以修改，文件格式也可在 . fcgi 和 . txt 中选择。

5. 打印检索结果

可以利用浏览器的打印键进行屏幕上内容的打印。如果要选择打印，可以先将选择的文献添加到 Clipboard，然后再打印。

第八节 EBSCO 数据库

EBSCO 是美国的一家私人公司，名称来源于“Elton B. Stephens Company”，创建于 1943 年，1963 年开设图书馆服务办公室，1986 年开始发展电子信息产品，1994 年开始在 Internet 上提供在线服务。是全球最早推出全文在线数据库检索系统的公司之一。可以提供 100 多种全文数据库和二次文献数据库。所用检索系统为“EBSCOhost”。

一、EBSCO 检索简介

EBSCO 的检索系统 EBSCOhost 支持多文档检索功能，用户可以一次性选择多个数据库，再进入检索屏幕，在检索过程中也可随时更换数据库。

检索语言采用布尔逻辑检索、截词检索、位置算符、优先处理算符、字段检索等。

检索方法：进入图书馆检索页面后可以得到相应的检索内容，其中单一数据库直接点击单个链接库的名称即可，各个数据库则需要打钩操作。

检索方法分为基本检索（Basic Search）、高级检索（Advanced Search），同时还设有辅助检索：关键词检索（Keyword search）、主题检索（Subject search）、出版物检索（Publications search），索引（indexs）、图像检索（Images search）、参考文献检索（References Search）。

从检索的数据来看，检索又分为三类。

（1）对单个数据库进行检索，如果要对某个数据库单独进行检索，只需用鼠标点击这个数据库的名称。也可以在这个数据库前的方框内打钩，然后按按钮。

（2）对多个数据库进行检索，在所有欲同时检索的数据库前的方框内打钩，然后按按钮（注意：同时对多个数据库进行检索可能会影响某些检索功能或数据库的使用）。

（3）刊名检索，点击下方连接框内的刊名检索即可得到结果包括直接输入刊名检索、刊名从 A 到 Z 检索、刊名关键字检索、刊名精确词组检索。

二、基本检索（Basic Search）

基本检索可分为四种检索方法：关键词检索、主题检索、出版物检索、索引检索和参考文献检索。

（一）关键词检索

如图 4-47 所示，在检索框中输入关键词即可。

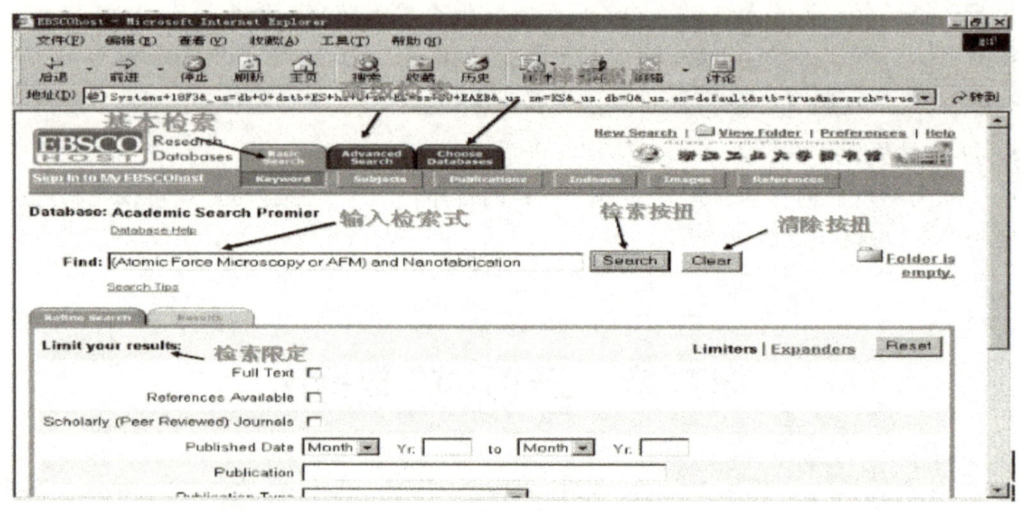

图 4-47　关键词检索

1. 检索字段代码

在基本检索中可以使用以下字段代码进行检索：TX——All text，AU——author，TI——title，SU——subject，AB——abstract，GE——geographic terms 等。

在基本检索中使用字段代码，如图 4-48 所示。

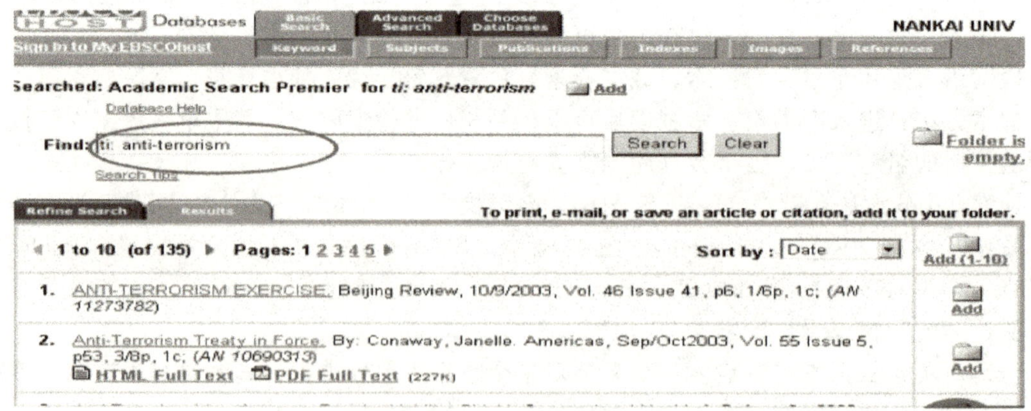

图 4-48　检索字段代码

2. 常用检索算符

布尔逻辑（Boolean Logic）：“AND”，“OR”，“NOT”，如图 4-49 所示。

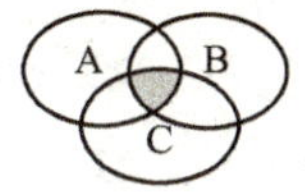

Find A and B and C

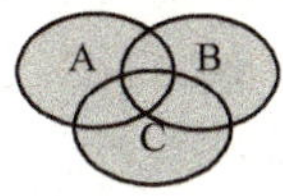

find A or B or C

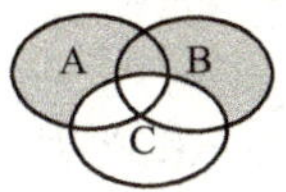

Find A or B not C

图 4-49 常用检索算符

3. 限制检索

限制检索可以从以下限定方面操作选择：可选择将检索范围限定于全文的文献和部分文献；参考文献、学术性期刊、出版日期、出版物名称及其种类（包括：期刊、报纸、书籍、新闻电讯、抄本及政府文献等）、全文页数以及是否有图的文献、在期刊封面上着重介绍的文章等，都可以作为限定条件。

4. 常用扩展检索选项

设置扩展条件（Expand Your Search）：若希望 EBSCOhost 将同义字或单复数一同检索，请勾选“□ Also search for related words”。如：键入“car” EBSCOhost 会检索到 car 和 automobile；或键入“policy” EBSCOhost 会检索到 policy 和 policies。检索词较冷僻，可勾选“□Also search within the fulltext of the articles”。

（二）主题检索

主题检索可以按字母顺序和相关性对主题词表进行文章主题的检索，其检索示例如下：读者可于“Browse For”检索字段内键入关键词，按下“Browse”开始检索。如图 4-50 所示。

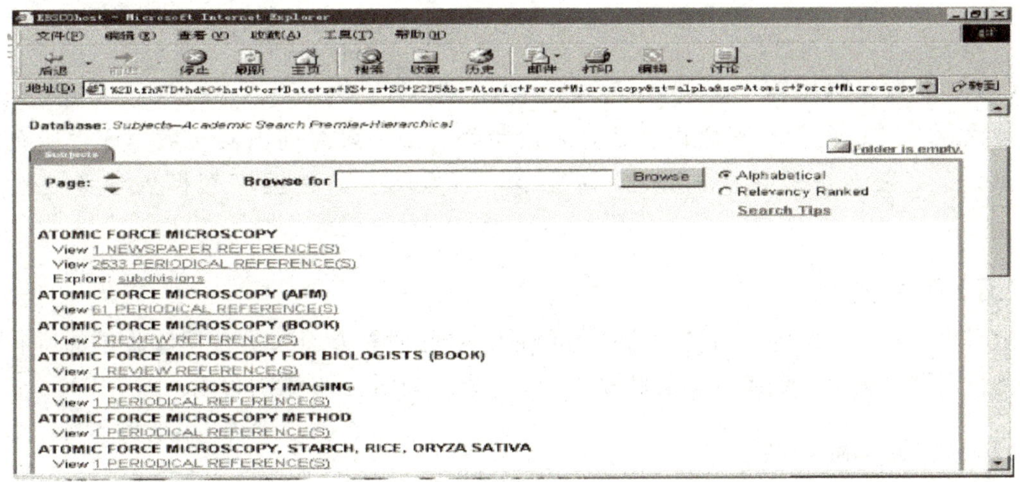

图 4-50 主题检索

（三）出版物检索

此检索方法使读者可对单个期刊进行检索。出版物检索可分为“按字母顺序”（Alphabetical）、“按主题和说明”（By Subject & Description）和“匹配任意关键字”（Match Any Words）三种检索模式。

（1）按字母顺序（Alphabetical） 显示所键入的关键词为开头的出版物信息。如：键入

"Education"则会显示出所有名称以"Education"开头的出版物。

(2)"匹配任意关键字"(Match Any Words) 显示所有包含所键入关键词的出版物信息。如:键入"Education"则会显示出所有名称包含"Education"的出版物。

(3)"按主题和说明"(By Subject & Description) 在出版物主题类型和简介中检索。如:键入"education",即使刊名中未出现"education"而期刊的文章收录主题与education有关的,也会出现在检索结果中。

按刊名A-Z排列检索方法使读者可对单个期刊进行检索。出版物检索可分为"按字母顺序"(Alphabetical)、"按主题和说明"(By Subject & Description)和"匹配任意关键字"(Match Any Words)三种检索模式。

按字母顺序(Alphabetical):显示所键入的关键词为开头的出版物信息。如:键入"Education"则会显示出所有名称以"Education"开头的出版物。如图4-51按刊名A-Z排列检索。

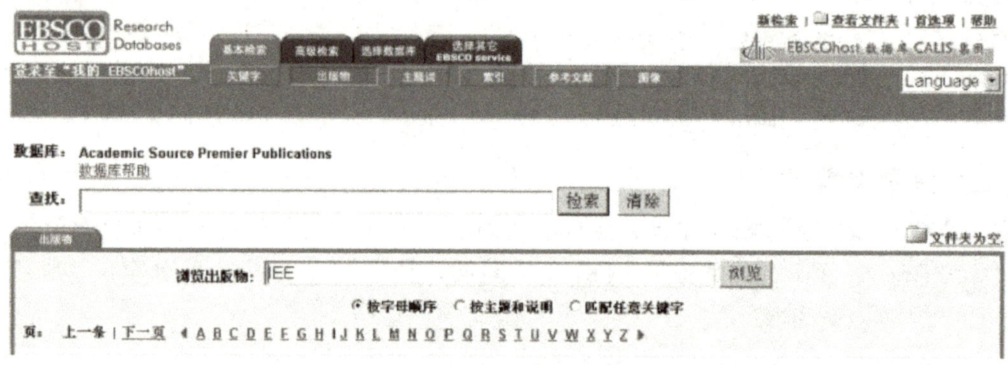

图4-51 按刊名A-Z排列检索

(四)参考文献检索

可以检索某篇文章、某位作者、某个出版物、某一段时间内甚至数据库中所有的参考文献。但是要注意的是在EBSCO系统中,不是所有的数据库都提供参考文献检索功能。

(五)索引检索

索引检索可以从作者、刊名、ISSN、语种、主题词等方面列出数据库收录的所有该范围的条目,可以选中一个或多个条目做进一步检索。如图4-52索引检索。

(六)参考文献检索

可以检索某篇文章、某位作者、某个出版物、某一段时间内甚至数据库中所有的参考文献。

但要注意的是在EBSCO系统中,不是所有的数据库都提供参考文献检索功能。

(七)索引检索

可以从作者、刊名、ISSN、语种、主题词等方面列出数据库收录的所有该范围的条目,可以选中一个或多个条目做进一步检索。如图4-52索引检索。

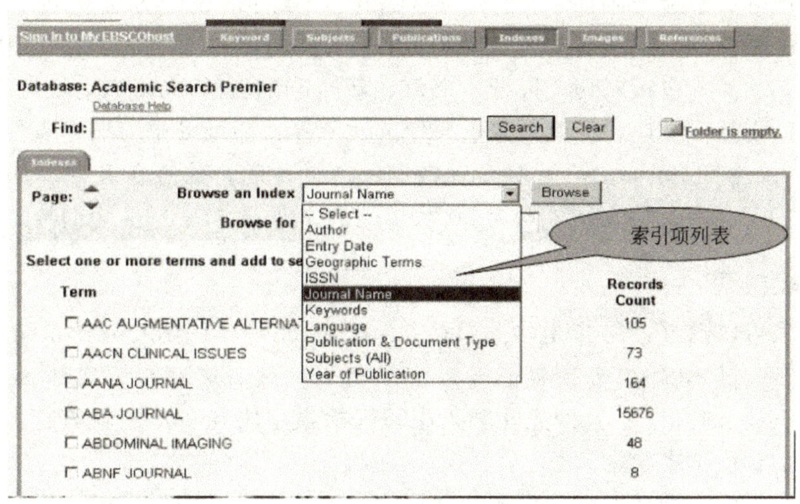

图 4-52 索引检索

三、高级检索

（一）向导式检索

向导式检索提供向导画面，容易操作，共有三种画面可供选择，即：单一检索栏界面（Single Find Field）、带检索式生成器的单一检索栏界面（Single Find Field with a Search Builder）及向导式检索界面（Guided Style Find Fields）三种关键词输入方法。选用何种输入方式可由图书馆的数据库管理人员选择设定。如图 4-53 为向导式高级检索。

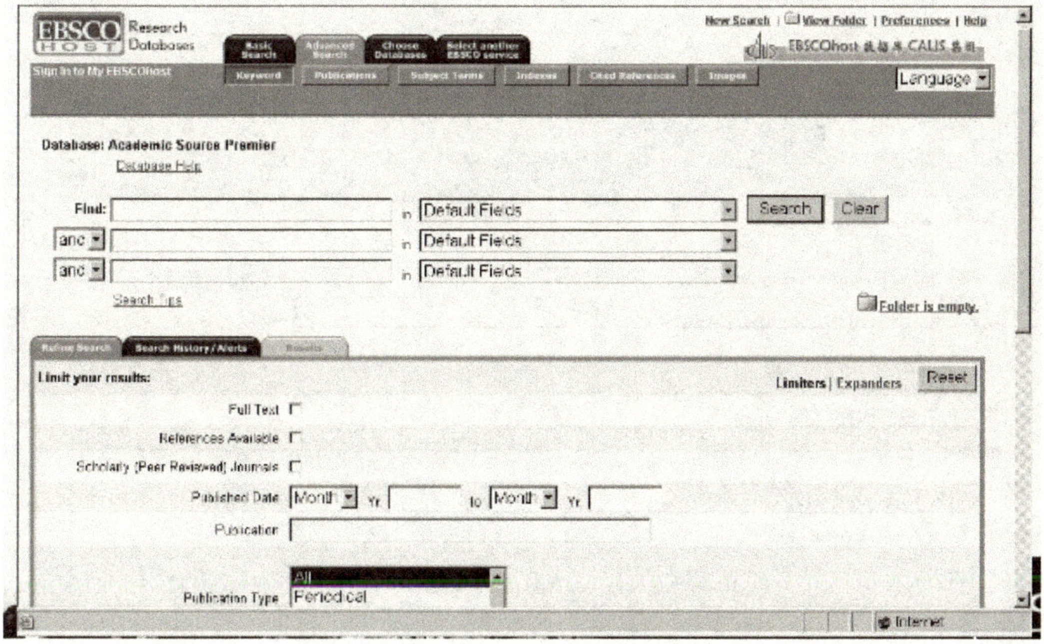

图 4-53 向导式高级检索

高级检索虽分三种检索画面，但限定条件和扩展条件的设定方法相同，均包含以下几类：可选择将检索范围限定于全文的文献和部分文献；参考文献、学术性期刊、出版日期、出版物名称及其种类（包括期刊、报纸、书籍、新闻电讯、抄本及政府文献等）、全文页数以及是否有图的文献、在期刊封面上着重介绍的文章等，都可以作为限定条件。另外还有特殊限定条件（Special Limiters）：针对个别数据库所设计的特殊限定条件。如在 Number of Page 中键入“10-”，表示检索结果均为 10 页以上的文章；如图 4-53 为向导式高级检索。

（二）字段检索

有三种方式可以选择：①指南检索（Guided Search），与 ProQuest 系统类似。②专家检索（Expert Search），用户必须自己输入字段代码，然后进行检索，如 AU：Ferguson。③检索搭建（Search Builder），即先在输入中写好检索字段和布尔逻辑算符，再点击“Add to Search”添加到检索中检索。

在向导检索界面为读者提供分栏式关键词输入方法。除可选择逻辑运算符外，还可选择字段限定选项（AU——作者、TI——文章名、SO——刊名、AB——摘要等）。其检索步骤示例如下：在“Find”字段中键入欲检索的关键词。从“in”右边的下拉式列表中选择检索字段，如 Author——作者等。选择下方逻辑运算符。在下一个“Find”字段内键入另一个关键词。再一次从“in”右边的下拉式列表中选择检索范围，如 Subject——主题等。按下“Search”按钮开始检索。

四、基于内容的检索技术

EBSCO 数据库还别出心裁地提供了基于内容的检索技术，如图 4-54 所示。

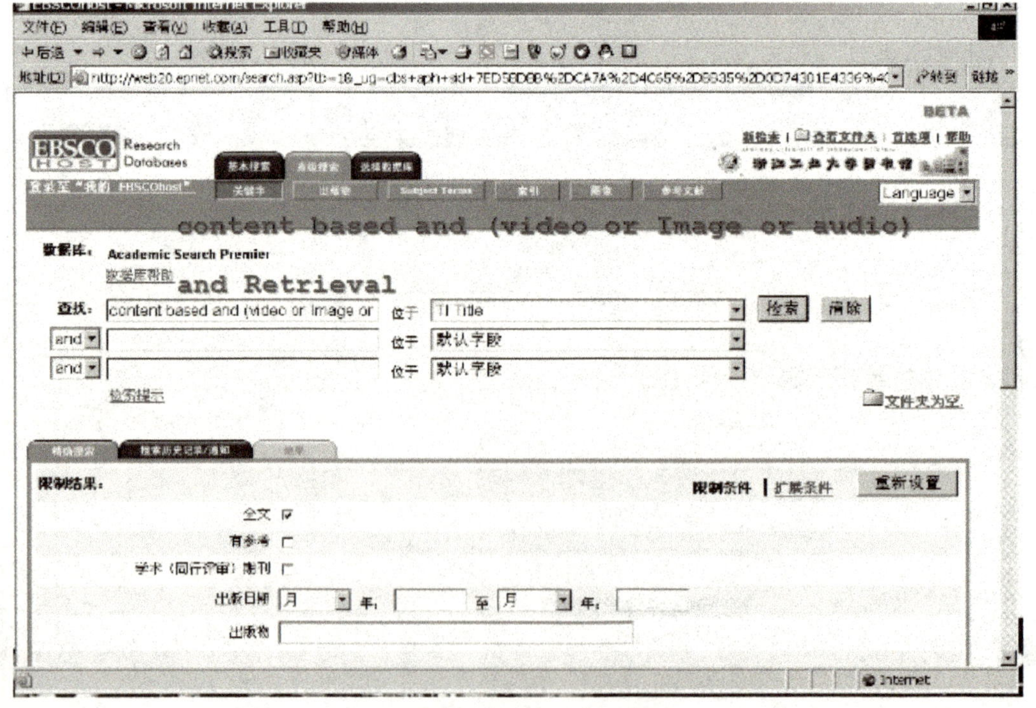

图 4-54 基本内容的检索技术

检索结果的处理，如图 4-55 所示。

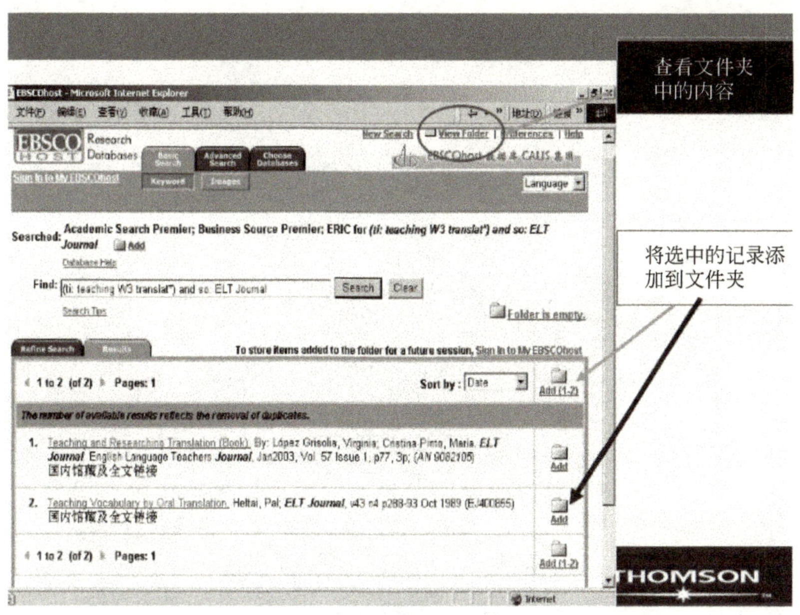

图 4-55 检索结果处理

第九节 Ei 数据库

一、简介

1884 年创刊，由美国工程信息公司（Engineering Information Inc.）编辑出版。《EI》是工程技术领域中一种著名的综合性文摘型的检索工具，以指示性文摘为主要内容的综合性文献检索系统，是国际三大检索工具（EI、SCI、ISTP）之一。

二、学科范围

《Ei》报道的文献学科覆盖面很广，涉及工程技术和应用科学各个领域。

Ei 来源期刊包含以下三个档次。

（1）全选期刊 即核心期刊，收入印刷版和原 Ei 光盘数据库。收录重点是下列工程学科的期刊：化学工程，土木工程，电子/电气工程，机械工程，冶金、矿业、石油工程，计算机工程和软件等“核心”领域。目前，核心期刊约有 1000 种；每期所有论文均被录入。

（2）选收期刊 领域包括农业工程、工业工程、纺织工程、应用化学、应用数学、应用力学、大气科学、造纸化学和技术、高等学校工程类学报等。印刷版和原 Ei 光盘数据库只选择与其主题范围有关的文章。目前，选收期刊约 1600 种，我国期刊大多数为选收期刊。

（3）扩充期刊 Ei 网络版的非核心文献（原 Ei Page One 数据库），共收录约 2800 种期刊。

三、检索途径

Ei 的检索途径如图 4-56 示。

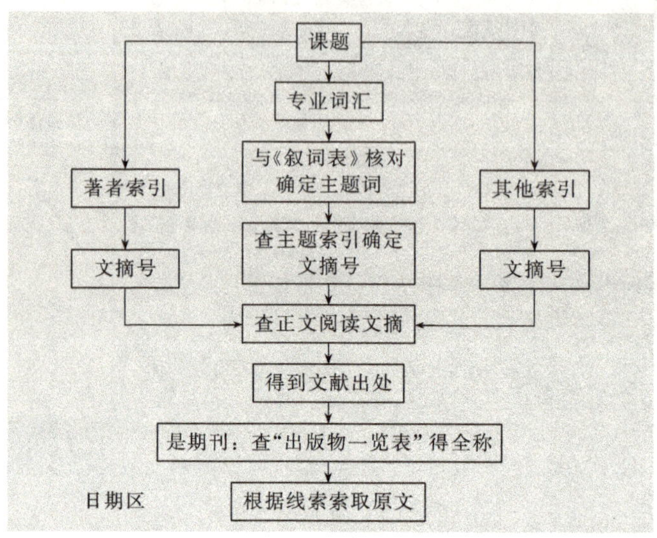

图 4-56　检索途径

四、检索方式

Ei 数据库检索方式一般分为简单检索、快速检索和专家检索三部分。

（一）简单检索

简单检索（Ease Search）检索界面如图 4-57 所示，在检索栏内输入要检索的关键词，点击 Search 按钮即可。

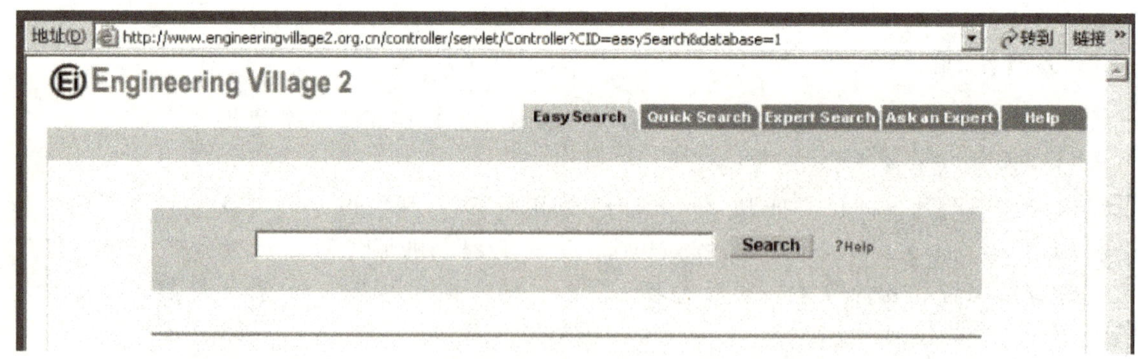

图 4-57　简单检索

（二）快速检索

快速检索步骤，与简单检索相比稍微复杂一些。从输入检索词开始，到搜索完成、复位分六七步，以下一一介绍过程。

1. 将要检索的词或短语输入一个或几个 SEARCH FOR 文本框中

此界面有三个检索框，允许用户将输入不同检索框中的词用布尔运算符 AND、OR 和 NOT 连接起来，进行联合检索。如果三个文本框中均有输入，快速检索（Quick Search）总是先合并检索前两个文本框中的词，然后再检索第三个文本框中的词。如 a OR b AND c 检索的顺序为（a OR b）AND c，如图 4-58 所示。

图 4-58　检索步骤

2. 选择检索字段

所有字段（All Fields）为检索 Compendex 数据库时的默认值。具体有：主题词/标题/摘要（Subject/Title/Abstract），作者（Author），作者单位（Author affiliation），出版商（Publisher），刊名（Serial title），标题（Title），Ei 受控词（Ei Controlled Term）。

3. 检索限定（Search Limits）

检索限定包括文件类型（Document type）限定、处理类型（Treatment type）限定和语言（Language）限定，是一种有效的检索技巧，使用此方法，用户可得到更为精确的检索结果。如果用户希望对某个主题做一般性的概览，处理类型（Treatment type）可选择 General Review。如果用户对某一研究领域的历史概览感兴趣，则选择 Historicaltreatment。图 4-59 所示为按日期限定的检索界面。

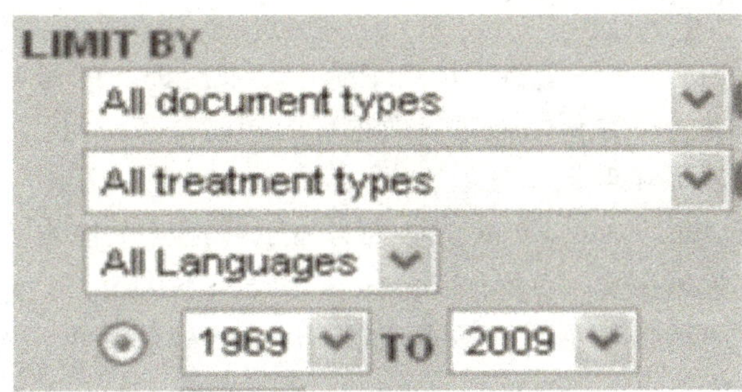

图 4-59　按日期限定

4. 排序（Sorting）

检索结果可以按相关性或按出版时间进行排序。默认的排序为相关性排序。

5. 自动取词根（Autostemming）

此功能将检索以所输入词的词根为基础的所有派生词。快速检索界面将自动取所输入词的词根，在作者栏的检索词除外。点击关闭自动取词根（Autostemming off）可禁用此功能。

6. 最后点击 Search 按钮

出现检索结果，供选择浏览下载。

7. 复位（Reset）

当用户需要在检索过程中开始一次新的检索，请点击复位（reset）按钮，清除前面的检索结果。

（三）专家检索

用户采用 within 命令（wn）和字段码，可以在某一特定的字段内进行检索。系统严格地按输入的检索式进行检索，不自动进行词根运算。例如："digital TV" wn TI。

五、个人账户（Personal Account）

建立个人账户：首先进入"快速检索"页面，然后在左下角找到个人账户点击"Register "按钮，然后填写个人账户登记表，进行注册，最后点击"Submit"。

用户注册后，可免费获得以下个性化服务：①保存检索式。在"检索历史"页面上，用 Save 按钮将检索式保存在 Ei 服务器中。要执行已保存的检索式时，登录后单击已保存的检索式，即可重新执行检索。②最新文献信息通报。如在"检索历史"页面上，保存刊名或 ISSN 号检索式，并设定通报服务，可获得该刊的最新期目次页。

如果用户已经注册了个人账户，并已经登录，就可选择一个文件夹保存其检索结果，或创建一个新的文件夹。用户最多可创建三个文件夹，每个文件夹最多可容纳 50 条记录。

六、检索历史（Search History）

Engineering Village 2 中有一个检索历史记录，记录所进行的每一次检索。检索历史记录出现在精简检索框的前边。也可以通过界面顶部的导航条来访问。

检索历史的功能有以下几点。

（1）检索历史（Search History）默认设置为显示最近三次检索。如果想查看前面的所有检索，点击浏览全部检索历史（View Complete Search History）。

（2）点击检索历史中的任何一个检索式来重新运行此检索。

（3）保存检索式（Saved Searches）。

（4）创建（E-mail）专题服务（Create E-mail Alerts）。

（5）合并以前的检索（Combining Previous Searches）。

第十节 OCLC FirstSearch 数据库

一、简介

OCLC（Online Computer Library Center）是世界上最大的文献信息服务提供机构之一。FirstSearch 是 OCLC 从 1991 年开始推出的一个新产品，First Search 为读者提供基于 Web 的联机信息检索服务。目前可供检索的基础组数据库有 12 个。

二、检索方式

1. 基本检索（Basic）

进入系统之后，点击检索界面，点击基本检索，输入检索数据库、关键词等信息，最后点击检索即可，具体界面如图 4-60 所示。

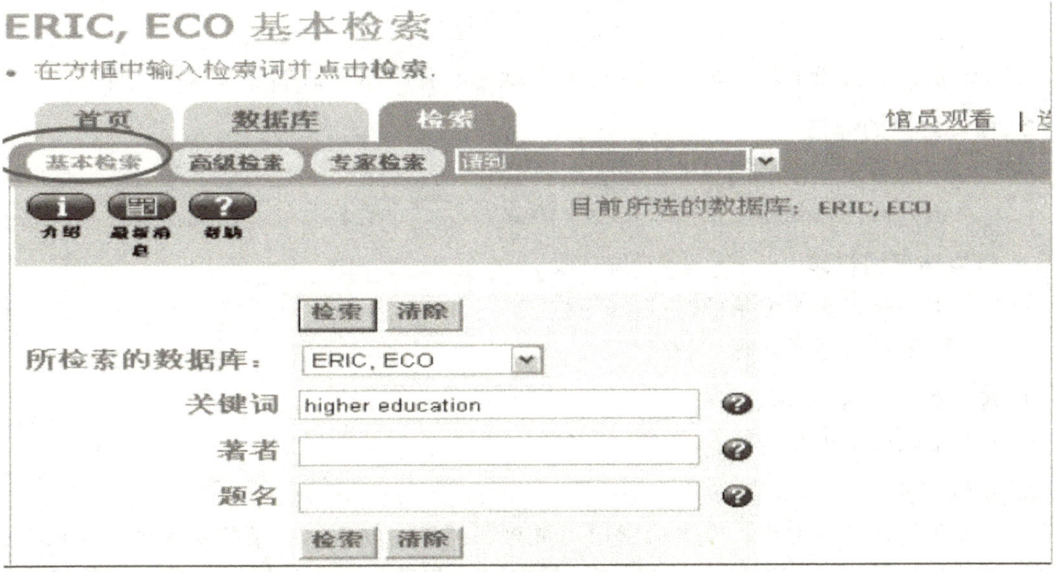

图 4-60 基本检索

2. 高级检索（Advanced）

点击高级检索，在方框中输入检索词并点击检索，如图 4-61 所示。

3. 专家检索（Expert）

点击专家检索，在方框中输入检索词并点击检索。

三、检索结果的处理

检索结果的处理包括四种形式：显示、标记、打印、保存。

1. 检索结果的显示

记录一览表：点击记录一览表，即可看到记录。

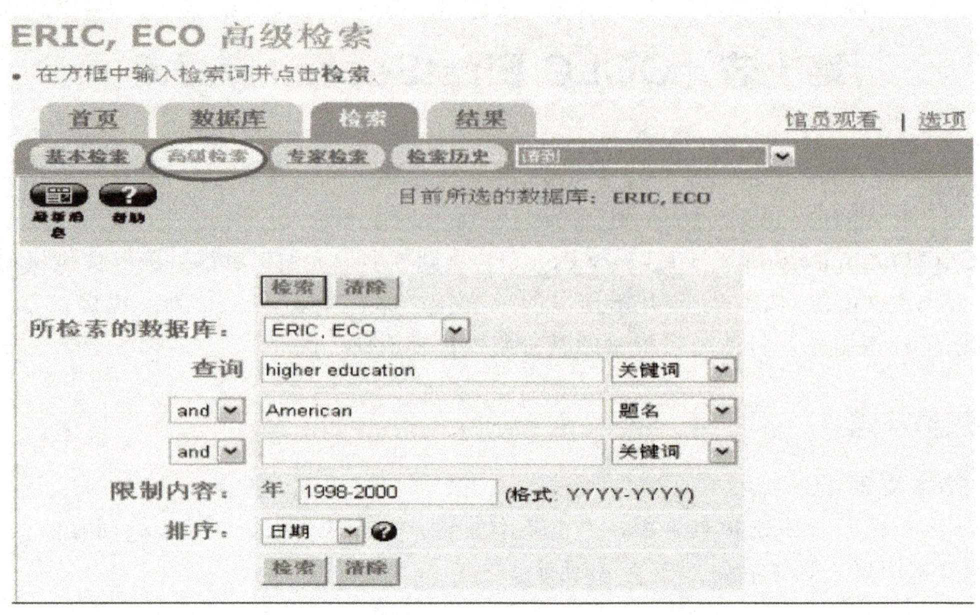

图 4-61 高级检索

详细记录：点击图书馆，凡是有你要的文献的所有的图书馆都会显示在此屏幕上。

2. 检索结果的标记

（1）点击题名查看详细记录。

（2）点击方框，在要标记记录中电邮寄走或者打印的记录上打上标记。

3. 检索结果的打印

点击详细简略来更改记录的格式。

点击打印来进行格式处理后的打印。

4. 检索结果 E-mail 传送

点击电子邮件来进行传送。

5. 检索历史

一次登录的几次检索后，点击检索历史链接，即可看到本次登录的检索史。在检索历史中你可以进行如下操作：检查先前的检索；重复一个先前的检索；恢复一个先前的检索结果表；在另一个数据库完成一个先前的检索；结合检索式；完成一个新检索。

注意：检索结束后，务必点击导航菜单的 Exit 退出，否则会影响其他用户使用。进入 First search 后停止无操作的时间不可太长，否则系统会自动退出。

第十一节　SCI 与 SSCI 参考数据库

一、SCI 与 SSCI 简介

SCI 是《科学引文索引》（Sciences Citation Index）的简称，1961 年创刊，是学术界公

认权威的科技文献检索工具，收录各学科领域中最权威的期刊，内容涵盖自然科学、工程技术、生物医学等 150 多个学科领域。

SSCI 是《社会科学引文索引》（Social Sciences Citation Index）的简称，创刊于 1969 年，是学术界公认权威的社会科学文献检索工具。现今 SSCI 每年选择 4700 种国际上最重要的期刊收录，这其中 1400 种除了广告、通知外全部文章全收录，剩余的 3300 种期刊的文章是选择性地收录。

内容涵盖自然科学、工程技术、社会科学、艺术与人文等诸多领域内最具影响力的 13800 多种学术期刊。Web of Science 由三个独立的数据库组成，可独立也可联合检索。

SCI 与 SSCI 检索平台：包括 SCIE 数据库、SSCI 数据库、A&HCL 数据库。如图 4-62 所示。

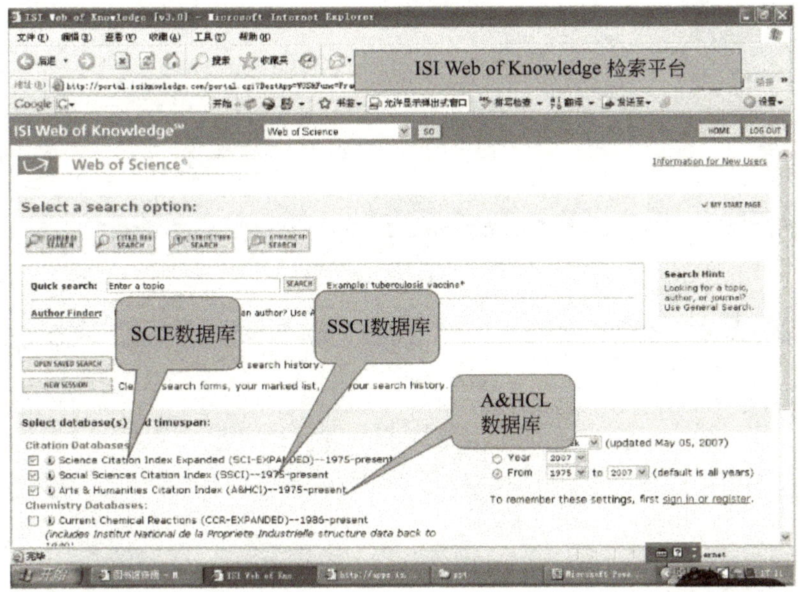

图 4-62 SCI 与 SSCI 检索平台

二、检索

(一) 快速检索

输入一个“topic”后点击后方的“search”即可得到检索结果。

(二) 一般检索

主题检索（仅限于题名字段）；作者检索、团体作者检索、期刊名称检索、出版年份检索、作者地址检索等，如图 4-63 所示。

(三) 检索方法

检索方法实例：输入“剩余油饱和度”这一概念的发展过程，共检出 162 篇论文从中可以查到最早的论文文献，相应哪一年的经典之作以及论文的引用情况等，如图 4-64 所示。

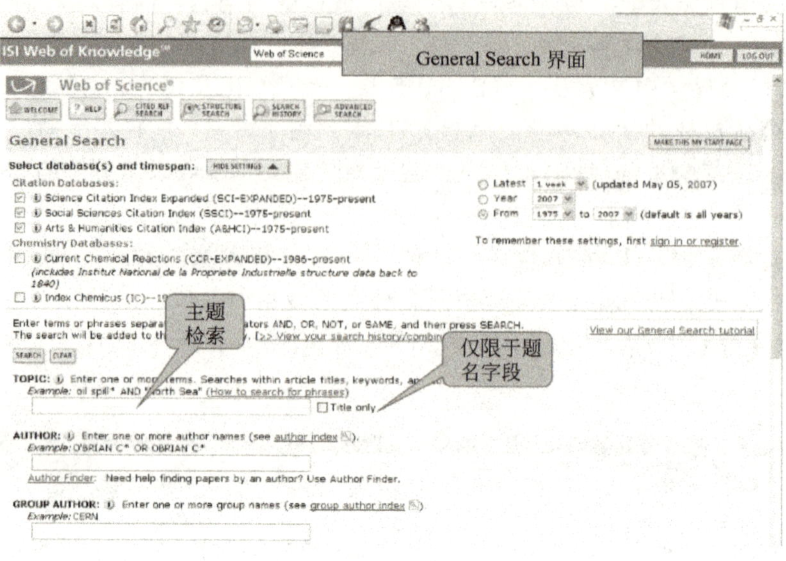

图 4-63　一般检索

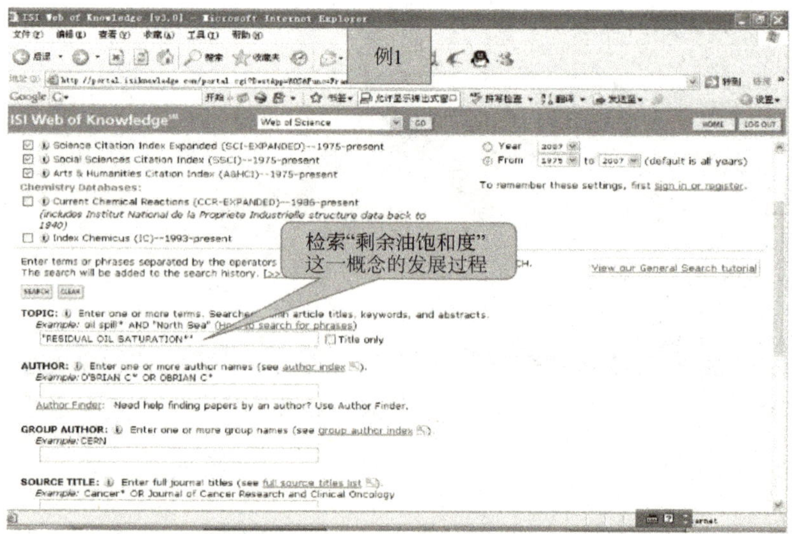

图 4-64　检索实例

三、SCI 与 SSCI 检索字段说明（表 4-2）

表 4-2　SCI 与 SSCI 检索字段说明

检索字段	说　明
主题	在标题、摘要、关键词中进行检索
作者	检索论文中的任一作者，可按作者姓名全拼和缩写检索。如张建国 zhang jg or zhang jianguo or zhang jian-guo or jianguo zhang or jian-guo zhang
Researcher ID	检索作者的 Researcher ID 号码，如 A-1009-2008 与网站 www. researcherid. eom 全面整合
团体作者	检索该论文相关的机构或组织的名称
出版物名称	期刊名称
出版年	论文出版的年代

续表

检索字段	说明
地址	检索作者地址，可检索缩写也可检索单词完整表达，如 university、univ
会议	检索会议
语种	指论文的语种，如 English、chinese
文献类型	指论文的类型，如 article、bibliography
基金资助机构	检索基金资助机构名称，如 Australian Research Council
授权号	检索授权号，如 DP0342590

四、SCI 与 SSCI 检索规则（表 4-3）

表 4-3 SCI 与 SSCI 检索规则

规则	说明
输入规则	检索词大小写均可
逻辑算符	AND，OR，NOT。当在同一检索项中使用不同布尔逻辑运算符时要用括号，否则将按以下默认顺序执行：NOT，AND，OR
位置算符	Same 表示只在地址字段中进行检索，同时要求两个词是在同一个地址字段中，运算顺序优于逻辑算符，如 architect * same (southeast univ or se univ)
截词符	*：右截词，表示替代零个或任意多个字符 ?：有限截词，? 代表一个字符，?? 代表两个字符等
词组检索	当检索一个精确的词组的时候，可以使用双引号，只能用于主题检索字段。注意：使用双引号的时候，会使词形还原功能失效。Example："stemcell"。若两词之间用连词符、逗号等连接时，系统将按照词组检索
临近算符	NEAR 代表所链接的两个词之间的词语数量小于等于 N，默认的使用 Near 的缺省值是 15。Example：canine NEAR/10 virus
同形还原	自动辅助寻找词的变体。自动截词检索单复数、动词时态以及形容词比较级等，自动匹配英美拼写差异
备注	当两个检索词之间无算符连接时，系统默认为逻辑 and 检索

五、浏览

登录 http://www. sci. com 进入浏览页面以后，在上方可以填入所需查找的内容，点击“全文”，可以链接到所找全文；点击右侧菜单栏中的“数字链接”可以打开 Web of Science、BIOSIS Citation Index、中国科学引文数据库的引用频次。也可以通过创建引文追踪，寻找相关文献，查看绩效趋势、期刊影响因子，文献修正提交等方式来浏览文献详细记录。

第五章

特种文献检索

第一节　专利文献

一、专利基本知识

（一）专利

1. 专利有效期限

中国专利法第42条规定，自申请日起计算，发明专利权的有效期限为20年，实用新型和外观设计专利权的有效期限为10年；国外专利，自申请日起计算一般15～20年。

2. 同族专利

专利族（Patent Family）是由至少有一个优先权相同的、在不同国家或国际专利组织多次申请、多次公布或批准的一组专利文献。同一专利族中的每件专利文献均为该专利族成员（Patent Family Members），因此，同一专利族中每件专利文献互为同族专利。

（二）专利文献检索入口

1. 关键词，申请人（专利权人），发明人，专利号，IPC国际专利分类号。其他检索入口（申请号、发明名称、申请日期等）。

2. 主要网络专利数据库（国内）

国家知识产权局网站 http：//www. sipo. gov. cn/sipo2008/zljs/收录1985年9月10日以来公布的全部中国专利信息。

中国专利信息网 http：//www. patent. com. cn 收集我国1985年以来的全部发明专利，注册后可免费检索国内专利。

中国知识产权网 http：//www. cnipr. com/，中国知识产权局主办，设专利申请、审查、保护、代理等栏目，可免费检索国内专利摘要。

例：治疗儿童多动症的药物相关专利如图5-1所示。

关键词：儿童多动症或儿童注意缺陷多动障碍（“attention deficient disorder”、“attention deficit hyperactivity disorder”）。

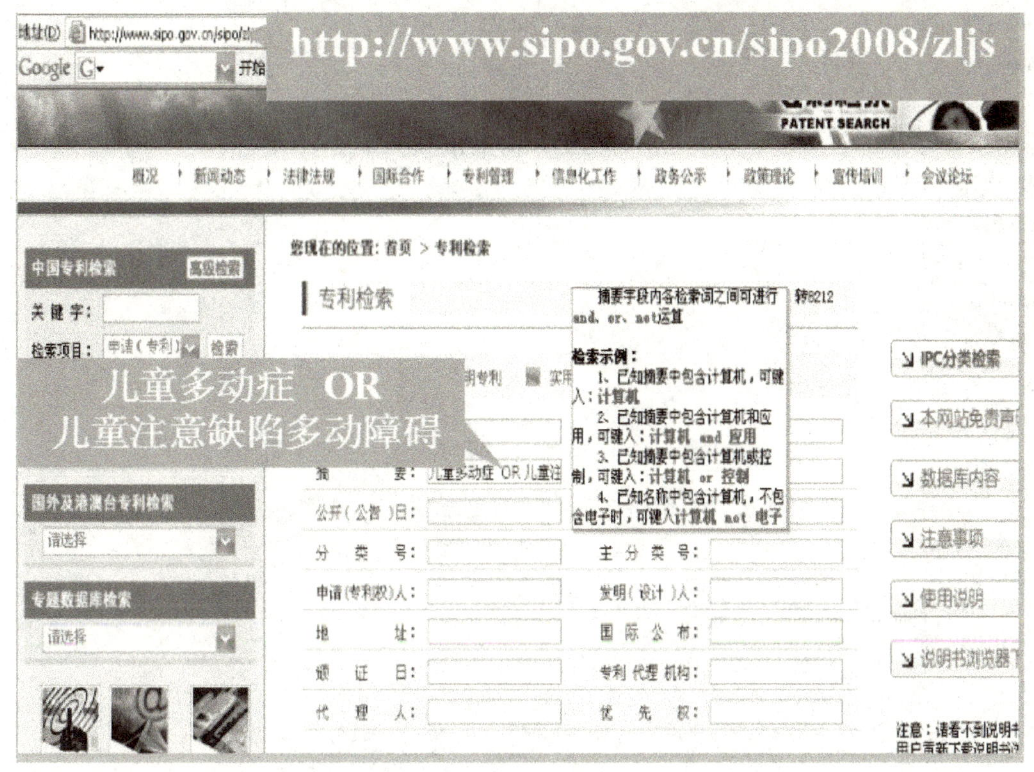

图 5-1 儿童多动症或儿童注意缺陷多动障碍相关专利

二、中国专利检索系统

（一）CPRS 全屏幕检索界面

全屏幕检索设置 15 个检索入口，1 个逻辑运算行。

检索入口：申请号，申请日，公开公告号，公开公告日，优先权，国别省市代码，IPC，范畴分类号，申请人，申请人地址，发明人，关键词，发明名称，文摘，权利要求。

逻辑运算行：用于检索入口之间逻辑组配。如图 5-2 所示。

（二）CPRS 全屏幕检索输入格式

1. 申请号检索

语法“××××××××”（8 位）或“××××××××××××”（12 位）。右截断检索（最少 2 位），逻辑“或”和“非”运算，“或”用“+”，“非”用“－”。

2. 申请日检索

语法“YYMMDD”（6 位）或“YYYYMMDD”（8 位）。右截断检索：“YY”或“YYYY”，范围检索：“YYMMDD>YYMMDD”，逻辑“或”和“非”运算。

3. 公开公告号检索

语法“×××××××”，（7 位），右截断检索（最少 2 位），逻辑“或”和“非”运算。

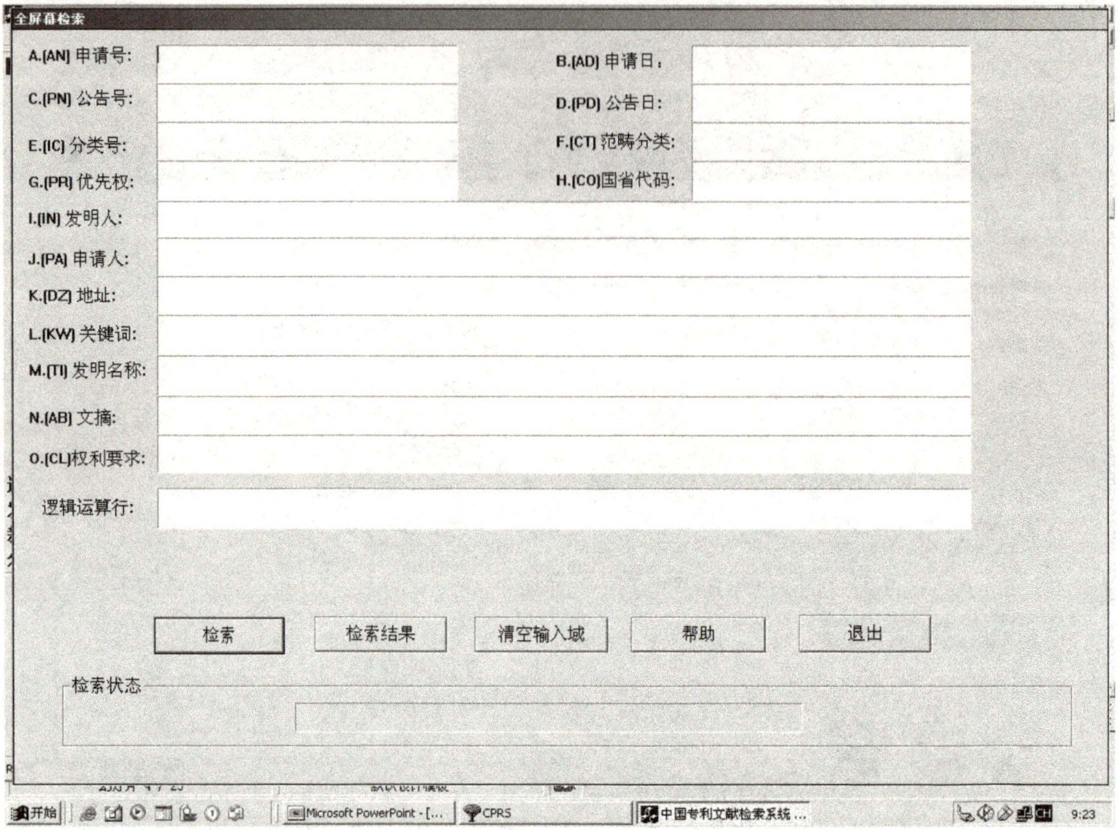

图 5-2　CPRS 全屏幕检索界面

4. 公开公告日检索

与申请日检索相同。

5. 优先权检索

语法："AA××××××××"（10 位），右截断检索（最少 2 位），逻辑"或"运算。

6. 国别省市代码检索

语法："××"（2 位），逻辑"或"运算。

7. IPC 检索

语法："ANNANNNNNNNN"（最长 12 位）。右截断检索，逻辑"或"、"与"和"非"运算，"与"用"*"。

8. 发明人检索

语法："×××"，逻辑"或"、"与"和"非"运算。

9. 发明名称检索

语法："×××"，逻辑"或"、"与"和"非"运算。

10. 文摘检索

语法："×××"，逻辑"或"、"与"和"非"运算。

11. 权利要求检索

语法："×××"，逻辑"或"、"与"和"非"运算。

12. 连接运算

语法：A＊(B+C)，注意：所有连接运算符号均用半角符号。

第二节 标准文献

一、标准的起源和发展

国际标准化是"由所有国家的有关机构参与开展的标准化"国际标准化是在19世纪后期从计量单位、材料性能与试验方法和电工领域起步的：20世纪50年代后，由于世界大战的结束，国际标准化组织（ISO）的成立，使国际标准化随着社会科技进步与经济发展逐步发展起来。标准范围也从基础标准如术语标准、符号标准、试验方法标准逐步扩展到产品标准. 从技术标准延展到管理标准（如ISO 9000标准）。

据我国的国家标准GB 3935-1-83中对标准所作的定义是：标准是对重复性事物和概念所做的统一规定，它以科学、技术和实践经验的综合成果为基础，经有关方面协商一致，由主管机构批准，以特定形式发布，作为共同遵守的准则和依据。标准不仅是从事生产、建设工作的共同依据，而且是国际贸易合作，商品质量检验的依据。

二、标准文献的检索

（一）手工检索

手工检索标准文献主要是指利用各种标准目录获取标准号，然后通过标准号进一步获取标准全文。

（二）网络（数据库）检索

随着因特网的应用与普及，网络版的标准文献信息检索工具包含在各国标准网络信息系统中。国内网络检索起步较晚，因此很少有文摘数据库，国外有免费的文摘库。网络全文不能免费获取，但可以通过原文传递、付费下载或定购的方式获得。

（三）国内主要网站和数据库

（1）万方数据资源系统 http：//www. wanfangdata. com. cn/。

（2）中外标准数据库（NSTL)http：//www. nstl. gov. cn/index. html。

（3）中国标准服务网 http：//www. cssn. net. cn。

（4）中国标准咨询网 www. chinastandard. com. cn。

（5）标准网 www. standardcn. com。

（四）国外主要网站和数据库

（1）世界标准服务网 www. wssn. net。

（2）PERINORM，http://www.cssinfo.com/perinorm.html。

（3）颁布机构　国际标准、国外先进标准或各类行业标准可以到颁布机构网站查询。例如IEEE（美国电气与电子工程师协会）颁布的标准，可以到http://ieeexplore.ieee.org/xpl/standards.jsp这个网站进行检索查询，如果购买了使用权限，还可以下载原文。

（4）其他网站　国际电信联盟（ITU）http://www.itu.int/ITU-T/index.html可在“Online Store”中按建筑与工程、电子、能源、环境、信息技术/电信等主题浏览相关标准目录，并在线订购原文，可以及时获得电信相关标准更新和变化的最新信息。

全球标准化资料库（NSSN）http://www.nssn.org/可在线免费查询全球600多家标准组织与专业协会制订的225000多条标准的目录，提供获取全文的途径等。

第三节　会议文献

一、会议文献概述

会议文献Conference Literature一般指在各种学术会议上发表的学术报告、会议录和论文集。内容新颖、学术性高，能反映某一学科或专题的最新成就和发展趋势，是重要的文献来源。

（一）会议文献的特点

（1）具有较高的学术水平，实效性较强。

（2）数量庞大，收藏分散。

（3）没有统一的标识，检索较为困难。

（二）会议文献的类型

按照出版时间的前后，会议文献可分为以下几类。

1. 会前文献

在会议进行之前预先印发给与会代表的论文、论文摘要或论文目录。包括四类：会议论文预印本、会议论文摘要、议程和发言提要、会议近期通讯或预告。大约50%的会议只出版预印本，会后不再出版会议录，在此情况下，预印本就是唯一的会议资料。

2. 会中文献

包括开幕词、讲演词、闭幕词、讨论记录、会议简报、决议等。

3. 会后文献

指会议结束后正式发表的会议论文集。

（三）会议文献的印刷形式

（1）图书　多数以其会议名称作为书名，或另加书名，将会议名称作为副书名。一般按会议届次编号，定期或不定期出版。

(2) 期刊　除图书形式外，相当部分的会后文献以期刊形式发表。它们大都发表在有关学会、协会主办的学术刊物中。有些会议文献作为期刊的副刊或专号出版。

(3) 科技报告　有部分会议论文被编入科技报告。

(4) 视听资料　会后文献出版较慢，因此国外有的学术会议直接在开会期间进行录音、录像，会后以视听资料的形式发表。

(四) 中国会议文献检索

能够提供会议文献检索的数据库很多，常用的有：CNKI 中国重要会议论文全文数据库、CALIS 会议论文数据库、国家科技图书文献中心（中外文会议论文）、中国会议网及其他网上免费国外会议论文资源等。图 5-3 为中国会议网界面。

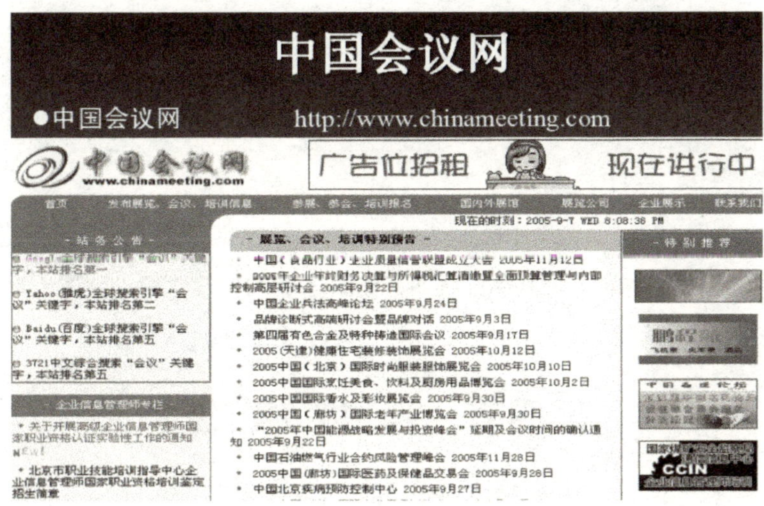

图 5-3　中国会议网界面

二、中文会议文献检索

万方会议论文数据库会议文献内容较全，收录文献由中国科技信息研究所提供，起始时间为 1985 年，世界主要学会和协会主办的会议论文均有收录，以一级以上学会和协会主办的高质量会议论文为主要版块。年报道近 3000 个重要的学术会议，总计 97 万余篇论文，每年增加约 18 万篇，每月更新。

(一) 万方数据库检索页面（图 5-4）

(二) 中国重要会议论文全文数据库

中国重要会议论文全文数据库收录 2000 年以来中国国家二级以上学会、协会、高等院校、科研院所、学术机构等单位的论文集，年更新约 100000 篇文章。知识来源有国家二级以上学会、协会举办的重要学术会议、高校重要学术会议、在国内召开的国际会议上发表的文献。产品分为十大专辑：理工 A、理工 B、理工 C、农业、医药卫生、文史哲、政治军事与法律、教育与社会科学、电子技术与信息科学、经济与管理。网址：http：//www. edu. cnki. net/；http：//ckrd. cnki. net/grid20/Navigator. aspx？ ID＝4。

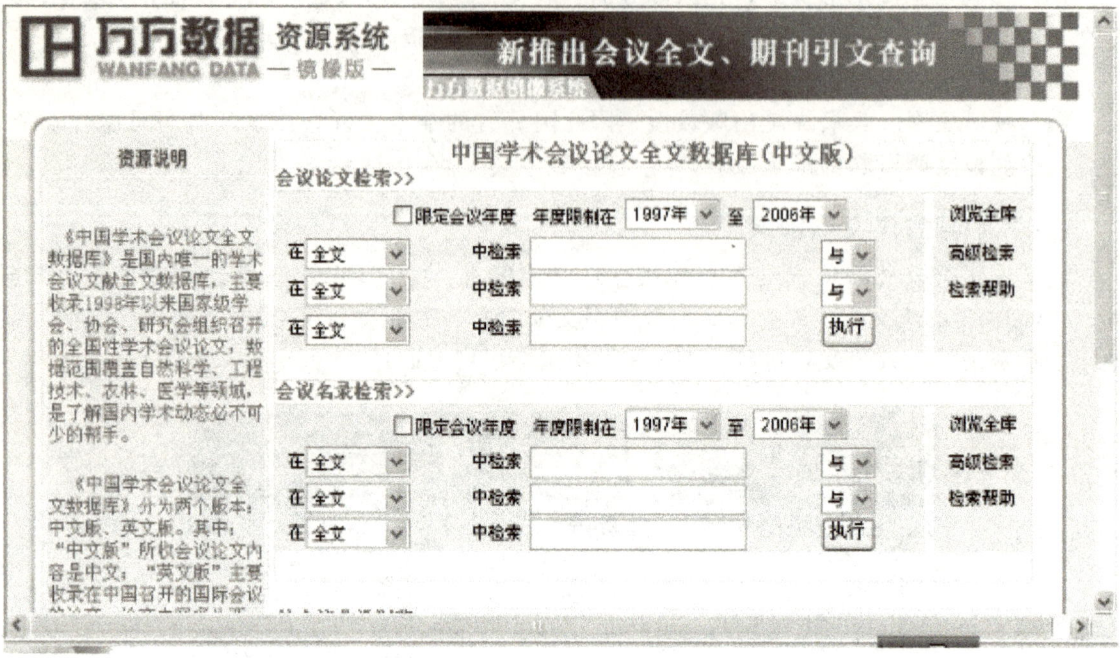

图 5-4　万方数据库检索页面

第四节　科 技 报 告

科技报告是关于某项科研项目或活动的正式成果报告，也是科研过程中各个阶段进展情况的实际记录。我国科研成果的统一登记和报道工作是从 1963 年正式开始的。要求凡是有科研成果的单位都要按照规定程序上报、登记，并由国家科委发表并出版《科学技术研究成果公报》，这套研究成果报告内容广泛，涉及农业、林业、工业、交通及环境科学、医药、卫生、基础科学等领域。是一种较为正规的、代表着我国科技水平的科技报告。国家科技成果网网址：http://www.nast.org.cn。国家科技报告服务系统网址：http://www.nstrs.cn/。如图 5-5 为国家科技报告服务系统界面。

一、科技报告概述

科技报告是记录某一科研项目调查、实验、研究的成果或进展情况的报告，又称研究报告、报告文献。出现于 20 世纪初，第二次世界大战后迅速发展，成为科技文献中的一大门类。每份报告自成一册，通常载有主持单位、报告撰写者、密级、报告号、研究项目号和合同号等。按内容可分为报告书、论文、通报、札记、技术译文、备忘录、特种出版物。大多与政府的研究活动、国防及尖端科技领域有关，发表及时，课题专深，内容新颖、成熟，数据完整，且注重报道进行中的科研工作，是一种重要的信息源。查寻科技报告有专门的检索工具。

科技报告是对科学、技术研究结果或研究进展的记录。科技报告的出现早于科技期刊，

图 5-5 国家科技报告服务系统界面

在科学交流制度化之前很久，科学家们就已经在交换报告。但是，科技报告作为一种传递科技情报的特定类型的文献，其历史只能追溯到 20 世纪初。当时只是研究或设计单位向提供经费的机构提交的关于研究或设计任务完成情况及财物消耗情况的报告。第二次世界大战期间，西方国家的科研活动，特别是那些与战争关系密切的领域的研究活动加强，由于保密的需要和纸张短缺，大量研究成果以内部报告的形式出现。当时美国的许多大学实验室和工业公司也与政府机构签订合同进行科学研究，并向主办机构提供科研进展报告。大战结束时，美、英等国派往德、日等国的专家组获取了大量科技资料，然后整理成科技报告。战后，科技报告数量迅速增长，据估计，1945～1950 年间科技报告的年产量在 7500～10 万件之间，至 20 世纪 70 年代增至每年 5 万～50 万件，到 20 世纪 80 年代每年约达 70 万件。其中美国约占半数以上。世界上较著名的科技报告系列有美国政府的四大报告（PB 报告、AD 报告、NASA 报告、AEC/ERDA/DOE 报告），英国航空委员会（ARC）报告、英国原子能局（UKAEA）报告，法国原子能委员会（CEA）报告、联邦德国航空研究所（DVR）报告，日本的原子能研究所报告、东京大学原子核研究所报告、三菱技术通报，苏联的科学技术总结和中国的“科学技术研究成果报告”等。

科技报告主要是由科研单位、高等院校科研机构以及专门从事科学研究的单位和个人来编写。撰写科技报告的目的是记录某一方面科学研究的最高最近的进度，写出研究的细节以及成果和研究走的弯路，供后来人参考，在这个研究的基础上进一步研究使用，已经研究明白的部分可以直接引用，就不必再重复劳动。可以说，科技报告体系是人类科技进步的重要资料。因此，科技报告的撰写重点是对研究本身的描述，根据报告后人可以重复你的研究实验才最好。

科技报告按时间分，可以分为：初期报告、进展报告、中期报告以及结题报告或叫终结报告。其中较为全面的是终结报告。

由于科技报告记录的是科研的最新进展，对于一些军事、金融、个人信息的研究情况就不可能让所有人或机构看到。科技报告的密级很重要，一般分为绝密报告、机密报告、秘密报告、非密限制发行报告、非密报告、解密报告等。对于保密的解密也有严格的时间控制。

科技报告是继图书、期刊、档案等类型文献之后出现的一种文献，它是人类科技发展和信息文化发展的产物，在人类的知识信息传播和利用中起着越来越重要的作用，世界各国在科技文献信息交流中都将它列于首位。我国的国防科学技术的发展已经历了五十年的历程，并取得了举世瞩目的成就，但建立系统、完善的科技报告法规制度以及相应的管理体制，还是近些年的事情。

二、科技报告的检索

科技报告可通过以下几个途径进行查询：

（1）在中国科学院国家科学图书馆首页“快速检索”下方图标栏中，点击“找特殊资源”→“科技报告”，即可选择进入科技报告检索，也可以选择“国防科技信息服务系统”高级检索功能。中国科学院用户可以通过该系统进行检索，并通过国家科学图书馆原文传递服务系统进行文献传递服务。图 5-6 为其首页。

网址：http://www.las.ac.cn/。

图 5-6 中国科学院国家科学图书馆

（2）中国科技成果库 国家科技成果数据库（以下简称“成果库”）是由中华人民共和国科学技术部创建的国家级大型权威性科技数据库。内容包含：医药卫生、农业、化工、工业、环境、自动化、电工、机械、建筑、交通、无线电、冶金、自然科学、社会经济 14 个子成果库。每条成果信息包含成果名称、成果完成人、成果完成单位、应用状态、推广形式、内容简介、知识产权形式等检索字段，同时通过“知网节”技术浏览各种相关的成果、专利、标准以及期刊、报纸、论文等信息。

显著优势：与通常的科技成果库相比，CNKI的《国家科技成果数据库》每条成果的知网节集成了与该成果相关的最新文献、专利、标准等信息，可以完整地展现该成果产生的背景、最新发展动态、相关领域的发展趋势，可以浏览成果完成人与完成单位更多的论述以及在各种出版物上发表的信息。

成果库分类：按照《中国图书资料分类法》（第四版）进行中图分类和按照GB/T 13745《学科分类与代码》进行学科分类。

收录年限：1978年至今。

数据量：30万条。

更新频率：月更新，年更新量6万条。

产品形式：WEB版（网上包库）、镜像站版、流量计费。

使用说明：免费检索，免费浏览题录、摘要和知网节。如果需要下载全文，请先注册您的个人账户，并通过知网卡、银行卡、神州行卡等方式给您的账户充值，也可以由您的单位以web版（网上包库）、镜像站点的方式购买供机构成员使用。图5-7为CNKI的国家科技成果数据库。

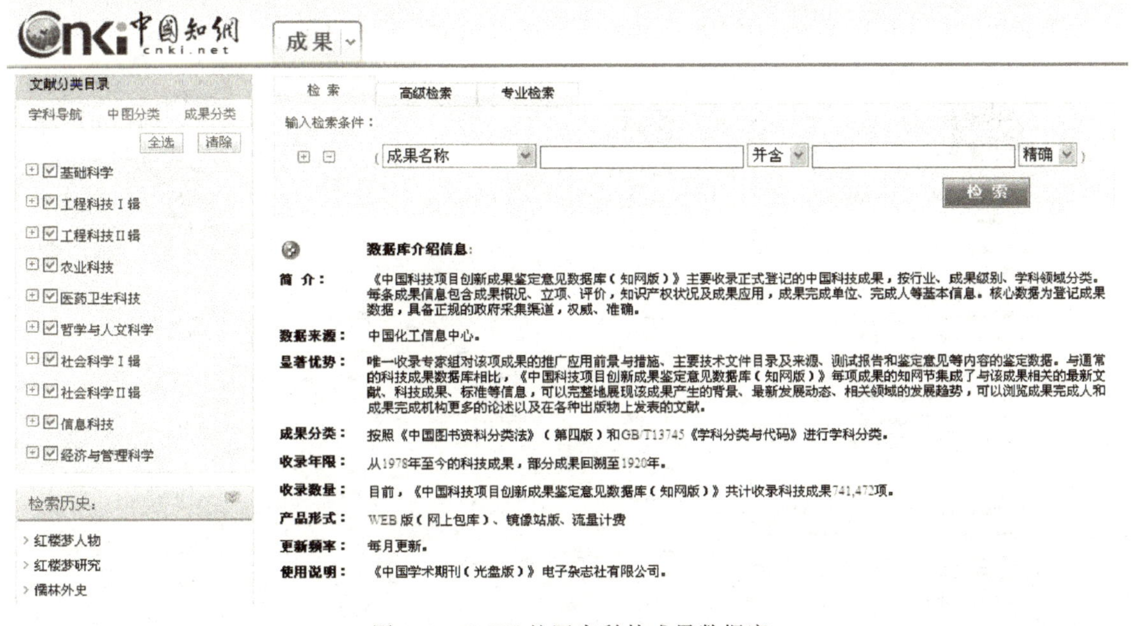

图5-7 CNKI的国家科技成果数据库

第五节 学位论文

一、学位论文概述

学位论文是高等学校和研究机构的毕业生为取得学位资格而撰写的学术性研究论文。根据授予学位级别的不同，一般分为学士论文、硕士论文、博士论文。其中博硕士学位论文有较高的学术参考价值。

（一）学位论文的特点

（1）选题新颖，带有独创性。

（2）问题专一，论述系统。

（3）学术水平高，实用性强。

（4）来源分散，大多不正式出版，使用难度较大。

（5）缺乏统一规范。

（6）数量大。

由于学位论文的如上特点，虽然学位论文的价值较大，但是，学位论文的收集交流较为困难，不易统一操作。

（二）学位论文识别

学位论文的著录项目通常包括论文名称、著者、学位信息、授予学位的机构名称、学位授予时间、论文页码、导师姓名等。识别某篇文献是否为学位论文的主要依据是学位名称、大学或机构名称等。中文学位论文通常著录有学位论文的文献类型标识符；英文学位论文通常著录有表示学位论文的词（如：dissertation、thesis）或学位的词（如 Ph D. 博士）。

以燕山大学图书馆为例：图 5-8 为燕山大学图书馆学位论文主页。

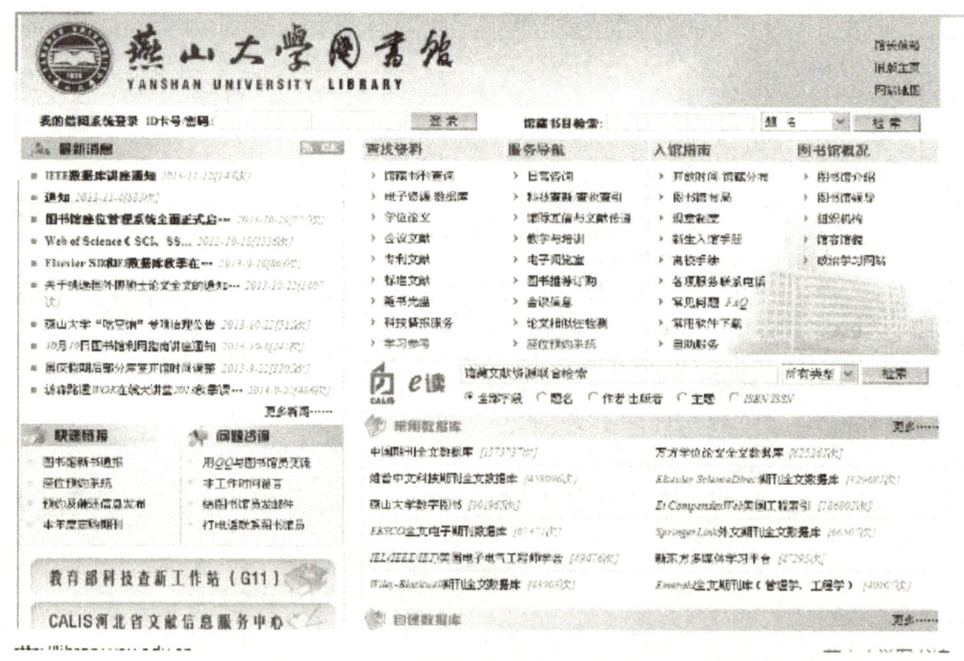

图 5-8　燕山大学图书馆学位论文主页

二、学位论文资源

1. 国内相关资源

中国学位论文全文数据库（万方）如图 5-9 所示。万方数据《中国学位论文全文数据库》由中国科技信息研究所提供。中国科技信息研究所是国家法定的学位论文收藏机构，各高等院校、研究生院及研究所均向该机构送交硕士、博士和博士后的论文，收录了自 1982

年以来论文一百多万篇。涵盖自然科学、数理化、天文、地球、生物、医药、卫生、工业技术、航空、环境、社会科学、人文地理等各学科领域。

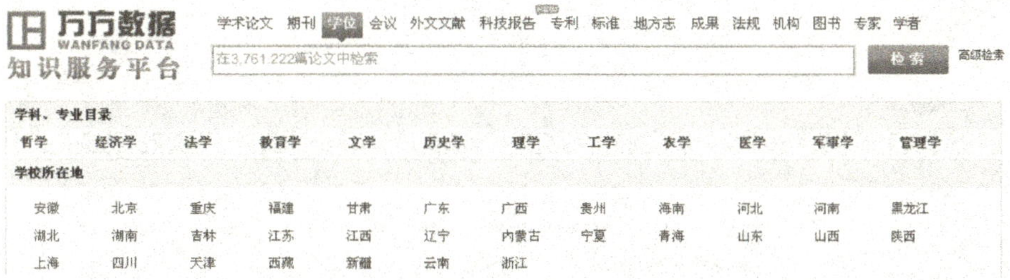

图 5-9 中国学位论文全文数据库（万方）

万方学位论文数据库的索引做得较好，仍然支持较复杂的高级检索，图 5-10 为万方学位论文的高级检索界面。

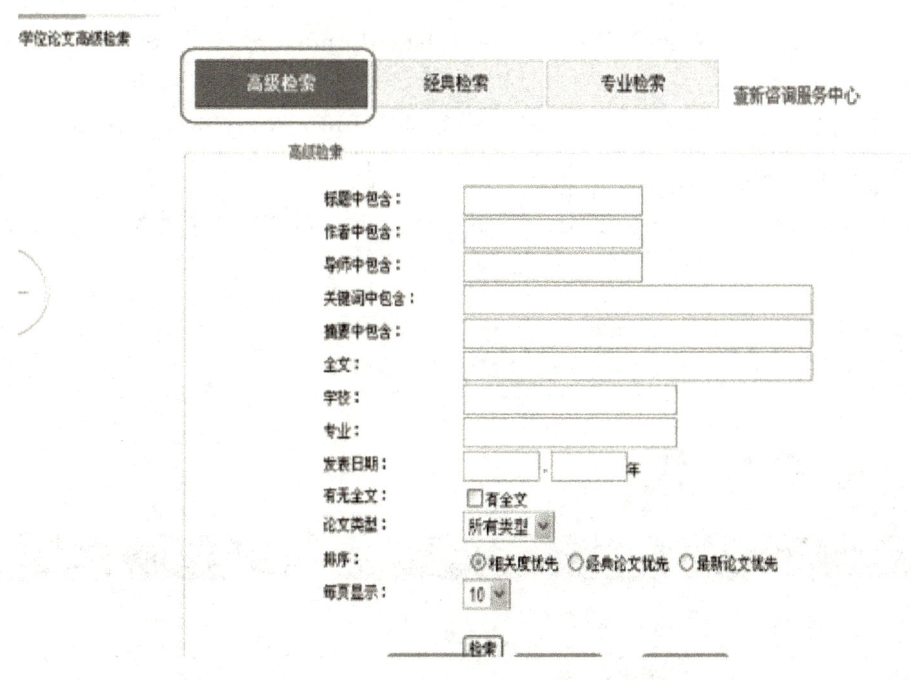

图 5-10 万方学位论文高级检索界面

国内常用学位论文还有许多，比如，中国优秀博/硕士论文全文数据库（CNKI），如图 5-11 所示为其界面。

此外还有：中国高等教育文献保障系统（CALIS 学位论文中心系统） http：//www. calis. edu. cn/educhina/pages/portal. jsp，以及全国各高等院校自建的本校博硕士学位论文数据库。

如：天津大学 http：//www2. lib. tju. edu. cn/n446909/index. html。

国图博士论文库 http：//res4. nlc. gov. cn/home/index. trs? channelid＝3。

国家科技图书文献中心学位论文查询系统 http：//www. nstl. gov. cn。

台湾地区学位论文 http：//www. cetd. com. tw/ec/advancedsearch. aspx。

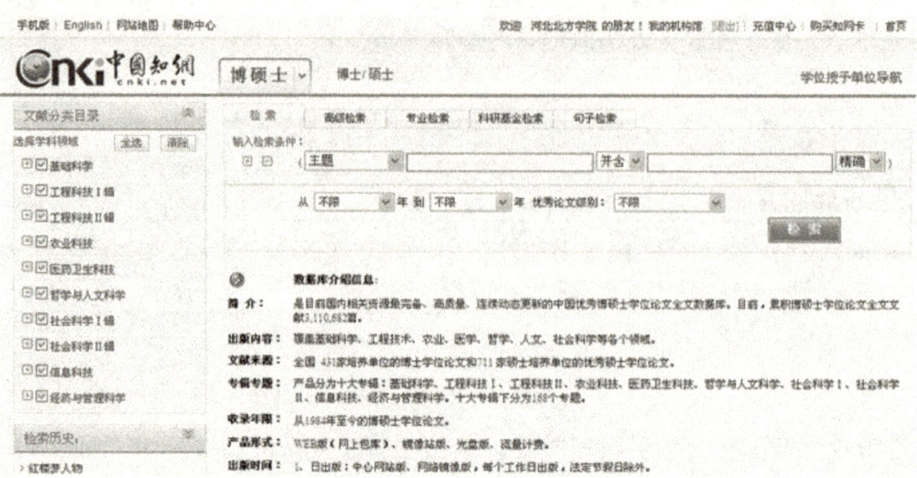

图 5-11 中国优秀博/硕士论文全文数据库（CNKI）

OAI 博硕士学位论文查询系统 http：//fedetd. mis. nsysu. edu. tw/FED-db/cgi-bin/FED-search/search _ s。

香港大学学位论文在线 http：//sunzi1. lib. hku. hk/hkuto/index. jsp。

2. 国外学位论文相关资源

（1）澳大利亚博硕论文 http：//adt. caul. edu. au/。这个检索界面如图 5-12 所示。

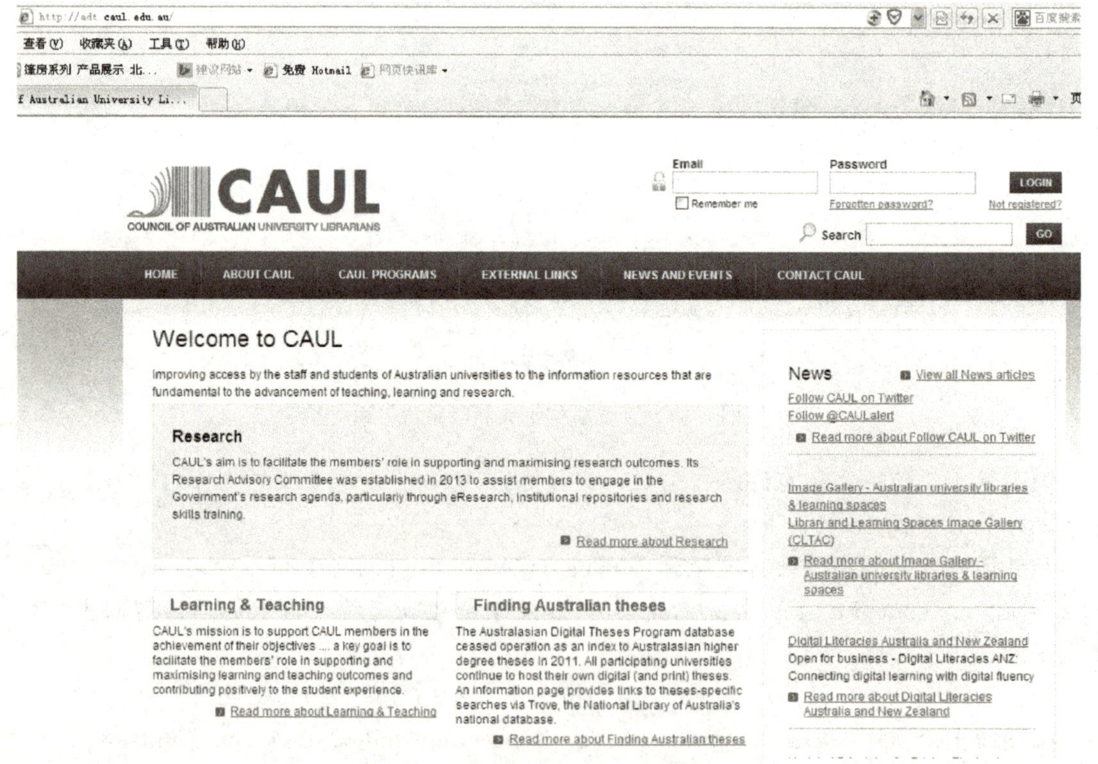

图 5-12 澳大利亚博硕论文界面

(2) PQDT 博硕士论文文摘数据库。网址：http：//proquest. umi. com/login OhioLINK Electronic Theses and Dissertations Center。

PQDT 数据库全称为 ProQuest Dissertations & Theses 是美国 Proquest 公司出版的博硕士学位论文数据库。该数据库有完全版和两个分册版本（人文社科辑，或科学及工程辑，即：A 辑和 B 辑）可供选订。

收录了来自美国、加拿大和欧洲 1000 多所大学的博、硕士论文的题录、文摘共 160 余万篇；是目前全球收录学位论文文摘数量最多、涉及学校最广泛的数据库之一。

1997 年以来的部分论文不但能看到文摘索引信息；还可以看到论文原文的前 24 页。

这个数据库收费较高，一般选择性订购，比如 PQDT-B，PQDT-B 是该数据库的 B 辑——科学与工程辑。PQDT-B 文摘数据库内容覆盖理工和人文、社科等广泛领域。

PQDT 的登录界面可以有多种语言选择英文、日文、韩文、法文等，甚至中文还包括简体繁体两种选择。如图 5-13 所示为 PQDT 的登录界面。

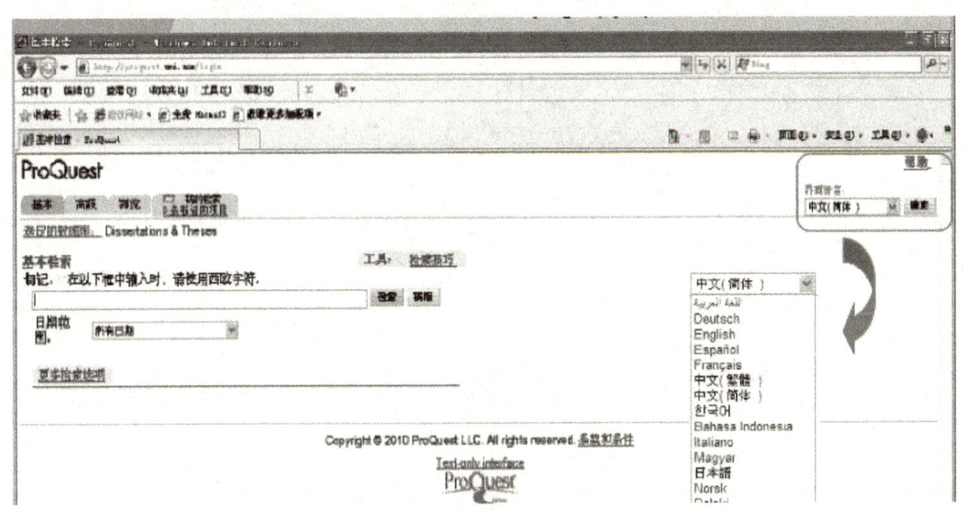

图 5-13 PQDT 数据库的登录界面

三、学位论文原文获取

学位论文原文获取一般要适当收费，获取方式有：可以从科研机构、高校图书馆购买的学位论文全文数据库中查找；向国内外收藏学位论文的单位和机构获取；通过图书馆“文献传递”业务获取；通过互联网获取。

1. 国内外收藏学位论文的单位和机构

学位论文的原文一般可直接向授予单位索取，也可通过 ProQuest 公司等订购全文，或者向国内外一些收藏单位借阅或复制。对于学位论文的搜集、管理与利用，欧美等国家一直给予高度重视。

美国于 20 世纪 30 年代后期成立了专门的学位论文复制收藏中心（UMI，现更名为 ProQuest Information and Learning）。目前美国已有 300 多所设有博士课程的大学与该公司保持协作关系，凡属协作的高等学校的学位论文，可直接从该公司获取。

2. 国内学位论文的国家收藏机构

以下是国务院学位办指定的全国学位论文收藏单位。

（1）国家图书馆　收藏全国所有文理科博士学位论文及博士后科技报告。

（2）中国科技信息研究所　收藏全国的理工科的硕士学位论文，并建有“中国学位论文数据库（即万方学位论文全文数据库）”。

（3）中国社科院文献中心　收藏全国的文科及语言科的硕士论文。

3. 国内学位论文原文获取价格

对在NSTL系统检索到但无法在全文数据库中找到全文的学位论文，可通过图书馆的文献传递服务来获取。

国家图书馆学位论文收藏中心，其联系方式如下：E-mail：xwlwzx@nlc. gov. cn。

第六章

搜索引擎使用技巧

第一节　搜索引擎概述

一、简介

所谓搜索引擎，是基于WWW的信息处理系统，是对网络资源进行标引和检索的工具。它通过一定的机制和方法对网络信息进行搜索，将搜索的信息进行理解、提取、组织和处理，由索引器建立索引，并储存于可供检索的大型数据库中。当用户输入检索提问时，搜索引擎会告知包含这个检索提问的所有网址，并提供通向该网址的链接点。搜索引擎是用来对网络信息资源管理和检索的一系列软件，是一种在INTERNET上查找信息的工具。

二、互联网中的信息检索

目录索引类与全文搜索引擎是两种不同的检索方式，搜索引擎按其工作方式主要可分为三种，分别是全文搜索引擎（Full Text Search Engine）、目录索引类搜索引擎（Search Index/Directory）和元搜索引擎（Meta Search Engine），检索工具类型如图6-1所示。

1. 全文搜索

全文搜索引擎是名副其实的搜索引擎，国外具代表性的有Google、Fast/AllTheWeb、AltaVista、Inktomi、Teoma、WiseNut等，国内著名的有百度（Baidu）。它们都是通过从互联网上提取的各个网站的信息（以网页文字为主）而建立的数据库中，检索与用户查询条件匹配的相关记录，然后按一定的排列顺序将结果返回给用户，因此它们是真正的搜索引擎。

2. 目录索引

目录索引虽然有搜索功能，但在严格意义上算不上是真正的搜索引擎，仅仅是按目录分类的网站链接列表而已。用户完全可以不用进行关键词（Keywords）查询，仅靠分类目录也可找到需要的信息。目录索引中最具代表性的莫过于大名鼎鼎的Yahoo雅虎。其他著名的还有Open Directory Project（DMOZ）、LookSmart、About等。国内的搜狐、新浪、网易搜索也都属于这一类。

图 6-1　检索工具类型

3. 元搜索引擎

元搜索引擎在接受用户查询请求时，同时在其他多个引擎上进行搜索，并将结果返回给用户。著名的元搜索引擎有 InfoSpace、Dogpile、Vivisimo 等（元搜索引擎列表），中文元搜索引擎中具代表性的有搜星搜索引擎。在搜索结果排列方面，有的直接按来源引擎排列搜索结果，如 Dogpile，有的则按自定的规则将结果重新排列组合，如 Vivisimo。

三、信息检索工具的工作原理

利用全文搜索引擎进行购物搜索的时候，其工作原理与普通购物基本相同。普通购物时需要描述商品特征，而进行全文搜索时则是输入信息的关键词，普通购物的取货过程相当于全文搜索时的数据库检索过程，普通购物时最后要将货品交给顾客，全文搜索时即为最后的搜索结果呈现。搜索引擎的组成部分有搜索器、索引器及检索器。

搜索引擎的工作过程是用户输入查询内容，检索器在索引数据库进行筛选，然后进行排序，并最后显示出查询结果。查询搜索步骤显示如图 6-2 所示。

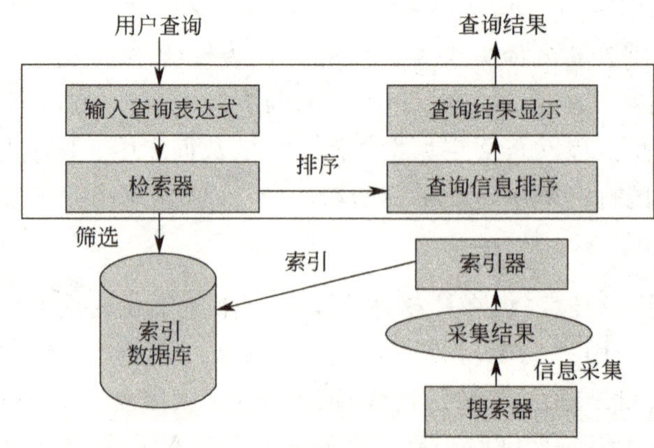

图 6-2　搜索引擎的工作过程

第二节　百度搜索引擎

一、简介

百度搜索引擎（Nasdaq 简称：BIDU）是全球最大的中文搜索引擎，2000 年 1 月由李彦宏、徐勇两人创立于北京中关村，致力于向人们提供“简单，可依赖”的信息获取方式。“百度”二字源于中国宋朝词人辛弃疾的《青玉案·元夕》词句“众里寻他千百度”，象征着百度对中文信息检索技术的执著追求。对此，百度有权视用户的行为性质，采取包括但不限于删除用户发布信息内容、暂停使用许可、终止服务、限制使用、回收百度账号、追究法律责任等措施。您同意依本服务协议任何规定提供之本服务，无需进行事先通知即可中断或终止，您承认并同意，百度可立即关闭或删除您的账号及您账号中所有相关信息及文件，及/或禁止继续使用前述文件或本服务。2004 年起，“有问题，百度一下”在中国开始风行，百度成为搜索的代名词。

二、搜索结果页面中的基本信息

1. 搜索结果标题

点击标题，可以直接打开该结果网页。

2. 搜索结果摘要

通过摘要，你可以判断这个结果是否满足你的需要。

3. 百度快照

“快照”是该网页在百度的备份，如果原网页打不开或者打开速度慢，可以查看快照浏览页面内容。

4. 相关搜索

“相关搜索”是其他和你有相似需求的用户的搜索方式，按搜索热门度排序。如果你的搜索结果效果不佳，可以参考这些相关搜索。

三、网页搜索特色功能介绍

（一）百度快照

如果无法打开某个搜索结果，或者打开速度特别慢，该怎么办？每个被收录的网页，在百度上都存有一个纯文本的备份，称为“百度快照”。百度速度较快，可以通过“快照”快速浏览页面内容。不过，百度只保留文本内容，所以，那些图片、音乐等非文本信息，快照页面还是直接从原网页调用。如果无法连接原网页，那么快照上的图片等非文本内容，会无法显示。

（二）相关搜索

搜索结果不佳，有时候是因为选择的查询词不是很妥当。可以通过参考别人是怎么搜的，来获得一些启发。百度的“相关搜索”，就是和搜索很相似的一系列查询词。百度相关搜索排布在搜索结果页的下方，按搜索热门度排序。

下面是“小说”的相关搜索。点击这些词，可以直接获得他们的搜索结果。如图 6-3 所示。

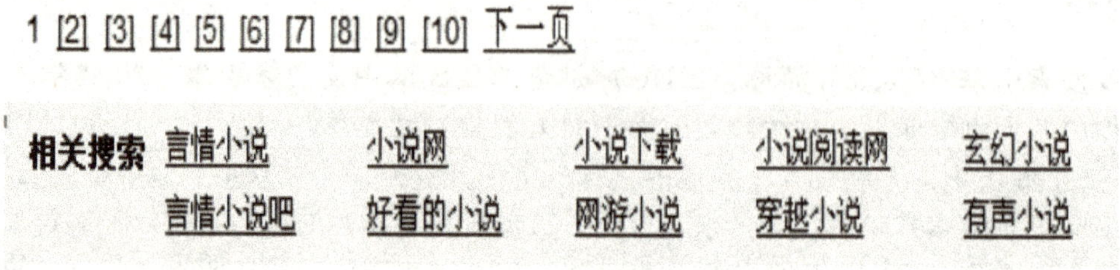

1 [2] [3] [4] [5] [6] [7] [8] [9] [10] 下一页

相关搜索 言情小说 小说网 小说下载 小说阅读网 玄幻小说
言情小说吧 好看的小说 网游小说 穿越小说 有声小说

图 6-3 “小说”搜索结果显示

（三）专业文档搜索

很多有价值的资料，在互联网上并非是普通的网页，而是以 Word、PowerPoint、PDF 等格式存在。百度支持对 Office 文档（包括 Word、Excel、Powerpoint）、Adobe PDF 文档、RTF 文档进行的全文搜索。要搜索这类文档，很简单，在普通的查询词后面，加一个“filetype:”文档类型限定。“Filetype:”后可以跟以下文件格式：DOC、XLS、PPT、PDF、RTF、ALL。其中，ALL 表示搜索所有这些文件类型。例如，查找张五常关于交易费用方面的经济学论文。“交易费用 张五常 filetype：doc”，点击结果标题，直接下载该文档，也可以点击标题后的“HTML 版”快速查看该文档的网页格式内容。

也可以通过百度文库搜索（http：//wenku. baidu. com/），直接使用专业文档搜索功能。如图 6-4 所示。

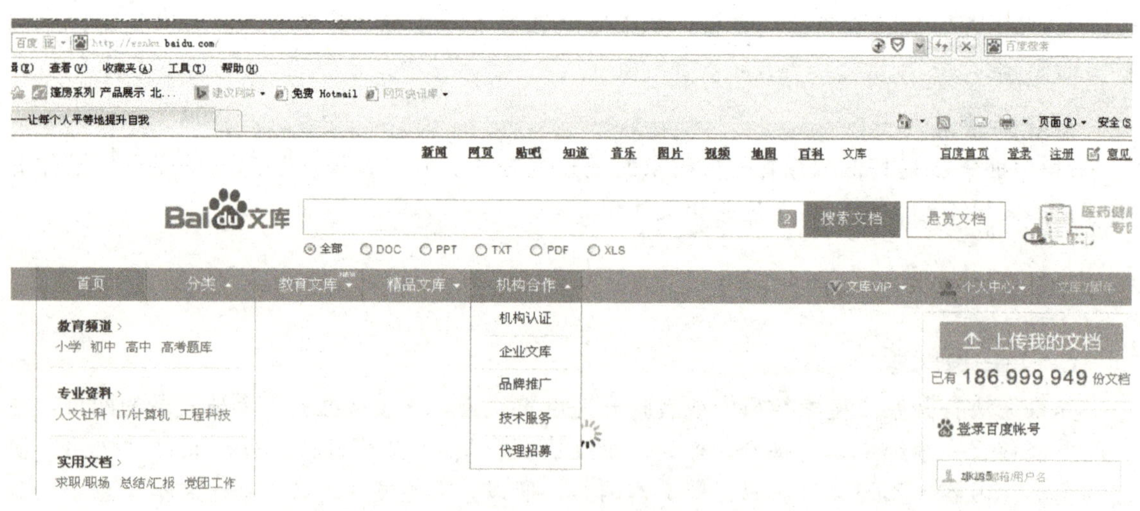

图 6-4 百度文库搜索

（四）股票、列车时刻表和飞机航班查询

在百度搜索框中输入股票代码、列车车次或者飞机航班号，就能直接获得相关信息。例如，输入深发展的股票代码“000001”，搜索结果上方，显示深发展的股票实时行情。也可

以在百度常用搜索（http：//www. baidu. com/life/）中，进行上述查询。

（五）高级搜索语法

1. 把搜索范围限定在网页标题中——intitle

网页标题通常是对网页内容提纲挈领式的归纳。把查询内容范围限定在网页标题中，有时能获得良好的效果。使用的方式，是把查询内容中，特别关键的部分，用“intitle:”领起来。

例如，找林青霞的写真，就可以这样查询：写真 intitle：林青霞。

注意，intitle：和后面的关键词之间，不要有空格。

2. 把搜索范围限定在特定站点中——site

有时候，如果知道某个站点中有自己需要找的东西，就可以把搜索范围限定在这个站点中，提高查询效率。使用的方式，是在查询内容的后面，加上“site：站点域名”。

例如，天空网下载软件不错，就可以这样查询：msn site：skycn. com。

注意，“site:”后面跟的站点域名，不要带“http：//”；另外，site：和站点名之间，不要带空格。

3. 把搜索范围限定在 url 链接中——inurl

网页 url 中的某些信息，常常有某种有价值的含义。于是，如果对搜索结果的 url 做某种限定，就可以获得良好的效果。实现的方式，是用“inurl:”，后跟需要在 url 中出现的关键词。

例如，找关于 photoshop 的使用技巧，可以这样查询：photoshop inurl：jiqiao。

上面这个查询串中的“photoshop”，是可以出现在网页的任何位置，而“jiqiao”则必须出现在网页 url 中。

注意，inurl：语法和后面所跟的关键词，不要有空格。

4. 精确匹配——双引号

如果输入的查询词很长，百度在经过分析后，给出的搜索结果中的查询词，可能是拆分的。如果您对这种情况不满意，可以尝试让百度不拆分查询词。给查询词加上双引号，就可以达到这种效果。

5. 要求搜索结果中不含特定查询词“—”

如果发现搜索结果中有某一类网页是不希望看见的，而且，这些网页都包含特定的关键词，那么用减号语法，就可以去除所有这些含有特定关键词的网页。

注意，前一个关键词，和减号之间必须有空格，否则，减号会被当成连字符处理，而失去减号语法功能。减号和后一个关键词之间，有无空格均可。

（六）天气查询

使用百度就可以随时查询天气预报，再也不用四处打听天气情况了。

在百度搜索框中输入您要查询的城市名称加上天气这个词，就能获得该城市当天的天气情况。例如，搜索“福州天气”，就可以在搜索结果上面看到福州今天的天气情况。

百度支持全国多达 400 多个城市和近百个国外著名城市的天气查询。

（七）搜索引擎应用实例

难检字搜索：如，赟，不认识这个字。我们可以百度搜索一下，输入关键词文、武、贝，网上已经有人帮你了。如图 6-5 所示。

图 6-5　难检字搜索方法示意

然后复制“赟”粘贴到 Word。选中，“格式”——“中文版式”——“拼音指南”，得出读音是 yun。

四、怎样成为搜索高手——选择适当的查询词

搜索技巧，最基本同时也是最有效的，就是选择合适的查询词。选择查询词是一种经验积累，在一定程度上也有章可循。

（一）表述准确

百度会严格按照您提交的查询词去搜索，因此查询词表述准确是获得良好搜索结果的必要前提。

一类常见的表述不准确情况是，脑袋里想着一回事，搜索框里输入的是另一回事。例如，要查找 2004 年国内十大新闻，查询词可以是“2009 年国内十大新闻”；但如果把查询词换成“2009 年国内十大事件”，搜索结果就没有能满足需求的了。

另一类典型的表述不准确，是查询词中包含错别字。不过好在百度对于用户常见的错别字输入，有纠错提示。如，输入“唐醋排骨”，提示如下：您要找的是不是：糖醋排骨。

（二）查询词的主题关联与简练

目前的搜索引擎并不能很好地处理自然语言。因此，在提交搜索请求时，最好把自己的

想法提炼成简单的，而且与希望找到的信息内容主题关联的查询词。

例如：某三年级小学生，想查一些关于时间的名人名言，他的查询词是“小学三年级关于时间的名人名言”。

（三）根据网页特征选择查询词

很多类型的网页都有某种相似的特征。例如，小说网页，通常都有一个目录页，小说名称一般出现在网页标题中，而页面上通常有“目录”两个字，点击页面上的链接，就进入具体的章节页，章节页的标题是小说章节名称；软件下载页，通常软件名称在网页标题中，网页正文有下载链接，并且会出现“下载”这个词等。

经常地搜索，并且总结各类网页的特征现象，并应用到查询词的选择中，就会使得搜索变得准确而高效。

（四）软件下载

日常工作和娱乐需要用到大量的软件，很多软件属于共享或者自由性质，可以在网上免费下载到。

直接找下载页面这是最直接的方式。软件名称加上“下载”这个特征词，通常可以很快找到下载点。例：flashget 下载。

在著名的软件下载站找软件，由于网站质量参差不齐，下载速度也快慢不一。如果我们积累了一些好用的下载站（如天空网、华军网、电脑之家等），就可以用 site 语法把搜索范围局限在这些网站内，以提高搜索效率。

例：网际快车 site：skycn。com。

小提示：一旦搜索范围局限在专业下载站中，“下载”这个特征词就不必在查询词中出现了。

（五）找问题解决办法

我们在工作和生活中，会遇到各种各样的疑难问题，比如电脑中毒了，被开水烫伤了等。很多问题其实都可以在网上找到解决办法。因为某类问题发生的概率是稳定的，而网络用户有好几千万，于是几千万人中遇到同样问题的人就会很多，其中一部分人会把问题贴在网络上求助，而另一部分人，可能就会把问题解决办法发布在网络上。有了搜索引擎，我们就可以把这些信息找出来。

找这类信息，核心问题是如何构建查询关键词。一个基本原则是，在构建关键词时，我们尽量不要用自然语言（所谓自然语言，就是我们平时说话的语言和口气），而要从自然语言中提炼关键词。这个提炼过程并不容易，但是我们可以用一种将心比心的方式思考：如果我知道问题的解决办法，我会怎样对此作出回答。也就是说，猜测信息的表达方式，然后根据这种表达方式，取其中的特征关键词，从而达到搜索目的。

（六）找专业报告

很多情况下，我们需要有权威性的、信息量大的专业报告或者论文。很多有价值的资料，在互联网上并非是普通的网页，而是以 Word、PowerPoint、PDF 等格式存在。

百度支持对 Office 文档（包括 Word、Excel、Powerpoint）、Adobe PDF 文档、RTF 文档进行的全文搜索。

比如，我们需要了解中国互联网状况，就需要找一个全面的评估报告，而不是某某记者的一篇文章；我们需要对某个学术问题进行深入研究，就需要找这方面的专业论文。找这类资源，除了构建合适的关键词之外，我们还需要了解一点，那就是：重要文档在互联网上存在的方式，往往不是网页格式，而是 Office 文档或者 PDF 文档。Office 文档我们都熟悉，PDF 文档也许有的人并不清楚。PDF 文档是 Adobe 公司开发的一种图文混排电子文档格式，能在不同平台上浏览，是电子出版的标准格式之一。多数上市公司的年报，就是用 PDF 做的。很多公司的产品手册，也以 PDF 格式放在网上。

要搜索这类文档，很简单，在普通的查询词后面，加一个"filetype："文档类型限定。"Filetype："后可以跟以下文件格式：DOC、XLS、PPT、PDF、RTF、ALL。其中，ALL 表示搜索所有这些文件类型。

例如，查找床垫的养生方面的文章，可以输入"养生床垫 filetype：doc"。如图 6-6 所示。

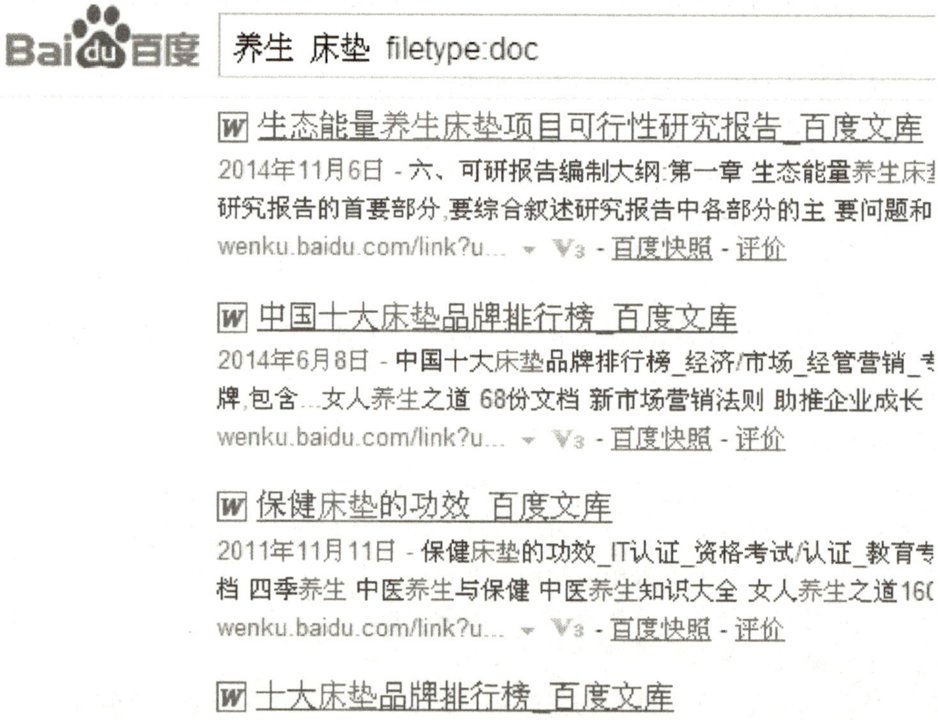

图 6-6　文档类型限定收索示例

（七）英汉互译

尽管手头有英文词典，但翻词典一是麻烦速度慢，二是可能对某些词汇的解释不够详尽。中译英就更如此了。多数词典只能对单个汉字词语做出对应的英文解释，但该解释在上下文中也许并不贴切。搜索引擎找英汉互译的一个长处就在于，可以比较上下文，使翻译更加精确。

找简单的英汉互译：百度本身提供了英汉互译功能，对找到释义的汉字词语或者英文单词词组，在结果页的搜索框上面会出现一个"词典"的链接，点击链接，就可以得到相应的解释。

找生僻词语的互译：很多情况下，无论是在线下的词典，还是用百度的线上词典，都无法找到词义解释，此时就需要利用网页搜索了。在某些情况下，网页作者会对某些生僻的词语加注一个英文或者中文释义。但提取这个生僻翻译的难度在于，没有表明释义存在的特征性关键词，因为作者在注释的时候，是不会有诸如“英文翻译”这样的提示语的。

（八）新闻搜索的介绍

百度新闻不含任何人工编辑成分，没有新闻偏见，真实地反映每时每刻的新闻热点，突出新闻的客观性和完整性。

焦点新闻是通过自动计算一篇新闻被所有新闻网站转载和引用的次数，鉴于越受关注的新闻将会被越多的转载或引用，相当于由每个新闻网站和报刊杂志的编辑记者一起参与投票民主选举热点新闻。

百度新闻每天发布 80000～100000 条。

第三节 Google（谷歌）搜索引擎

一、Google 简介

Google 其实是数学名词 googol 的谐音，它的意思是 10 的 100 次方，常指巨大的数字。

Google 是目前被公认为全球规模最大的搜索引擎，它提供了简单易用的各种免费服务，用户可以在瞬间得到相关的搜索结果。

谷歌创建人佩奇说：“Google 的任务就是要对世界上的信息编组。”

Google 是一个搜索引擎，由两个斯坦福大学博士生 Larry Page 与 Sergey Brin 于 1998 年 9 月发明，Google Inc. 于 1999 年创立。2000 年 7 月份，Google 替代 Inktomi 成为 Yahoo 公司的搜索引擎，同年 9 月份，Google 成为中国网易公司的搜索引擎。1998 年至今，Google 已经获得 30 多项业界大奖。如图 6-7 所示为 2015 年全球搜索引擎按使用人数前十名排名。

二、Google 功能与特色

（一）Google 浏览器的主页

Google 浏览器的主页设置十分简洁，使用者只需根据自己的需要，在搜索框中输入自己想要检索的内容的关键字，Google 就会自动筛选出最符合使用者搜索信息的相关内容，让使用者可以最快地找到所需信息。图 6-8 是 Google 浏览器的主页面显示。

（二）Google 的特色功能

80 亿个网页，支持多达 132 种语言，包括简体中文和繁体中文；提供搜索引擎功能，没有花里胡哨的累赘，速度极快，据说有 8000 多台服务器，200 多条 T3 级宽带，专利网页级别技术 PageRank 能够提供高命中率的搜索结果，搜索结果摘录查询网页的部分具体内容，而不仅仅是网站简介，智能化的“手气不错”功能，提供可能最符合要求的网站，“网页快照”功能，能从 Google 服务器里直接取出缓存的网页。

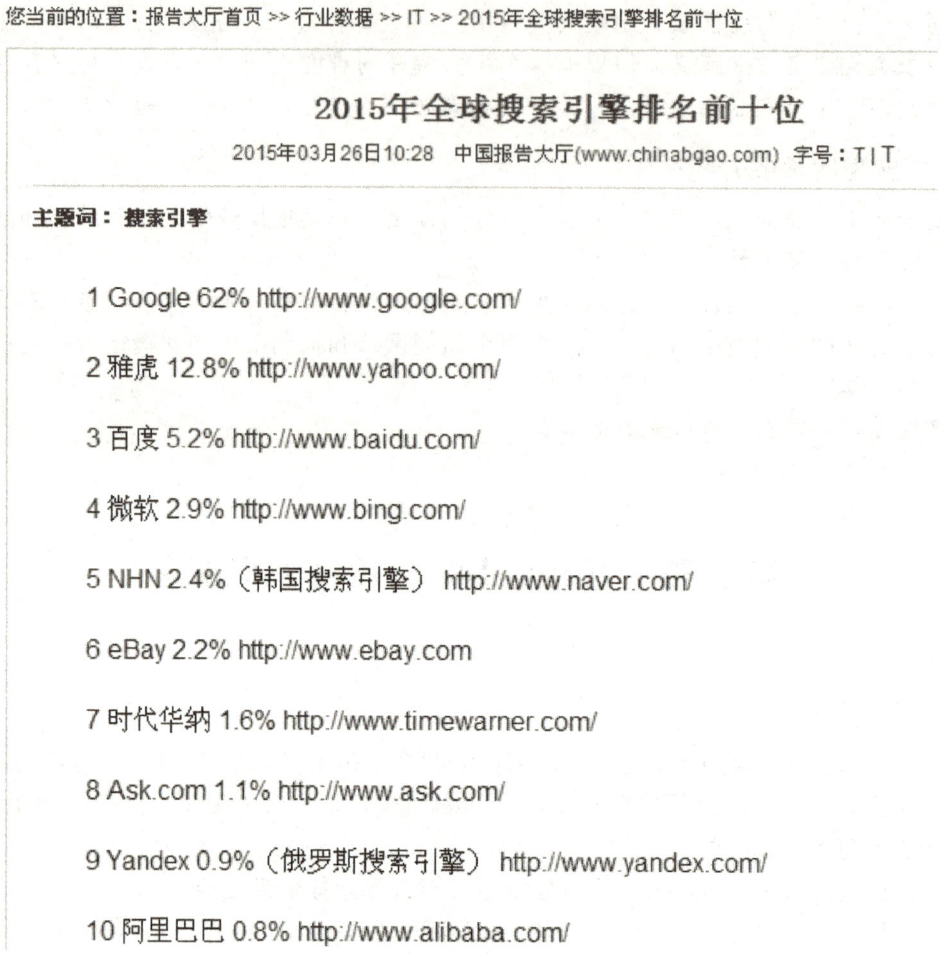

您当前的位置：报告大厅首页 >> 行业数据 >> IT >> 2015年全球搜索引擎排名前十位

2015年全球搜索引擎排名前十位

2015年03月26日10:28 中国报告大厅(www.chinabgao.com) 字号：T | T

主题词：搜索引擎

1 Google 62% http://www.google.com/

2 雅虎 12.8% http://www.yahoo.com/

3 百度 5.2% http://www.baidu.com/

4 微软 2.9% http://www.bing.com/

5 NHN 2.4%（韩国搜索引擎） http://www.naver.com/

6 eBay 2.2% http://www.ebay.com

7 时代华纳 1.6% http://www.timewarner.com/

8 Ask.com 1.1% http://www.ask.com/

9 Yandex 0.9%（俄罗斯搜索引擎） http://www.yandex.com/

10 阿里巴巴 0.8% http://www.alibaba.com/

图 6-7 2015 年全球搜索引擎按使用人数前十名

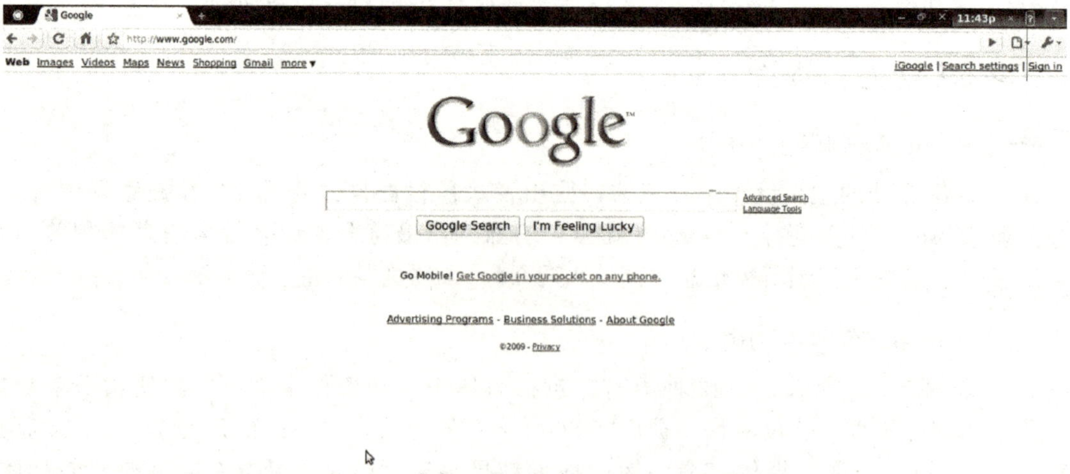

Google

http://www.google.com/

Web Images Videos Maps News Shopping Gmail more ▾

iGoogle | Search settings | Sign in

Google

Advanced Search
Language Tools

Google Search I'm Feeling Lucky

Go Mobile! Get Google in your pocket on any phone.

Advertising Programs - Business Solutions - About Google

©2009 - Privacy

图 6-8 Google 主页

三、网页搜索技巧

（一）简单搜索

1. 关键词检索

直接在输入框中输入关键词，可以给关键词加引号（精确检索），也可以用空格将两个关键词逻辑与组配检索，还可以用 OR 算符连接关键词进行逻辑或组配检索。例如，我们需要检索多媒体信息资源管理方面的信息，可以构造检索提问式如下：

(IRM OR “Information Resources Management”) Multimedia

“信息资源管理”“多媒体”或者“多媒体信息资源管理”

检索结果如图 6-9 所示。

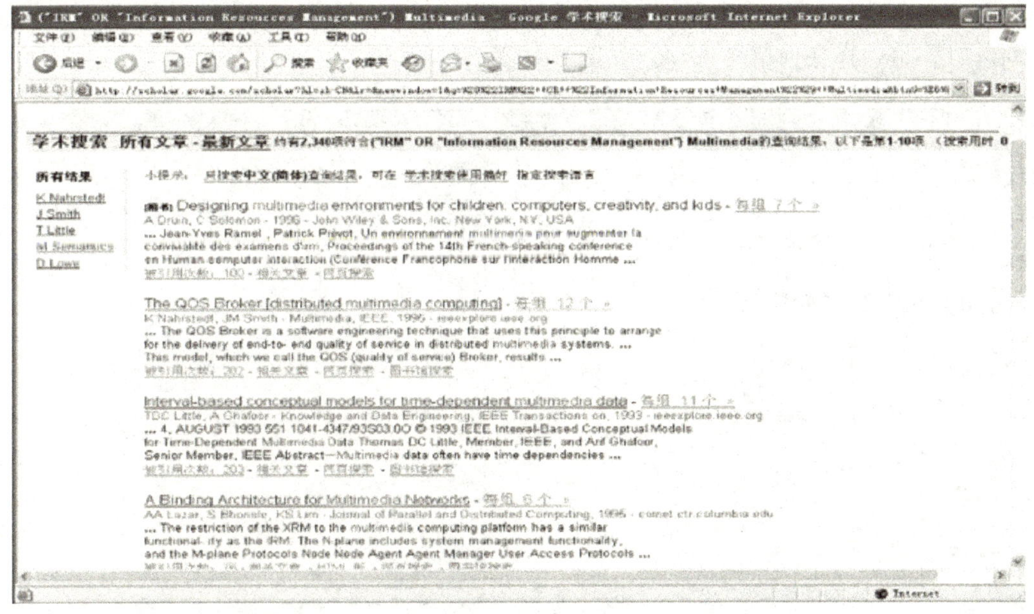

图 6-9 关键词检索

一般搜索引擎需要在多个关键字之间加上“+”，而 Google 无需用明文的“+”来表示逻辑“与”操作，只要空格就可以了。Google 用减号“−”表示逻辑“非”操作。搜索结果至少包含多个关键字中的任意一个，Google 用大写的“OR”表示逻辑“或”操作。

用“+”和“−”减少冗余信息。“+”和“−”很多时候能够缩小搜索结果的范围，以提高查询结果命中率。混合查询涉及逻辑操作符的顺序问题。一般而言，搜索引擎按照从左往右的顺序读取操作符号。如果只涉及“与”操作和“非”操作或单纯的“或”操作，则不会产生顺序问题。

2. 辅助搜索

（1）通配符问题 很多搜索引擎支持通配符号，如“*”代表一连串字符，“?”代表单个字符等。Google 不支持通配符，只能做精确查询，关键字中的“*”或者“?”会被忽略掉。

（2）关键字的字母大小写 Google 对英文字符大小写不敏感，“GOD”和“god”搜索的结果是一样的。

（3）搜索整个句子　Google 的关键字可以是词组（中间没有空格），也可以是句子（中间有空格），但是，用句子做关键字，必须加英文引号。

（4）搜索引擎忽略的字符和词汇　Google 对一些网络上出现频率极高的英文单词，如“i”、“com”、“www”等，以及一些符号如“*”、“.”等，作忽略处理。

（5）强制搜索　如果要对忽略的关键字进行强制搜索，则需要在该关键字前加上明文的“+”号。

（二）高级搜索

高级菜单搜索时，可限定搜索内容的语言类型、文件格式、网页更新日期、网页内结果所在区域等限定选项，以找到更符合搜索者搜索目标的内容。

高级搜索时可以对相关内容进行自定义，在搜索者所需要的范围内进行搜索，找到搜索者所需要的更具体的内容。例如，在进行高级搜索时，可以选择所需要的语言类型，如任何语言均可时，可选择任何语言选项。如图 6-10 所示。

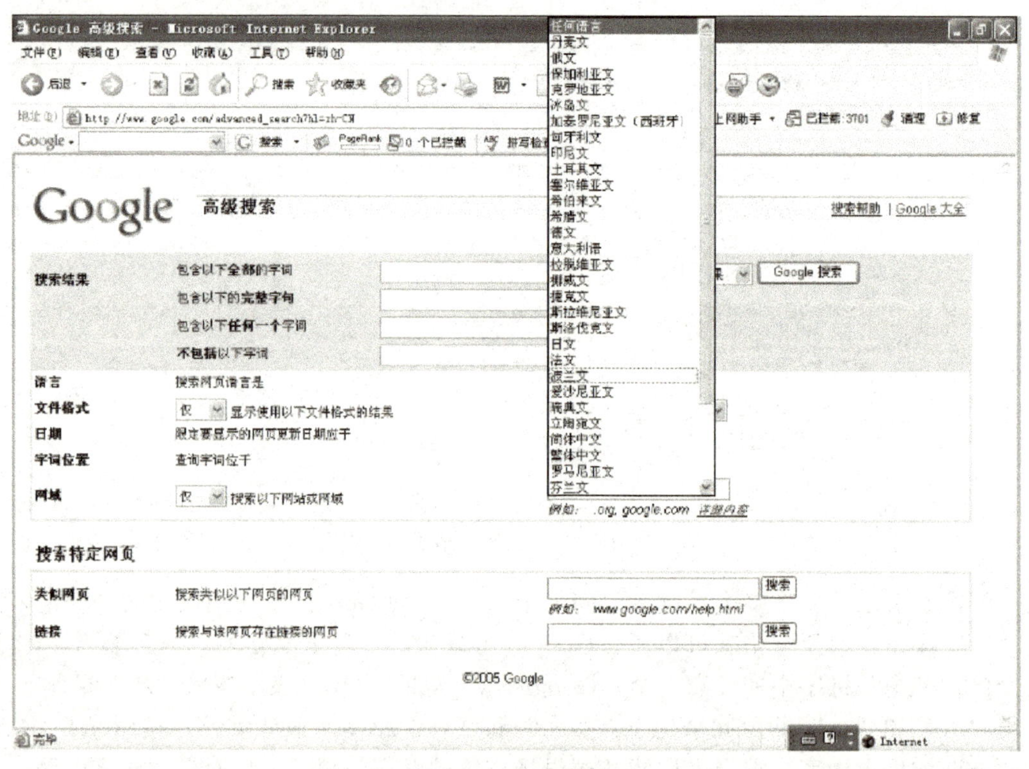

图 6-10　高级搜索

也可根据需要选择所要查找的文件格式，如对格式没有限制时，可选择任意格式选项。

第四节　Dogpile

网站名称：Dogpile　　上线时间：1996 年　　网站地点：美国

网址：http：//www. dogpile. com/。

一、简介

Dogpile 是 1996 年 12 月由美国人 Aaron Flin 创制的杰出的并行式和串行式相结合的混合式元搜索引擎。即使是喜欢 Google 的用户也很难抗拒 Dogpile 的魅力。其主要优点在于它能够利用该引擎猜测出来的、附加的搜索条件来智能优化用户的搜索结果。它是一个整合型的元搜索引擎，它可以在一组搜索引擎中同时进行检索，并提供最好的搜索结果，它有一连串有效的技巧，并可以像 Vivisimo 一样对结果进行分类。Dogpile 还有一个绝招：它可以查找 Google 所不能查找的东西，即那些音频和多媒体文件。Dogpile 是目前性能较好的统一检索入口式元搜索引擎之一。每一条搜索结果都综合自数个搜索引擎，包括 Google，Yahoo!，Ask Jeeves，About，FindWhat，LookSmart，Live 等。Dogpile 提出的口号是 “Good Dog，Great Results”。

Dogpile 1999 年被 Go2Net 公司收购，2000 年又被 InfoSpace 收购。Dogpile 目前是 InfoSpace 公司的旗舰元搜索引擎，暂不支持中文搜索。

Dogpile 包含 Google、雅虎、Bing、Ask 这四个主要搜索引擎，主页有网站、图片、视频、新闻、黄页、白页等搜索类别，输入关键词，单击 “Go Fetch!” 按钮执行搜索。搜索结果来自各个搜索引擎，每一项结果下方显示有来源，如 Found on：Google，Bing，Yahoo!。若是推广链接，显示有广告来源，如 Sponsored：Ads by Google。Dogpile 主页如图 6-11 所示。

图 6-11 Dogpile 主页

二、新版的 Dogpile

新版的 Dogpile 是一个非常不错的元搜索引擎，展现了元搜索引擎发展的最新成果。它将用户的查询请求同时向多个搜索引擎递交，按照自定义的关联运算法则对得到的结果进行重复排除、重新排序等智能处理后，以优化过的检索结果返回给用户。Dogpile 为用户提供了较为全面的检索功能，其检索结果更易于浏览，自动分类的技术增强了对检索结果的组织功能，还可以自动修正普通的拼写错误，更加方便了用户对 Dogpile 的利用。目前认为图片检索功能最强的两个搜索引擎是 google 和 Dogpile。Dogpile 的主要优点在于它能够利用该引擎猜测出来的、附加的搜索条件来智能优化用户的搜索结果。

第五节　Yippy

Yippy 原是 clusty vivisimo inc. 于 2004 年推出的一款元搜索引擎。Yippy 的特点是在于把搜索到的数据进一步进行分类，将数据简单明了地显示出来，搜索结果一目了然，从而使搜索者能方便快捷地找到自己需要的数据。网址 http：//ww. yippy. com，主页见图 6-12。

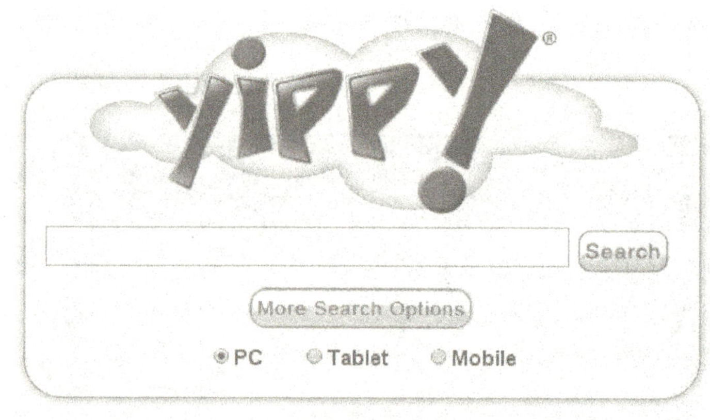

图 6-12　Yippy 主页

一、Yippy 简介

Yippy 提供网页、新闻、图片、维基百科、blogs、工作、购物、政府信息等多种类型资源的专项搜索服务。Yippy 获取信息的来源非常丰富，并能够根据用户搜索资源的类型调用不同的元搜索引擎。其网页搜索的来源引擎有 live、ask、gigablast、open、diretory 等，新闻搜索来自 yahoo！News、Reuters、NYtimes 等顶级的新闻站点，图像搜索则由专业图片搜索引擎 picsearch 支持。Yippy 还是第一个提供 blog 专项搜索的元搜索引擎，搜索结果来自 feedster、technorati、blogPulse、blogdigger 等多个著名的 blog 搜索工具。Yippy 的界面风格非常清新，标准的搜索栏，很少的几个链接内容，从而保证了网页的打开速度。

Yippy 的搜索结果页面是以框架形式出现的，左边框架是搜索结果的分类群组项目，单击旁边的“＋”号可以打开目录下的查询结果；右边框架罗列了所有的搜索结果，除了网址，还有该结果的简单描述。

除了基本搜索外，yippy 的网页搜索、图片搜索、blog 搜索等都具有高级检索功能，提供了丰富的检索选项。在高级搜索页面中你可以对 yippy 进行高级设置，让你在搜索的时候更加符合自己的要求。在利用 yippy 进行搜索时，默认情况下最多只提供 200 条搜索结果，如果你觉得比较多，可以在“cloude”后将最多搜索结果数目设置为“100results”。另外，如果只想搜索法文页面，则可以将“language”设置为“French”，这样将大大减少搜索的范围及时间。除了以上的设置外，还可以对其他搜索项目进行设置。

二、Yippy 的主要检索特色

1. 支持多种语言

Yippy 是一个基于英文界面的多语种搜索引擎，支持英文、德文、法文、意大利文、西班牙文、俄文、波兰文、匈牙利文、中文、日文、阿拉伯文、土耳其文等四十多个语种，其所支持的语种数量位于众多元搜索引擎之首，尤其在中文支持能力方面大大超过了其他英文元搜索引擎。

2. 支持高级查询语法

由于元搜索引擎在提供查询语法时要考虑调动各种来源引擎的查询语法，技术的复杂性使多数元搜索引擎只支持一些简单查询语法，而 yippy 则突破了这种元搜索引擎的局限性，具有极强的语法转换能力，支持多种高级查询语法。具体而言 yippy 支持布尔检索、词组检索、字段检索、区域检索等高级查询语法，能够从主机名（host）、域名（domain）、文件类型（filetype）等方面限定检索词，从而大大提高了搜索结果的精确度和相关度。

3. 具有检索结果的动态自动聚类功能

Yippy 不仅提供了按内容（主题）聚类的方式，而且还根据检索资源类型提供了其他的检索结果聚类方式。用户可以根据需要灵活地加以选择。例如，其网页搜索可以按内容、来源、站点聚类；新闻搜索可以按内容、来源、频道聚类（yippy 具有自动建立新频道功能）；图片搜索则可以按文件大小、名称类型及网址聚类等。另外 yippy 还支持用户在聚类类别中进行查询。

第六节 Google 地球

一、简介

Google 地球（Google Earth）是一款 Google 公司开发的虚拟地球仪软件，它把卫星照片、航空照相和 GIS 布置在一个地球的三维模型上。Google Earth 于 2005 年向全球推出，被“PC 世界杂志”评为 2005 年全球 100 种最佳新产品之一。用户们可以通过一个下载到自己电脑上的客户端软件，免费浏览全球各地的高清晰度卫星图片。Google Earth 使用了公共领域的图片、受许可的航空照相图片、KeyHole 间谍卫星的图片和很多其他卫星所拍摄的城镇照片。下载地址是：http：//earth. google. com。图 6-13 是 google earth 界面。

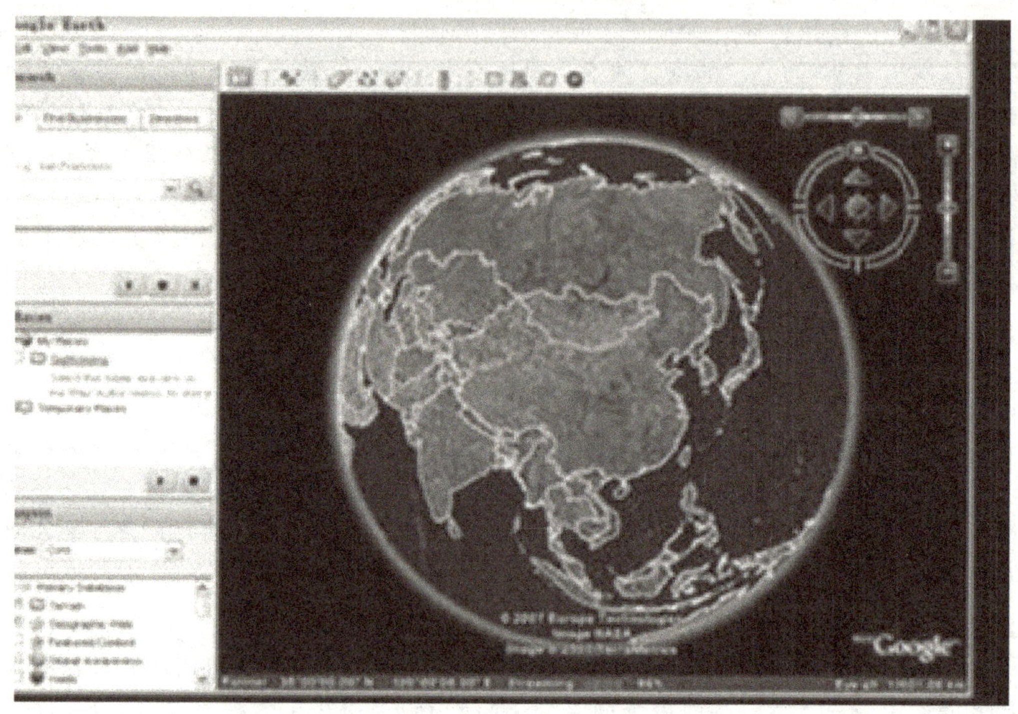

图 6-13　google earth 界面

（一）历史

Google Earth 来源于 Keyhole（钥匙孔）公司自家原有的旗舰软件。Keyhole 是一家卫星图像公司，从事数字地图测绘等业务，它提供的 Keyhole 软件允许网络用户浏览通过卫星及飞机拍摄的地理图像，这一技术依赖于数以 TB 计的海量卫星影像信息数据库——而这正是 Google Earth 的前身。Google Earth 的卫星影像，并非单一数据来源，而是卫星影像与航拍的数据整合。其中 SPOT5 可以提供解析度为 2.5 米的影像，IKONOS 可提供 1 米左右的影像，而捷鸟就能够提供最高为 0.61 米的高精度影像，是全球商用的最高水平。

（二）Google Earth 的主要业务内容

Google Earth 包括大气层效果、海床和简要的星象。这里的“清晰度”衡量的标准是观察到离地面最近且图像最清晰时所显示的“Eye alt”数值。大多数地区的图像清晰度都在 5 英里左右。几乎每个国家的首都和主要大城市都提供了较为清晰的图像，基本拥有 0.15 英里（241.4016 米）的清晰度。北美、欧洲和日本的高清晰图像比较多，其他地区则较少。

地形主要包括地表及海床两部分，①地表：在开启了“Terrain”效果的情况下可以观察到以 3D 方式显示的高原、山地等地形。②海床：不可用（海床已在地球球面“印”好）。提供了全球的地貌影像与 3D 数据——总计大于 1000GB 的针对城市的高精度卫星拍摄的影像。

其他附加功能还包括区域查找、KML书签分享及新增的Ocean（海洋）功能、历史图片查找等。区域查找能让您查询餐馆、旅馆和行车线路；还能将建筑物进行精确的模拟3D演示，并使用多图层功能灵活查询、保存搜索结果；能分别独显示各公园、学校、医院、机场和商场等的图层功能。KML书签分享——提供地点录功能，并且允许导入和导出，这使得Google Earth的使用交流会更加便利。新增加的Google Ocean（谷歌海洋）功能，其提供的数据对科学研究具有重要参考作用，通过Google Ocean功能，用户将可以查看海洋和部分海底的美景，包括巴哈马群岛、红海和大堡礁海域等潜水胜地，查看水下世界的三维图像，还可以浏览有关海洋科学的文章和视频，这一项目还提供了详尽的海洋环境数据，使公众进一步了解气候变化给海洋造成的负面影响。新的历史图片功能可以让用户观看地球表面某一点随时间变化而变化的存档卫星图片，Google Mars（谷歌火星）功能使用户能看到关于火星的高分辨率图片。如图6-14所示。

图6-14 google图片图册

二、在最新的版本中新增了三大功能

1. 全球各地的历史影像

如果您很好奇自己周围一直以来发生了哪些变化，那么Google地球现在就可以带您回到过去。只需点击一下，即可观察到城郊扩建、冰盖消融以及海岸侵蚀等变迁。

2. 海洋专家提供的海底和海平面数据

在新的海洋层，您可以一直沉入海底，查看来自BBC和“国家地理”等合作伙伴的独家内容，并可探究泰坦尼克号等3D沉船的残骸。

3. 具有音频和视频录制功能的简化游览功能

Google Earth采用的3D地图定位技术能够把Google Map上的最新卫星图片推向一个新水平。用户可以在3D地图上搜索特定区域，放大缩小虚拟图片，然后形成行车指南。此外，Google Earth 还精心制作了一个特别选项——鸟瞰旅途，让驾车人士的活力油然而生。Google Earth 主要通过访问 Keyhole 的航天和卫星图片扩展数据库来实现这些上述功能。该数据库定期更新，它含有美国宇航局提供的大量地形数据，未来还将覆盖更多的地形，涉及田园，荒地等。

在 Google Earth 启动成功后，使用视窗操作系统的用户，按下 Ctrl＋Alt＋A 会弹出 Google 模拟飞行器。而使用麦金塔电脑的用户，就要按 Command＋Option＋A。当成功启动模拟飞行器后，下一次启动 Google Earth，就可以直接选择 Tools→Enter Flight Simulator 启动模拟器。退出模拟器，就要按 Exit Flight Simulator，或者上面提及的快捷键。目前有两款飞机 F16 和 SR22 可供模拟。前者是战斗机，后者是螺旋桨飞机。飞行航线方面，可以从用家居住地开出，或者是软件提供的固定航线。

三、常用的技巧和应用

（一）根据经纬度定位地标的方法

在 Search 面板的 Fly To 输入框中，输入一个经纬度，按回车，就可以直接“飞”到那个位置。其间采用的那种动画效果，让我们产生一种遨游地球的奇妙感觉。

在需要引出的地标文件夹上，用鼠标右键点一下，在菜单中选择“Save As”然后输入引出文件名就行了，目前可以导出 KMZ 和 KML 两种地标文件格式。

（二）KML 和 KMZ 地标文件有什么不同

Google Earth 有两种类型的地标文件，一种是 KML 文件，一种是 KMZ 文件。

KML 是原先的 Keyhole 客户端进行读写的文件格式，是一种 XML 描述语言，并且是文本格式，这种格式的文件对于 Google Earth 程序设计来说有极大的好处，程序员可以通过简单的几行代码读取出地标文件的内部信息，并且还可以通过程序自动生成 KML 文件，因此，使用 KML 格式的地标文件非常利于 Google Earth 应用程序的开发。

KMZ 是 Google Earth 默认的输出文件格式，是一个经过 ZIP 格式压缩过的 KML 文件，当我们从网站上下载 KMZ 文件的时候，Windows 会把 KMZ 文件认成 ZIP 文件，所以另存的时候文件后缀会被改成 .ZIP，因此需要手动将文件后缀改成 .KMZ。

KMZ 文件用 ZIP 工具软件打开，然后解压缩即可得到原始 KML 文件。当然，KMZ 文件也有自己的好处，就是 KMZ 文件的自身可以包含图片，这样就可以不依赖引用网络上的图片。

一般情况下，双击 KMZ/KML 文件即可从 Google Earth 中打开地标文件，但是需要注意的是，KMZ/KML 地标文件名不能包含中文字符，文件存放的路径也不能有中文字符，否则将无法在 Google Earth 中打开。

第七节　其他搜索引擎

近年来，中国不断出来新的搜索引擎网站，搜索引擎网站的增加意味着企业可选择的机会也越来越多了，对企业推广来说是一件好事，也有很多的搜索引擎只是做手机搜索，下面按照搜索引擎网站知名度对中国搜索引擎网站进行排名。

(1) 百度 www.baidu.com，百度一下，你就知道。

(2) 搜搜 www.soso.com，搜搜更懂你。

(3) 搜狗 www.sogou.com，上网从搜狗开始。

(4) 好搜 www.haosou.com，好搜，不干坏事。原 360 搜搜 www.so.com。

(5) 伍佰亿 www.wubaiyi.com，一个免费推广网站的搜索引擎。

(6) 有道搜索 www.youdao.com。

(7) 中国搜索 www.chinaso.com，国家权威搜索。原即刻搜索引擎。

(8) 中搜 www.zhongsou.com，中搜第三代搜索引擎开放平台。

而在全球范围内，我们根据各搜索引擎的知名度进行了综合的排名。

(1) Google 62%，http://www.google.com。

(2) 雅虎 12.8%，http://www.yahoo.com。

(3) 百度 5.2%，http://www.baidu.com。

(4) 微软 2.9%，http://www.bing.com。

(5) NHN 2.4%（韩国搜索引擎），http://www.naver.com。

(6) eBay 2.2%，http://www.ebay.com。

(7) 时代华纳 1.6%，http://www.timewarner.com。

(8) Ask.com 1.1%，http://www.ask.com。

(9) Yandex 0.9%（俄罗斯搜索引擎），http://www.yandex.com。

(10) 阿里巴巴 0.8%，http://www.alibaba.com。

以下为几个知名网站的具体相关介绍。

一、Yahoo（雅虎）

雅虎是美国著名的互联网门户网站，也是 20 世纪末互联网奇迹的创造者之一。总部设在美国加州圣克拉克市。其服务包括搜索引擎、电邮、新闻等，业务遍及 24 个国家和地区，为全球超过 5 亿的独立用户提供多元化的网络服务。同时也是一家全球性的互联网通讯、商贸及媒体公司。2003 年 3 月，雅虎完成对 Inktomi 的收购，成为 Google 的主要竞争对手之一。图 6-15 是雅虎图标。

雅虎是全球第一家提供互联网导航服务的网站，在欧洲、亚太区、拉丁美洲、加拿大及美国均设有办事处。

图 6-15 雅虎图标

雅虎是最老的“分类目录”搜索数据库，也是最重要的搜索服务网站之一，在全部互联网搜索应用中所占份额达 36%左右。所收录的网站全部被人工编辑按照类目分类。其数据库中的注册网站无论是在形式上还是内容上质量都非常高。

雅虎有英文、中文、日文、韩文、法文、德文、意文、西班牙文、丹麦文等 12 种语言版本，各版本的内容互不相同。提供目录、网站及全文检索功能。目录分类比较合理，层次

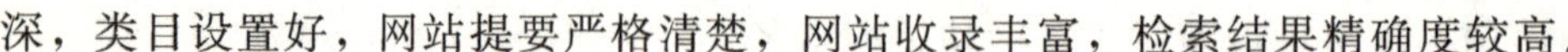

深，类目设置好，网站提要严格清楚，网站收录丰富，检索结果精确度较高。

二、微软 Bing（必应）

微软必应（英文名：Bing）是微软公司于 2009 年 5 月 28 日推出，用以取代 Live Search 的全新搜索引擎服务。为符合中国用户使用习惯，Bing 中文品牌名为“必应”。作为全球领先的搜索引擎之一，截至 2013 年 5 月，必应已成为北美地区第二大搜索引擎，如加上为雅虎提供的搜索技术支持，必应已占据 29.3%的市场份额。2013 年 10 月，微软在中国启用全新明黄色必应搜索标志并去除 Beta 标识，这使必应成为继 Windows、Office 和 Xbox 后的微软品牌第四个重要产品线，也标志着必应已不仅仅是一个搜索引擎，而是更深度融入微软几乎所有的服务与产品中。

（一）简介

必应（Bing）是微软公司于 2009 年 5 月 28 日推出的全新搜索引擎服务。必应集成了多个独特功能，包括每日首页美图，与 Windows 8.1 深度融合的超级搜索功能，以及崭新的搜索结果导航模式等。用户可登录微软必应首页，打开内置于 Windows 8 操作系统的必应应用，或直接按下 Windows Phone 手机搜索按钮，均可直达必应的网页、图片、视频、词典、翻译、资讯、地图等全球信息搜索服务。作为最贴近中国用户的全球搜索引擎，微软必应一直致力于为中国用户提供美观、高质量、国际化的中英文搜索服务。

（二）相关产品

1. 必应词典

必应词典是由微软亚洲研究院研发的新一代在线词典，不仅可提供中英文单词和短语查询，还拥有词条对比等众多特色功能，能够为英文写作提供帮助。必应词典不仅拥有翻译功能，还有学习功能，支持划词搜索、模糊查询、单词对比、曲线记忆等众多实用功能，还有英语口模一起朗读英语。图 6-16 是必应词典界面。

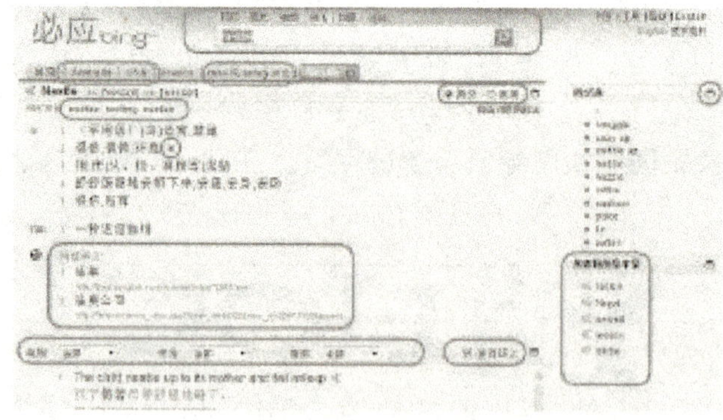

图 6-16　必应词典

2. 必应缤纷桌面

必应缤纷桌面应用程序是微软中国团队与美国团队共同开发完成，支持 Windows XP、Vista、Win7、Win8、Windows Server 2008、Windows Server 2012、Windows Server 2013，语言版本包括英语、法语、德语、汉语、日语。必应缤纷桌面让用户从桌面上进行便捷地搜索，每天帮用户更换桌面壁纸，将必应搜索引擎的特色之一首页背景图片带到Window桌面上，用户还能通过必应缤纷桌面查看热门资讯。

三、SOSO（搜搜）

（一）简介

SOSO是腾讯旗下的搜索网站，是腾讯主要的业务单元之一。网站于2006年3月正式发布并开始运营。主要为网民提供实用便捷的搜索服务，同时承担腾讯全部搜索业务，是腾讯整体在线生活战略中重要的组成部分之一。SOSO目前主要包括网页搜索、综合搜索、图片搜索、音乐搜索、论坛搜索、搜吧等16项产品，通过互联网信息的及时获取和主动呈现，为广大用户提供实用和便利的搜索服务。用户既可以使用网页、音乐、图片等搜索功能寻找海量的内容信息，也可以通过搜吧、论坛等产品表达和交流思想。2013年9月16日，腾讯宣布以4.48亿美元战略入股搜狗，并将旗下的搜索和QQ输入法并入搜狗现有的业务中，腾讯将持有新搜狗36.5%的股份。

（二）主要产品

网页搜索，网址为http：//www. soso. com、搜吧http：//post. soso. com、新闻搜索http：//news. soso. com、音乐搜索 http：//music. soso. com、问问 http：//wenwen. soso. com/或www. wenwen. com、QQ空间搜索http：//qzone. soso. com、图片搜索http：//image. soso. com。

四、Sogou（搜狗）

（一）简介

搜狗百科是搜狐公司子公司搜狗的一个百科网站，为继搜狗知立方后知识搜索产品线的重要延伸，于2013年7月12日正式上线。搜狗百科秉承搜狗“智慧搜索”理念、基于海量互联网数据和深厚技术积累、融合搜狗知立方结构化知识库和“语义理解”技术，为用户提供更直观、更全面的百科知识查询服务，是新一代互联网百科大全。作为新一代百科，搜狗百科较之传统百科，在技术架构、数据结构化、结果呈现等方面均进行了全面优化，信息量也更为丰富。2013年9月16日，腾讯搜搜并入搜狗，搜狗百科包含原有腾讯搜搜百科的内容；2014年3月底，搜狗百科更换首页，并且由之前的SOSO域名正式切换到SOGOU。2016年1月15日，搜狗百科爱心公益基金入选北京互联网公益影响力2015年度十大项目。图6-17为搜狗搜索界面。

（二）产品服务

1. 词条内容

搜狗百科内容涵盖了人物、影视、旅游、科技等知识领域；搜狗百科的词条内容以搜狗知立方相关实体的结构化数据为蓝本，以描述性文本为填充，构成一个基本词条；百科词条由词条名、名片、正文内容等组成。

2. 产品界面

搜狗百科较之传统百科，其在技术架构、数据结构化、结果呈现等方面均进行了全面优

图 6-17 搜狗搜索界面

化和超越，信息量也更为丰富。如果搜索热门电视剧，除了呈现基础信息，在页面右边栏还提供了电视剧分集播放入口，用户无需切换即可直接点击观看。如搜索热门小说，在搜狗百科搜索结果中，除了该小说的基本介绍内容以外，作者介绍部分则以知立方展现方式呈现出该作者所有作品，并在右边栏显示了精选的书评、相关词条和同类小说排行榜等内容。搜狗百科查询结果在人物介绍的主体部分，通过对数据结构化处理，该人物的作品信息以搜狗知立方特有的知识图谱展现形式得以呈现。在页面右边栏，该演员的个人微博、相关新闻报道、热门作品（比如歌曲），以及人物关系（比如搭档、好友等）等全方位信息都能呈现，用户通过单次搜索即可获得更为全面的知识和关系图谱信息。搜狗百科词条推荐如图 6-18 所示。

图 6-18 搜狗百科词条推荐

3. 用户系统

搜狗百科上线后，用户使用搜狐通行证即可登录搜狗百科对词条进行修改；输入自己需要编辑的词条名称后点击“编辑词条”，进入编辑词条页面。

五、搜狐

（一）简介

搜狐是中国领先的新媒体、网络游戏、搜索及无线互联网服务公司，拥有搜狐公司

（NASDAQ：SOHU）和畅游公司（NASDAQ：CYOU）两家美国纳斯达克上市公司，是中文世界最强劲的互联网品牌。搜狐是一个具有影响力与公信力的新闻中心、联动娱乐市场，跨界经营的娱乐中心、深受体育迷欢迎的体育中心、引领潮流的时尚文化中心。图6-19为搜狐网页面，图 6-20 为搜狐图标，一条美丽的狐尾巴。

图 6-19 搜狐网页面

搜狐公司成立于 1996 年 8 月，是由公司创办人张朝阳博士在美国依托 MIT 媒体实验室主任尼葛洛庞帝先生和美国风险投资专家爱德华·罗伯特先生的风险投资支持创办的。

图 6-20 搜狐图标

搜狐提供大量的信息、内容和服务，主要的目标客户是企业和广告客户。搜狐以其品牌形象为基础，为广大广告客户发布广告，为企业作市场推广，同时实现了自己广告模式的电子商务，成为了著名的网络广告网站。为争取目标客户，搜狐的广告产品和提供的信息、内容、服务等，都努力适合消费者的特点和要求，使其广告产品的影响范围不断扩大。

（二）产品与服务

1. 媒体

（1）搜狐网　是中国最大的互联网媒体平台，也是中国网民获取资讯的首选网络平台。

（2）搜狐新闻客户端　是搜狐出品的一款为智能手机用户量身打造的“订阅平台＋实时新闻”阅读应用，是全国首个提出个性化阅读服务的新闻客户端。

（3）手机搜狐　是国内最大的移动门户之一，利用搜狐门户矩阵资源，内容覆盖新闻、财经、娱乐、体育、军事、历史、女人、I T、汽车、星座、笑话、社会、图库、视频等领域，为亿万手机用户打造掌上资讯生活。

（4）搜狐微门户　包含新闻、娱乐、图片、视频、体育、财经、汽车、房产、博客、游戏、购物、生活等十余个分类资讯，全方位覆盖了各行业有价值的内容信息。

2. 视频

（1）搜狐视频　是国内最大的视频资源储备库，覆盖数十万部集电视剧、电影、纪录片、动漫作品及国内外数百档综艺节目。

（2）搜狐视频客户端　是搜狐视频专为手机、PAD 等移动终端用户量身打造的在线免费视频客户端产品。

3. 搜索

（1）搜狗搜索。

（2）搜狗输入法　中国最受欢迎、永久免费的输入法软件。

（3）搜狗高速浏览器　国内第一家基于 WebKit 和 IE 双内核的浏览器。

（4）搜狗地图　第一家推出面向公众服务的地图网站，第一家推出地图服务系统应用程序接口（API）。

第七章

网络信息检索增值服务

第一节　网络信息咨询

计算机网络是计算机与通信相结合的产物。自 1969 年美国国防部高级研究计划局组建 ARPAN ET，到今天的 INTERNET，计算机网络已广布天下，网罗全球。

网络信息咨询是现代图书馆的标志，富有强大的生命力，具有广阔的发展前景，引起了全世界图书馆界的高度重视。图书馆信息咨询的产生可追溯自 1876 年美国 S. S 格林在其《图书馆员与读者的个人关系》一文提出的“为读者利用图书馆提供帮助”的倡议，经过一百多年的发展，图书馆信息咨询已日趋完善，然而，图书馆信息咨询是一个发展中的概念，随着图书馆的发展而不断变化，随着信息技术的发展而日益更新。网络环境的形成使图书馆的信息咨询又有了更丰富的意义。

为了界定图书馆网络信息咨询，现从以下几个相关概念的分析入手来明确图书馆网络信息咨询的概念。

1. 网络信息咨询

关于图书馆网络信息咨询的概念甚多，提法也多种多样，仁者见仁，智者见智。一般来说定义如下：网络信息咨询是指信息咨询顾问和用户之间借助于各类网络进行信息传递和交流、网络咨询服务、现代技术条件下的图书馆咨询、网络环境下的参考咨询服务、图书馆网上参考咨询服务、信息咨询网络化、参考咨询工作现代化等形式的基于网络传递的信息咨询服务。

2. 电子信息咨询

电子信息咨询是以电子信息资源为依托的信息咨询服务。国外称为“Electronic information Reference Services”。电子信息咨询服务在国外产生较早，从电子计算机在信息咨询服务中的应用开始，至今已形成一定规模。

电子信息咨询的概念比较宽泛，它包括单机信息咨询服务（以单机数据库和光盘检索为基础）、联机信息咨询服务（以联机数据库检索为标志）和网络信息咨询服务（以网络信息检索为核心，也包含手工、单机和联机检索，网络提供）等各种形式。在国外的有关研究中相关的概念还有“电子参考（ E-Reference/Electronic Reference Services）”、“电子参考咨询台”等。由此可见“电子信息咨询”与“网络信息咨询”存在着概念的交叉，“电子信息

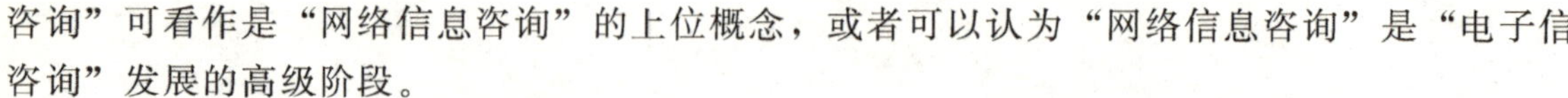

咨询”可看作是“网络信息咨询”的上位概念，或者可以认为“网络信息咨询”是“电子信咨询”发展的高级阶段。

3. 远程咨询

远程咨询常常被当作网络信息咨询的代名，国外也有“Remote Reference Services”之名。事实上，网络信息咨询只是远程咨询的一个组成部分。远程咨询由来已久，最初以信函、电话、传真等形式出现。在以 Internet 为核心的网络环境下，远程咨询的形式更加丰富多彩，主要有电子邮件、Web 主页、联机实时帮助和计算机专家咨询系统等形式。

随着“信息高速公路”和视频会议技术的发展及其在图书馆信息咨询中的应用，远程咨询将会以视频会议的形式出现。

4. 虚拟咨询

虚拟咨询是与实时咨询（用户到馆咨询）相对应的一个概念，多被认为是远程咨询的不同说法（人们习惯于把远程和虚拟联系在一起讨论，但两者还是有些不同）。国外称为“Virtual Reference Sevices”，美国苏查 M. 格锐（Suzanne M. Gray）在《虚拟参考服务（Virtual Reference Services）》一文中指出：虚拟咨询最初通过电话方式进行，现在主要通过互联网，多以电子邮件方式进行。

与之相关的还有“虚拟咨询台（Virtual Reference desk）”、“美国普渡大学图书馆虚拟参考咨询台”。从提到的虚拟咨询概念中，我们可以看出，它与远程咨询确实难以区别，但仔细分析我们会发现，远程咨询是指图书馆员和用户不见面的咨询服务，而虚拟咨询则给参与咨询的人这样一种感觉，似乎存在一个想象中的图书馆和参考馆员在提供咨询服务。

5. 计算机信息咨询

计算机信息咨询也称数据库信息咨询，即以数字化的信息资源为基础，以计算机检索为手段，根据用户的要求快捷地提供所需信息资源的一种咨询类型。

计算机信息咨询有两种主要方式：一是通过馆藏印刷文本的数字化自建数据库，或通过购买光盘数据库，向用户提供信息咨询服务；二是通过联网的形式，利用网络信息资源开展信息咨询服务。如图 7-1 所示。

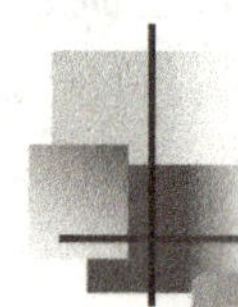

图 7-1 计算机信息咨询有两种主要方式

简单地说，就是单机信息咨询服务和网络信息咨询服务。很明显，前一种是计算机信息咨询的初级阶段，后一种是计算机信息咨询的高级阶段。相关概念还有“电脑辅助参考服务”、“自动化参考服务”和“计算机辅助参考服务”。通常人们提到计算机信息咨询多表示前一种方式，不包括网络信息咨询这一部分。

6. 联机（在线）咨询

联机（在线）咨询和远程咨询、虚拟咨询不同，如果说后者是指异时异地的信息咨询服务，那么前者是异地同时的信息咨询服务。

联机（在线）咨询是一种远程实时咨询，如电话咨询和联机数据库咨询就是典型的在线咨询方式，电子邮件则可在线（联机）咨询，也可脱机（离线）咨询。韩丽风在其《网络环境下图书馆的参考咨询服务》一文中引用了美国麻省理工学院图书馆的“联机参考系统（Online Reference System/Online With Libraries，简称 OWL）”、哈佛大学图书馆各分馆的“联机参考问题申请表（Online Reference quest）”和参考馆员提供在线（联机）咨询服务（Online Support）。相关概念还有“线上检索系统（ORS）”。

联机（在线）咨询包含于远程咨询和虚拟咨询，也是网络信息咨询的重要形式之一。网络信息咨询包括联机咨询和非联机（脱机）咨询方式。

7. 计算机专家咨询系统

计算机专家咨询系统或专家咨询系统，是一种基于人类的书本知识和经验，求解复杂问题的特定的计算机程序。可以说计算机专家咨询系统是以咨询档案数据库为基础的复杂的信息检索系统，是一个庞大的、具有推理判断机能的、不断增长的咨询档案数据系统。如 Windows 98 联机帮助系统、图书馆的网上咨询档案数据库和联机参考数据库系统等就是类似计算机专家咨询系统的计算机程序。在网络环境下，大多数网络信息咨询服务，特别是简单的咨询问题，都是通过计算机专家咨询系统这一形式来完成的，计算机专家咨询系统是实现网络信息咨询的重要形式和内容。

8. 数字化咨询

数字化咨询是一个更为宽泛的概念，它几乎涵盖了以上的所有概念的内涵。不过它更为接近网络咨询，因为它是图书馆数字化、网络化发展过程中的又一枝奇葩，代表着图书馆信息咨询的发展方向。这是一种以数字信息资源为基础而开展的信息咨询服务，网络信息咨询是数字化咨询的主要形式。我们所提到的基于互联网的信息咨询服务无疑是数字化咨询的重要内容。

从图书馆网络信息咨询及其相关的概念的分析可以看：图书馆网络信息咨询是指图书馆信息咨询人员根据用户的信息需要，利用传统文献信息资源、数字化信息资源、电子信息资源或网络信息资源通过计算机网络为用户提供咨询解答的过程。从这一概念我们可以看出：完整的图书馆网络信息咨询定义应具有四个要素，即网络信息咨询人员，用户信息需求，网络信息资源和技术手段（网络信息设备：包括计算机和通信设备等）。

第二节　文献传递服务

文献传递最初起源于馆际互借。随着文献资源向数字化的转变，服务环境向网络化的转变，文献传递转为以传送文献的电子文档为主，故现在通称为原文传递服务。

一、文献传递

（一）文献传递服务概念

文献传递简单地说就是将文献全文传递给索要文献的人。即文献传递是申请者对特定已确知的出版或未出版文献原文的需求，由图书馆或商业服务单位等资料供应者将需要的文献原文或其代用品在适当的时间内，以有效的方式与合理的费用，直接或间接传递给申请者的一种服务。一般分为：馆际互借，文献提供、原文提供、原文传递四个方面。

（二）文献传递能为读者提供的帮助

文献传递能为读者提供的帮助有以下几个方面。

（1）文献传递是免费或低价的。

（2）文献传递能帮助读者获取在本地无法获取的原文文献。

（本地指：用户所在高校图书馆。无法获取的原文文献：馆藏印刷型文献、电子数据库资源中没有全文）。

（3）文献传递扩大了读者获取文献信息资源的范围，解决了利用非本馆文献资源的问题，提高了文献保障能力。

（4）文献传递利于优化馆藏文献资源配置；节约购书经费，有利于合理使用文献经费；弥补馆藏资源的不足，最大限度地满足读者的文献需求。

（5）文献传递提高馆藏资源的利用率。读者可以根据自己的文献需求，通过网络检索到图书馆提供的馆藏书目信息和链接的各种数据库。

（三）全文获取的主要途径

（1）本馆传统资源　印刷型文献；本馆虚拟馆藏：电子期刊、全文数据库、电子图书等文献。

（2）若通过网络上搜索免费电子全文、同学朋友间接获取文献资料途径都没办法获得您急需的文献全文，可通过文献传递服务获取全文文献。

（3）文献传递的内容（含国内外）　包括：图书、期刊论文、会议论文、学位论文、专利、标准、科技报告。

（4）文献获取方式有　E-mail、Ariel、普通邮件、挂号、传真、特快专递等。

二、国内外文献传递服务的开展

（一）国外文献传递服务

大英文献提供中心（BLIRARY)、美国 OCLC 等。

（二）国内文献传递服务

目前我国的文献传递服务正在快速发展，文献申请量逐年增长。

1998 年成立 CALIS 组织，率先实现了网络环境下高校图书馆的公共检索、协调采购、联机合作编目，并建立文献传递服务系统平台，使我国高校图书馆的馆际互借与文献传递服务得以迅速开展。

1998 年国家图书馆与北京大学、清华大学图书馆签订了包括馆际互借和文献传递在内的资源共享合作协议。

2000 年国家科技图书文献中心成立，设立公益性文献传递机构，是目前我国最大的科技文献资源共享体系。面向全国提供免费检索服务，发展目标是建成为国内权威的科学技术文献资源收藏和服务中心。

2004 年中国高校人文社会科学文献中心启动，它是由若干所具有学科优势、文献资源优势和服务优势的高校图书馆组成的虚拟信息服务机构，通过有计划、系统地引进国外社会科学期刊并利用网络提供文献传递服务，为全国高校乃至其他科研单位提供高水平的文献保障，是全国性的唯一的人文社会科学外文期刊保障体系。

2004 年上海市东北片地区的十几所高校联合起来，建立了文献传递网络，实现资源共享。成立了国家图书馆文献提供中心和中国科学院文献情报中心等机构。

目前，全国图书馆之间的资源共建共享已走向多层面的务实与合作。

三、文献传递服务的运作模式

文献传递在不同的国家和地区有不同的模式。模式的形成受到各方面因素的制约，在一个地区或国家并没有绝对的一种模式单独存在，通常是多种模式并存并用。

（一）集中型的模式传递

在某些西方发达国家，往往偏重于采取一种集中型的传递模式，即一个国家级的图书馆或文献中心集中提供这个国家文献的基本保障。这种模式在传统文献时代就已经形成规范的运作，英国图书馆文献供应中心就是这种集中文献传递的典范。BLDSC 早期以印本文献原件或复印件传递为主，年受理申请超过 380 万件（其中有 100 多万件是来自国外）。现在开始与出版商和信息服务商合作，进行网上电子信息传递服务。在它所提供的文献中，89%都是凭借中心自身的海量馆藏来满足用户需求的。

（二）集中与分散相结合的传递模式

这种模式是由许多图书馆共同组成并支撑的一个超大型的馆际联合机构来共同完成文献传递服务。这个馆际联合机构可能是国家型的，也可能是区域型的。美国最早开创这一模式，其成功范例要数 OCLC（Online Computer Library Center）。

OCLC 在 1993 年推出它的网上文献传递服务。在它的书目和文献数据库里，所有的记录都提供了收藏馆的信息，以方便用户通过 OCLC PRISM 进行馆际互借。依托技术发展与进步，OCLC 已经完成了传统文献传递服务向 Internet 网络化服务的过渡，其会员范围已拓展到很多国家和地区的多家图书馆，成为一个具有全球意义的图书馆联合体。

（三）分散代理模式

这种模式是由分散在各地的图书馆和其他信息服务机构代替客户完成信息请求和信息获取的服务方式，用户向所在区域的图书馆（信息咨询、信息服务部门）提出信息需求清单，可以是实名文献，也可以是某一科学或研究课题所需的参考资料，由本地信息服务人员代查相关信息源，获取原文后再传递给用户。

目前，各高校图书馆（如 CALIS 农学中心的成员馆）一般都提供这种服务。代理模式的支撑信息资源除本馆馆藏外，主要依托 NSTL、CALIS、中国国家科学数字图书馆、中国科学院文献情报中心等丰富的信息资源以及专业图书馆、高校图书馆的特色资源。

四、文献传递服务的工作流程及使用方法

以河北北方学院图书馆为例，文献传递服务的工作流程及使用方法如下。

1. 文献传递服务对象

文献传递服务对象包括持有本馆有效证件（借书证）的校内教职员工及在校学生；与我馆签订了文献传递协议的图书馆读者；以个人身份通过E-mail请求文献传递服务的校外读者。

2. 开展文献传递服务的情况

中国高等教育文献保障体系（CALIS）中心成员馆之一：华中地区中心。

中国人文社会科学文献中心（CASHL）成员馆之一：华中区域中心。

3. 文献传递服务内容

CALIS：传递本馆无馆藏（纸本、电子）的国内外其他文献收藏机构的馆藏文献。文献类型包括：中外文图书、期刊论文、学位论文、会议论文、专利、标准及科技报告等。

CASHL：国内七所高校图书馆的人文社会科学类外文期刊论文。

4. 文献来源

CALIS、CASHL两个文献传递服务网内成员馆馆藏。

五、文献传递服务的利用

河北北方学院图书馆文献传递服务现状：已经同国家图书馆、国家科技图书文献中心、北京大学图书馆、武汉大学图书馆等多家文献提供机构建立了稳定的业务联系。

文献传递服务系统有万方外文传递系统、秀读、百链、CASHL、CALIS、NSTL等。如图7-2为百链搜索界面。

图7-2 百链搜索界面

（一）CASHL

中国高校人文社会科学文献中心（CASHL：China Academic Social Sciences and Humanities Library)，网址为 http：//www. cashl. edu. cn/portal/index. jsp。

CASHL 于 2004 年 3 月正式启动，它是由若干所具有学科优势、文献资源优势和服务条件优势的高校图书馆组成的虚拟信息服务机构，通过有计划地、系统地引进国外人文社会科学期刊，并利用网络提供文献传递服务，从而为全国高校乃至其他科研单位提供高水平的文献保障，是全国性的唯一的人文社会科学外文期刊保障体系，其最终目标是成为“国家级哲学社会科学资源平台”，是教育部“哲学社会科学繁荣计划”的重要组成部分。

1. CASHL 建设背景

教育部根据高校人文社会科学的发展和文献资源建设的需要，设立专项资金建设，重点资助外文社科期刊资源的收集。

自 2007 年，文科专款项目纳入了 CASHL 的管理框架和服务平台，成为全国唯一的人文社会科学外文文献资源保障体系。

CASHL 与国家科技图书文献中心（NSTL）共同形成完整的外文文献配套服务。

对于经费有限而又有外文文献需求的高校来说，完全可以将 CASHL 作为本校有效的资源保障体系和服务支撑。

该项目对于我校人文社科类文献资源起到了极大的补充作用。

2. CASHL 的宗旨

组织若十所具有学科优势、文献资源优势和服务条件优势的高等学校图书馆，有计划、有系统的引进国外文人文社会科学文献（期刊、图书、电子资源）。

借助现代化的服务手段，为全国高校的人文社会科学教学和科研提供高水平的文献保障。

不仅为高校教学科研服务，也为全国其他科研单位提供服务。

3. CASHL 的服务体系

两个全国中心：北京大学图书馆、复旦大学图书馆。

五个区域中心：华中区域——武汉大学图书馆、华东区域——南京大学图书馆、东北区域——吉林大学图书馆、西南区域——四川大学图书馆、华南区域——中山大学图书馆。

学科中心包括北京师范大学图书馆、东北师范大学图书馆等。

（1）使用 CASHL 文献传递服务前请务必先查询北方学院图书馆馆藏资源（包括纸本和电子全文）。没有收藏，才可在 CASHL 系统中提交，以避免不必要的浪费。

（2）为了节约费用，请用户优先选择通过 E-mail 传递原文。

（3）如果不想成为注册用户，可委托图书馆互借管理员从 CASHL 获取全文。

（4）CASHL 文献传递用户注册

▶登录 CASHL 馆际互借系统，登录（http：//ill. cashl. edu. cn/gateway/）

▶点击

▶注册新用户

▶注册正式用户

▶填写用户详细信息

▶点击“提交”

▶注册成功

▶持本人借书证到图书馆北楼特藏厅（404）进行用户确认

地址必须有效，证件号码务必填写借书证的条码号，以便通过身份认证。

账户信息填写要完整，因为将来订购文献全文时，系统将按照这个姓名和地址邮寄、传真或发电子邮件。

(5) 提交申请流程

▶点击 CASHL 主页

▶输入登录名和密码后，点击登录

▶点击“申请管理”下的“提交申请”

▶填写所需文献信息

▶点击“提交”

▶显示提交成功

CASHL 检索时的注意事项：①CASHL 没有收录中文文献；②篇名检索中不能识别“:,; — !”等符号；③检索完整篇名时，如没有结果，可选取其中一段或几个关键词进行检索。

(二) CALIS

CALIS 的宗旨是利用先进的技术手段将高校丰富的文献资源和人力资源整合起来，建设以中国高等教育数字图书馆为核心的教育文献联合保障体系，实现信息资源共建、共知、共享，以发挥最大的社会效益和经济效益，为中国的高等教育服务。

CALIS 管理中心设在北京大学。CALIS 与 CASHL 既是独立的，又是相互配合与互补的。

(1) 组织体系与运行　CASHL 为教育部社科司直接领导下的文献共享体系；CALIS 是经国务院批准的我国高等教育“211”工程“九五”、“十五”总体规划中三个公共服务体系建设项目之一，是教育部高教司领导下，建设以中国高等教育数字图书馆为核心的教育文献联合保障体系。

(2) 资源方面　完整收藏国外人文社科期刊及其他类型文献，以形成国家级的大型人文社科文献收藏中心。

(3) 服务方面　与国家科技图书文献中心（NSTL）、CALIS 分布式文献传递服务互为优势、互为补充，共同为科研工作者提供服务，形成国家级的大型人文社科文献服务中心。

(4) 技术平台　由 CALIS 管理中心提供技术支持，包括 CASHL 主页建设与维护；外文期刊目次、外文图书书目数据加工；馆际互借与文献传递系统升级与维护；数据库检索系统软硬件建设维护等。

(三) NSTL

NSTL 的全称为 National Science and Technology Library，网址为：http://www.nstl.gov.cn/NSTL/

NSTL 作为国家科技基础条件共享平台工作的重要组成部分，组建于 2000 年 6 月 12 日，是一个虚拟式的科技信息资源机构及科技文献信息集成服务系统。

1. NSTL 总体任务

较完整地收藏国内外科技文献信息资源。

研究制定科技文献信息采集、整理、收藏、检索、传递等各个环节的标准、规范，推进科技文献资源共建共享。

面向全社会开展多形式、多层次的服务，特别要充分利用现代网络技术，加速科技文献信息资源的数字化，扩大网络信息资源容量，提高网络化服务水平。

各信息机构文献传递服务的工作流程不尽相同，代理模式的文献传递服务亦有其各自的服务环节。

文献传递多为有偿服务，要求用户先注册或到服务机构登记，建立付费账号并约定获取文献的方式，然后实施文献传递服务。其基本流程是：用户注册—用户发出文献需求请求—信息机构处理用户请求（代查或拷贝）—用户付费—文献传递给用户。

2. NSTL 全文提供服务流程及使用方法

NSTL 是提供原文传递服务的主要信息机构，其他机构（包括代理模式）的原文传递服务大多是基于 NSTL 全文提供服务实现的。NSTL 全文传递服务直接面向注册用户，在检索的基础上，用户可以通过原文请求的方式获得所需要的文献全部复印件。获取方式包括电子邮件、普通信函、平信挂号、传真或特快专递等。文献检索无需注册也无需付费，全文提供则需要注册并需支付每页的文献复制费及相应的邮费。

(1) 用户注册　用户注册时首先要阅读 NSTL“服务公约”，服务公约对注册用户的约定之一是：NSTL 提供网络版期刊的使用范围仅限于浏览和用于个人学习、研究目的，不得超出“合理使用”的范畴。“普通用户注册”系统要求提供用户名、密码、真实姓名、出生日期、教育程度、职业、省市、详细通信地址、邮政编码、E-mail、确认投递方式等必备信息和联系方式等辅助信息。以上信息按规定格式填写，点击确定即完成注册，成为 NSTL 普通注册用户。

(2) 全文提供服务步骤　全文提供服务的基本步骤依次为：选择所需文件—选择订购方式—提供用户信息—选择付款方式。

选择所需文献有两种方式，一是通过文献检索途径，在检索结果页面进行选择；二是通过目次浏览途径，手工填写原文请求单。全文请求具体步骤如下。

第一步：文献检索后，在检索结果页面选择文献进行订购，能够订购的文献在文献信息左面有图标提示。点击想要订购文献左面的复选框，单选或多选以及翻页选择均可。

第二步：点击“加入购物车”按钮，将选中的文献放入购物车待购。此时可以点击“继续浏览订购”返回检索结果页面继续找文献。

第三步：在检索结果页的上端有购物车图形并标出已经放在购物车中待购文献的篇数。点击此购物车可查看购物车中的内容。若不想订购此篇，可以删除。

第四步：再查看购物车页面，点击“订购全文”按钮，发送全文订购申请。

第五步：系统接收到全文订购请求后，返回所需订购全文的标题、馆藏单位和投递信息，用户可以修改投递方式。如果使用非 E-mail 方式，则要求填写邮寄地址，按“下一步”。

第六步：系统返回订单信息并计算出本次订购的估算费用，同时显示“本次投递信息”，这是用户获得全文的保证。默认值是用户的注册信息，用户可以根据具体情况进行修改，并允许将修改后的信息更新到注册信息中。最后，需要选择付款方式。如果选择“预付款支付”，账户中应有足够的预付款；如果选择“网上支付”，应开通网上银行服务，点击“提交”按钮。

如果成功，系统将返回订单详细信息，其中订单号和文献号供查询之用。订单正确提交之后，系统将在 48 小时（电子邮件 24 小时）之内，根据选择的投递方式发送用户所订购的全文。用户可以在“自助中心”查询订单的处理状态。

（3）文献格式说明　NSTL 提供的文献有三种文件格式，分别为 TIF、TXT、GDI。其中，TIF 文件为原文的图像扫描版（平均每页占 100K 字节），不可直接编辑文字。TIF 类型文件可以用图像查看程序打开，在 Windows 98，Windows2000 和 WindowsXP 操作系统中，分别选用“映像”、“图像处理”或“Windows 图片和传真查看器”来打开 *.TIF 文件。

（4）网上支付功能　系统支持网上支付功能，支付方式有以下两种。

① 网上支付预付款。点击“我的 NSTL”，在“自助中心”中选“网上预付款”，进入网上支付流程。网上支付将通过首信易支付平台进行，要求用户必须首先开通网上银行业务，具体操作方法参见首信易支付平台提供的相关银行的规定。

② 网上即时支付。在订购全文过程中选择支付方式为“网上支付”时，方法基本同网上支付预付款。本次支付金额与预付款账户余额之和不足以支付本次订购所需金额时，会影响正常收到所订购的全文。所填写的本次支付金额大于本次订购所需费用时，余额将保留在用户的 NSTL 预付款账户中。

（四）文献传递服务收费标准

首先登录图书馆主页——文献传递服务专栏，然后下载文献传递申请单，再准确填写所需文献的有关信息以及您的联系方式，并发送到指定邮箱（zikewx@xtu.edu.cn）。最后从 CALIS、CASHL、NSTL 系统内获取文献，执行他们的收费标准（文献传递费用＝查询费＋复制费＋传递费＋加急费）。

从 CALIS、CACHL、NSTL 之外获取文献，执行提供馆的收费标准。文献的提供馆不一样，收取的费用是不同的。提供馆费用包括查询费（2～5 元之间）、传递费（扫描或邮费），有些机构还收取一定的资料费，所以文献在不同的机构查找费用会出现较大的变化。

从国外图书馆复印：一般在 120～150 元人民币之间，文献的提供馆不一样，收取的费用是不同的。但是不管从哪里复印，文献传递处会首先选择费用实惠、服务快捷的图书馆传递文献。

（五）文献获取周期

CALIS、CASHL、NSTL 内，普通文献传递请求在三个工作日内送出文献，遇节假日顺延。加急文献传递请求在一个工作日内送出文献，遇节假日顺延。

CALIS、CASHL、NSTL 外，与国内各文献机构的工作效率和传递方式有关。一般大机构一周左右可以完成。

向国外图书馆索取，根据传递方式和文献查找的难易程度的不同，差别较大，其范围为 2～20 天。对有特殊情况或信息较难确认、较难查找的文献，时间会更长一些。

（六）文献传递示例

我们以百链的文献传递服务为例：在百链搜索界面中输入要找的文章的关键词，比如

“RFID图书馆”，如图7-3所示，点击中文搜索找到要找的文章链接，如图7-4所示，然后点击文献传递方式，比如“邮箱接收全文”，弹出对话框如图7-5所示，提供你的邮箱，即可收到全文。

百链

全部 图书 期刊 报纸 学位论文 会议论文 专利 标准 视频 更多▼

RFID图书馆

高级搜索
使用帮助

全部字段 标题 作者 刊名 关键词 作者单位 ISSN

中文搜索 外文搜索

图7-3 输入关键词

全部 图书 期刊 报纸 学位论文 会议论文 专利 标准 视频 更多▼

RFID图书馆 中文搜索

搜索：全部字段 标题 作者 刊名 关键词 作者单位 ISSN

找到与（所有字段=RFID图书馆）相关的中文期刊 1720 篇，用时 0.004 秒 当前为第 1 页 共 115 页

类型
- 本馆电子(1244)

年代
- 2016 (176)
- 2015 (192)
- 2014 (252)
- 2013 (246)
- 2012 (230)
- 2011 (171)
- 2010 (126)
- 2009 (92)
- 2008 (89)
- 2007 (68)
- 更多

学科
- 文化、科学、教育、体育(1053)
- 工业技术(624)

基于RFID的图书馆书籍管理系统设计与实现
作者：程海鸣，黄玲，徐鹤，胡一凡 刊名：计算机技术与发展 ISSN：1005-3751 出版日期：2016 期号：第10期 页码：99-103 作者单位：南京邮电大学计算机学院；南京邮电大学物联网学院
获取途径： 电子全文 邮箱接收全文

RFID图书馆智能化管理系统的现状
作者：许芳 刊名：农业网络信息 ISSN：1672-6251 出版日期：2015 期号：第2期 页码：74-77 作者单位：滨州学院图书馆
获取途径： 电子全文 文章下载

基于RFID的图书馆智能管理系统的设计
作者：夏景明，徐高威，陈金辉，任飞翔，姜杰 刊名：信息技术 ISSN：1009-2552 出版日期：2015 期号：第5期 页码：8-11，15 作者单位：南京信息工程大学电子与信息工程学院；南京信息工程大学信息与控制学院
获取途径： 电子全文 邮箱接收全文

RFID图书馆与传统图书馆的对比分析

图7-4 搜到的文章链接

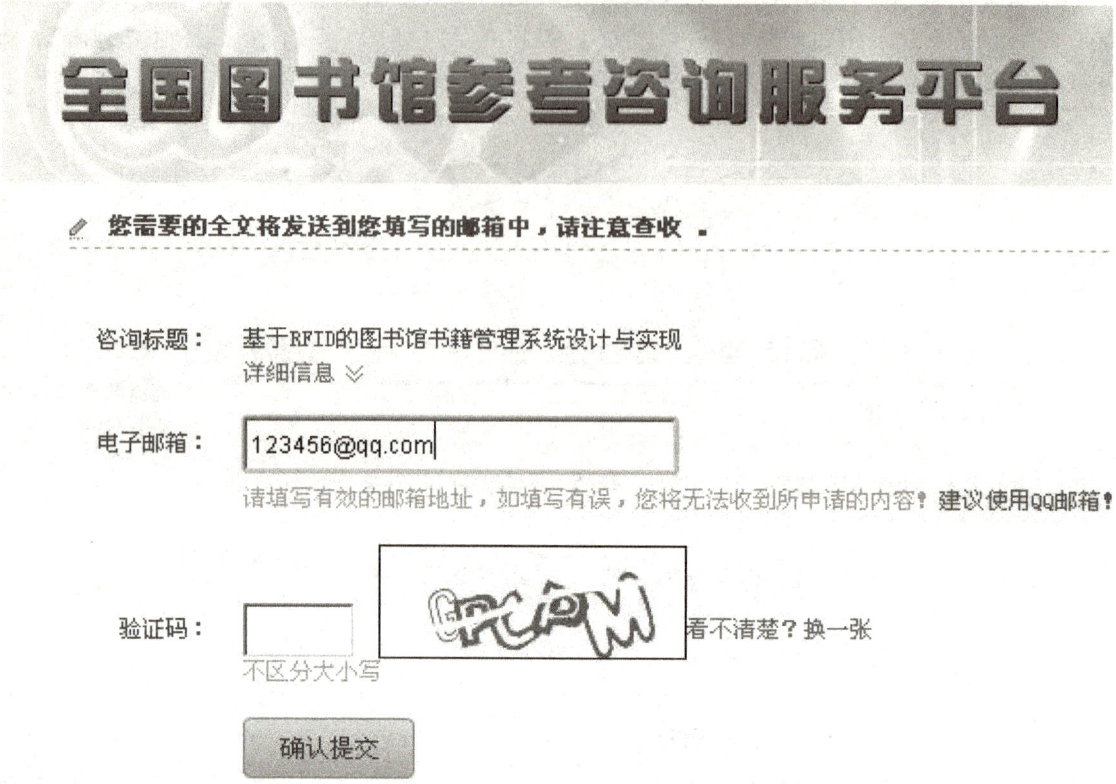

全国图书馆参考咨询服务平台

您需要的全文将发送到您填写的邮箱中，请注意查收。

咨询标题：基于RFID的图书馆书籍管理系统设计与实现
详细信息

电子邮箱：123456@qq.com
请填写有效的邮箱地址，如填写有误，您将无法收到所申请的内容！建议使用QQ邮箱！

验证码： 看不清楚？换一张
不区分大小写

确认提交

图 7-5 文献传递对话框

第三节 定题服务

一、定题服务概述

（一）定义

定题服务，又称 SDI 服务，即 Selective Dissemination of Information Service。它是一种根据读者需求，一次性或定期不断地将符合需求的最新信息传送给读者的服务模式。又指信息机构根据用户需求，通过对信息的收集、筛选、整理并定期或不定期地提供给用户，直至协助课题完成的一种连续性的服务。它是情报检索的引申，是一种特殊形式的检索服务。

定题服务是参考咨询服务的重要形式之一。所谓定题服务是针对研究人员某一特定的研究课题和科研生产的实际需要，由情报人员以文献跟踪服务的方式，持续地、系统地向科研人员提供所需要的情报资料的服务方式。

（二）产生背景

我国在 20 世纪 50 年代初就提出了这一概念，但真正有了较深入的研究则是在 20 世纪 80 年代以后。由于科学的进步与繁荣，科学研究对文献的依赖性日趋增强。然而，科学家依靠个人努力从文献中获取信息的条件是极为有限的，让研究者用大量时间去查阅文献也无疑是一种巨大的浪费。而信息部门掌握着资源，由信息部门组织人员开展定题服务，定期为研究人员提供所需要的文献，是研究人员获取所需文献最有效的途径。这样，定题服务以不同途径主动满足研究者对文献的需求，为科研人员提供信息保障，使科研人员把时间和精力主要投入创造性思维中，以加速科研进程，提高科研质量。

（三）服务对象

主要是教学科研人员。

（四）服务方式

一类是以各种文献为媒介的文献跟踪服务。一类是以文献跟踪服务与科学研究相结合的参与型服务。这是由情报人员直接参与到研究人员的科研活动中，由情报人员与研究人员共同合作开发利用情报源相互配合完成课题的服务。也就是说，这不仅提供文献还要参与到项目中与研究人员共同开发利用文献。这属于高层次的情报服务方式，一直深受科研人员的欢迎和重视，但对情报人员的要求也更高。

（五）特点

定题服务具有针对性、多样性、连续性、及时性和主动性的特点。

1. 针对性

定题服务是始终围绕着某一特定课题而进行的文献检索服务和专题情报研究，它必须围绕课题研究中急需解决的问题进行工作，因而显示出很强的针对性。

2. 多样性

（1）定题服务的服务方式灵活多样，既可以是文献跟踪检索服务，也可以是参与型的定题服务。

（2）服务对象的广泛性，即在定题条件下多向主动传递形成多层次的服务格局。

（3）定题服务所提供的文献类型广泛，包括一次文献、二次文献、三次文献、题录、索引、综述等，还提供译文、调研、动向研究与分析等。

3. 连续性

定题服务与专题文献检索不同的是定题服务不是一次或几次完成的，而是在一段时间内用跟踪科研全过程的方式不断进行的。因为科研活动是一个动态的过程，因此，必须不断地探索课题在各个研究阶段特定的情报要求，不断地补充与修正服务方案，促使整个服务过程形成一个系统的有机整体。

4. 及时性

在定题服务过程中情报人员应该与科研人员进行密切联系、紧密配合，针对用户随时提出的情报需求及时提供服务。

5. 主动性

情报人员在广泛搜集相关文献的过程中，应根据各阶段的情报需求主动送资料上门解决难题，促使科研工作早日完成。

二、开展定题服务的步骤

1. 选择课题

选择课题是定题服务的首要问题。并不是学院所有的课题都有必要提供定题服务，可以根据实际情况选择科研重点项目。

2. 了解课题深入课题

为确保定题服务的顺利进行，选题后信息人员必须做好两方面工作：一要全面掌握课题所涉及的学科基本知识，如果对学科知识和学科动态一无所知或知之不多，就难以取得理想的服务效果。二是信息人员要深入课题组，全面了解课题的内容、意义、目的、方向以及课题研究的历史和现状，了解课题对文献提供的要求，做到心中有数，有效实施定题服务。

3. 调查研究

根据研究调查结果制定服务计划。

4. 广泛收集文献

要进行有价值的科学研究，必须收集足够丰富且又充分可靠的文献资料。这是整个研究过程中基础性的工作甚至在某种意义上决定着课题研究的成败。情报人员应全力围绕课题内容全方位地跟踪搜集相关文献。

5. 提供文献信息产品

主动与科研人员保持经常联系，了解科研动态。在科研的不同阶段提供题录、原文、文摘、综述等信息产品。

6. 课题结束后重视定题服务效果的收集，不断提高服务质量

最有权利评价定题服务的服务效果是接受服务的科研人员，情报人员应广泛听取他们的反馈意见，了解服务的实际效果，不断完善服务程序，提高定题服务质量。

三、定题服务申请

（1）只有注册用户可以申请定题服务，并可以查看委托单的处理状态。

（2）管理定题服务的用户角色分为定题服务管理员和定题服务处理员。定题服务管理员负责委托单的分发；定题服务处理员处理委托单。

（3）定题服务申请单的初始状态为［未受理］，定题服务管理员将其分发给定题服务处理员后，定题服务申请单的状态为［已分发］。

（4）定题服务处理员处理委托单前，根据用户填写申请单的联系信息，先与用户进行电话交流，并约用户上门具体洽谈，洽谈内容包括定题服务的具体项目细节情况和服务价格。洽谈后，看是否达成处理意愿，如果谈成，双方签订服务协议，委托单状态为［正在受理］；如果未谈成，定题服务申请单的状态为［中止受理］。

（5）定题服务处理员服务完成后，填写此笔申请单的服务情况，主要是服务时所使用的检索库和检索策略及服务费用等，标示申请单的状态为［受理完毕］。

（6）服务的交付形式，主要有复印件和电子邮件形式，复印件是通过邮寄，电子邮件由定题服务处理员单独发送至用户邮箱，不通过系统的邮箱发送。

第四节 科技查新

一、概述

科技查新在科技体制改革过程中萌生、发展，伴随《专利法》实施而开展，为提高科研立项论证水平、成果鉴定和成果评奖的必需条件之一。将“情报评价”引入成果管理程序，为专家评议提供全面、准确的“鉴证性客观依据”。

（一）科技查新（简称查新）的定义

科技查新是指具有查新业务资质的查新机构根据查新委托人提供的需要查证其新颖性的科学技术内容，按照《科技查新规范》（国科发计字［2000］544号）进行操作，并做出结论（查新报告）。

科技查新应当坚持实事求是、客观公正的原则，保证查新活动的独立性和查新结论的准确性——《科技查新机构管理办法》2000年12月。

（二）查新的性质

查新是对项目的新颖性作出结论，查新对项目新颖性的评价与授予专利权的条件或专利审查原则的“具有新颖性、创造性和实用性”有所不同。

（三）科技查新机构

科技查新机构指具有查新业务资质，根据查新委托人提供的需要查证其新颖性的科学技术内容，按照科技查新规范操作，有偿提供科技查新服务的信息咨询机构。

目前，国家一级科技查新机构有中国化工信息中心、中国国防科技信息中心、上海市科技情报研究所、河北省科技信息研究所等。

（四）科技查新对象

（1）申报国家级或省（部）级科学技术奖励的人或机构。

（2）申报各级各类科技计划、各种基金项目、新产品开发计划的人或机构。

（3）各级成果的鉴定、验收、评估、转化。

（4）科研项目开题立项。

（5）技术引进。

（6）国家、地方或企事业单位有关规定要求查新的。

（五）查新委托人

查新委托人是指提出查新需求的自然人、法人或者其他组织。

二、查新要求

查新要求是指查新委托人对查新提出的具体愿望。

一般分为以下四种情况：一是希望查新机构通过查新，证明在所查范围内国内外有无相同或类似研究；二是希望查新机构对查新项目分别或综合进行国内外对比分析；三是希望查新机构对查新项目的新颖性作出判断；四是查新委托人提出的其他愿望。

三、查新的基本原则

1. 自愿原则

查新委托人有权选择查新机构，查新机构有权接受或者拒绝查新委托。查新机构有权选择查新咨询专家，专家有权接受或拒绝担任查新咨询专家。

2. 依法查新原则

从事查新的机构应当是具有查新业务资质的信息咨询机构，未经科学技术部认定或者授权认定，任何单位和个人都不得从事面向社会服务的查新活动。查新业务要以法律法规为准绳，其所有活动都应当在法律法规规定的范围内进行。查新有关各方的行为和活动应当遵循《科技查新机构管理办法》和《科技查新规范》。应当依法管理查新业务人员。

3. 独立、客观、公正原则

(1) 独立原则　查新机构、查新员、查新审核员、查新咨询专家应当是与查新项目无利害关系的第三者。查新机构应当独立处理查新业务，查新咨询专家应当独立地向查新机构提供查新咨询意见。

查新咨询活动不受行政机构、团体、个人、委托人的非法干预。查新咨询专家不受查新机构非法干预。

(2) 客观原则　查新报告中的任何分析、技术特点的描述和结论都应当以文献为依据，不包含任何个人偏见。

(3) 公正原则　查新机构应当遵守《科技查新机构管理办法》和《科技查新规范》，公正地为查新委托人完成查新事物。不可因收费而偏袒委托人。查新咨询专家不得因收费而迁就查新机构。

4. 其他原则

(1) 查新机构受理查新业务原则　查新机构不得受理超出查新机构专业范围的查新，不得受理缺少必要的数据库或文献资源的查新。

(2) 查新机构委派查新员、审核员应当遵循的回避原则　查新机构委派人员不得在委托单位、成果完成、成果使用单位、科研项目主持单位任职或离职未满两年的人不得担任查新员。也不得委派在上述单位持有股票、债券或经济利益者任查新员。

(3) 查新咨询专家选择原则　查新咨询专家应由查新机构聘请，其应熟悉查新项目的科学技术内容，并且遵循回避原则。

(4) 确定检索年限和方法的一般原则　检索年限一般回溯十年，成熟技术应适当延长，并且要按照查新合同约定的内容执行。

(5) 查新收费原则　查新业务实行有偿服务，按照当地物价部门有关规定执行，或按双方合同约定执行。查新的费用应当在合同中注明，不得额外收费。要按合同约定收费，不得因查新结论而变动。

(6) 订立和履行查新合同原则　合同应遵守法律法规，以自愿、平等、公平、诚信为基础，维护公共秩序、遵守社会公德，做到有利于科技进步、促进成果转化，并受有关法律的约束。

四、科技查新的作用

（一）为科研立项提供客观依据

科研课题在论点、研究开发目标、技术路线、技术内容、技术指标、技术水平等方面是否具有新颖性，在正式立项前，首要的工作是全面、准确地掌握国内外的有关情报，查清该课题在国内外是否已研究开发过。通过查新可以了解国内外有关科学技术的发展水平、研究开发方向；是否已研究开发或正在研究开发；研究开发的深度及广度；已解决和尚未解决的问题等，对所选课题是否具有新颖性的判断提供客观依据。这样可防止重复研究开发而造成人力、物力、财力浪费和损失。

（二）为科技成果的鉴定、评估、验收、转化、奖励等提供客观依据

查新可以为科技成果的鉴定、评估、验收、转化、奖励等提供客观的文献依据；查新还能保证科技成果鉴定、评估、验收、转化、奖励等的科学性和可靠性。在这些工作中，若无查新部门提供可靠的查新报告作为文献依据，只凭专家小组的专业知识和经验，难免会有不公正之处，可能会得不出确切的结论。这样既不利于调动科技人员的积极性，又妨碍成果的推广应用。高质量的查新，结合专家丰富的专业知识，便可防止上述现象的发生，从而保证鉴定、评估、验收、转化、奖励等的权威性和科学性。

（三）为科技人员进行研究开发提供可靠而丰富的信息

随着科学技术的不断发展，学科分类越来越细，信息源于不同的载体已成为普遍现象，这给获取信息带来了一定的难度。有关研究表明，技术人员查阅文献所花的时间，约占其工作量的50%，若通过专业查新人员查新，则可以大量节省科研人员查阅文献的时间。查新机构一般具有丰富的信息资源和完善的计算机检索系统，能提供从一次文献到二次文献的全面服务，可检索科技、经济、商业等资料的数据库，内容涉及各种学术会议和期刊的论文、技术报告、学位论文、政府出版物、科技图书、专利、标准和规范、报纸、通告等，保证信息的回溯性和时效性，基本能满足科研工作的信息需求。

五、科技查新的结果

查新咨询服务的结果是为被查课题出具一份查新报告，称为“科技成果查新证明书”，该证明书包括封面、正文及签名盖章等内容，正文为证明书的核心，包括以下三项内容。

1. 课题的技术要点

根据用户提供的研究报告及其他技术资料写出的课题的概要，重点表述主要技术特征、参数、指标、发明点、创新点、技术进步点等。

2. 检索过程与检索结果

包括对应于查新课题选用的检索系统、数据库、检索年限、检索词、检索式及检索命中的结果。

3. 查新结果

对查新课题与以上命中的结果进行新颖性及先进性对比分析，最后得出查新结论，为科

研立项提供客观依据，为科技成果的鉴定、验收、奖励等提供评审依据，为科技人员进行研究开发提供可靠而丰富的信息。

六、查新报告

（一）查新报告的主要内容

查新报告的主要内容包括：基本信息、查新目的、查新项目的科学技术要点、查新点与查新要求、文献检索的范围与检索策略、检索结果、查新结论、查新员与审核员声明、附件清单等。

（二）完成查新报告的步骤

根据查新技术要点将检出文献分为一般相关和密切相关、将对比文献与查新点进行比较分析、确定项目新颖性、草拟报告；聘请查新咨询专家就项目新颖性进行咨询；审核员审核查新报告；查新员填写查新报告；查新员审核员签字、盖章；查新编号、填写完成日期；整理报告附件。

提交报告以河北北方学院科技查新为例，程序如图 7-6 所示。

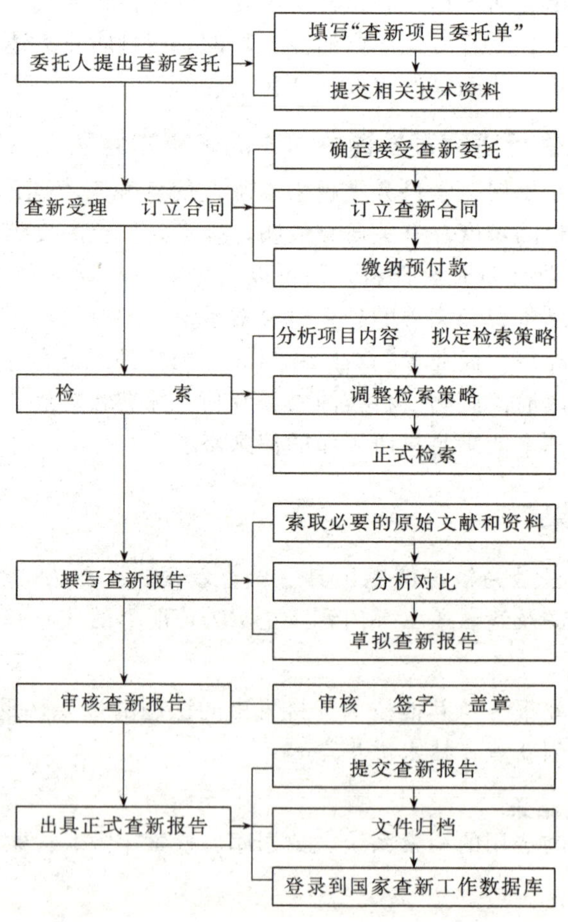

图 7-6　河北北方学院科技查新流程

第八章

开放获取资源

第一节　开放获取资源概述

一、开放获取的定义及其产生背景

Open Access，简称 OA，其英文原意为“图书馆的开架阅览”，国内学者多翻译为开放获取、开放存取、公开获取、开放使用、开放式出版，也有台湾地区学者译为“公开取用”。我们认为 Open Access 强调的是信息资源的获取，而不是拥有，所以“开放获取”的译法更为贴近 Open Access 的实质。

（一）开放获取定义

关于开放获取的定义各学术机构、学者都有不同看法，比较有代表性和影响力的为在匈牙利首都布达佩斯发表的“布达佩斯开放获取先导计划”（Budapest Open Access Initiative，BOAI）给出的定义：“文献的‘开放获取’，即意味着它可以在公共网络上被免费获取，允许任何用户对该文献的全文信息进行阅读、下载、复制、分发、打印、检索、超链接，支持爬行器收割并建立本地索引、用作软件的输入数据、用于其他任何法律允许的用途。而在使用这些文献时用户不存在财力、法律或技术上的障碍，只需在获取文献时保持其完整性，而对文献复制和发布的唯一限制，或者说版权在该领域的唯一作用就是给予作者控制其作品完整性及作品被正确理解和引用的权利。”

（二）开放获取的产生背景

开放获取在 20 世纪 90 年代末发起，与开放获取活动（Open Access Movements，原为 Free Online Scholarship Movements）的兴起有直接关系。1998 年的自由扩散科学成果运动（也称“自由科学运动”）是较早提出的具有开放获取意向的倡议，它要求对于科学文献要减少版权条约中的限制条款，反对将作品复制权从作者转移给出版商。2001 年 12 月 1～2 日，开放社会研究所（Open Society Institute，OSI）在匈牙利的布达佩斯（Budapest）召集了一次有关开放获取的国际研讨会，并起草和发表了“布达佩斯开放获取先导计划”（Budapest Open Access Initiative，BOAI）。2002 年 2 月 14 日的“布达佩斯开放使用创始行动”，在这次会议上发起成立了开放社会组织（the Open Society Institute）。2003 年 10 月

22 日，德国、法国、意大利等国的科研机构在德国柏林联合签署了由德国马普学会发起的《柏林宣言》。在这些关于开放获取意向的运动背后，隐藏着以下三个根本原因。

1. 学术信息的获取危机

自从 1665 年世界上第一本科学期刊——《科学家杂志》在法国问世以来，学术期刊就是学术传播领域中最为重要的学术交流途径。研究人员一方面通过学术期刊了解研究的历史、现状和尚待解决的问题，在此基础上确定自己的研究方向；另一方面通过学术期刊发布自己的研究成果以供同行参考、讨论，同时确立自己的学术地位，提升职业影响力。学术期刊已经成为学术研究系统中不可缺少的要素。但是在一段时间内，学术期刊的平均价格比通货膨胀的增长速度快 4 倍，造成了科学信息的获取危机，即便是顶级学术研究机构也不能买得起所有的期刊，发展中国家由于经费紧张情况更加艰难。为了应对这种获取危机，图书馆等信息服务机构不得不削减某些期刊、图书的订购，这种情况已严重影响了学术信息的交流与传播，同时，传统的学术交流体制越来越难以满足人们进行学术交流与传播的需求，明显存在能力不足问题，如学术内容单一，不能满足人们的多样需求；容量有限，难以保存越来越多的数字化成果；出版时间滞后，人们很难获得最新的学术信息。

2. 网络的运用使学术期刊出版和传播的成本大大降低

20 世纪 90 年代网络环境日益发达，通过因特网快捷的信息交流更能满足人们进行学术传播与交流的需要。开放获取作为一种新型的出版机制和学术信息共享的自由理念应运而生，从某种意义上来说，这也是一种新的学术交流运动。电子预印本和网络期刊开始成为学术交流的重要媒介。相对于传统的印本期刊需要编辑、印刷和发行等复杂程序，这种利用计算机和网络进行运作的模式使学术期刊出版和传播的成本大大降低。

3. 学术界的需求

作者方面：科研成果数量急剧增加，科研成果的数字化程度越来越高、形式越来越多样；资助者及所属机构想借以扩大影响力及显示度；用户方面：想要获取最新的科研进展、成果与思想，并且要求信息的全面、准确、及时和价格在可承受的范围内。

二、开放获取的特点

通过对开放获取的定义和背景进行分析，并结合开放获取的实践，我们认为开放获取有如下基本特征。

（一）科学信息的获取更加便利

开放获取提供学术交流平台，对具体交流的信息只有质量上控制，而没有内容和形式上的限制，可以是期刊全文、学术论文、教学资料、图书、专利文献、研究报告，可以是文本文件、多媒体文件，都可以从 Internet 上免费、自由地获取。改变了传统的信息交流方式，从而大大方便科研人员，推动了科学的发展。同时也提高了文章的被引率、作者的学术声望及职业影响力。对于发展中国家的许多科学家而言，期刊的订阅费用过于昂贵，开放获取成为他们跟上世界其他地方科研进展的一种有效方法。

（二）重视学术交流的时效性、交互性

开放获取在交流方式与交流效率方面，重视提高信源、信宿交流的直接性和交互性，可

以实现作者、读者、编辑之间一对一、一对多、多对多的交互模式，能利用网络将研究成果发布，免去漫长的评审和编辑出版时间，国内一篇纸本期刊论文从投稿—修回—出版，一般至少要经过三四个月，甚至更长的时间，而开放获取期刊重视提高学术交流的时效性，增进文献处理自动化程度，缩短了出版周期。

（三）收费模式新颖

学术期刊需要收取一定的费用维持其正常运作。传统学术期刊的收费模式是“订户（用户）付费”模式，OA 期刊为作者付费模式——向作者（作者机构）收费。全世界有一半的开放获取期刊的主要经费来源是收取论文出版费用，出版费用通常由作者的研究资助者或所在机构支付，而不用作者自掏腰包。比如两个著名的开放获取出版商——科学公共图书馆（PLoS，Public Library of Science）和生物医学中心（BMC，BiomedCentral）出版文章的费用分别是 500 美元和 1500 美元，而对于不发达国家或有经济困难的作者则免除其出版费用。

（四）作者拥有文献的版权

开放获取出版模式下，作者愿意免费提供他们的作品，开放获取期刊充分尊重作者的个人意愿，版权由作者保留，并要求作者在提交论文时遵守一定的协议，目前比较常用的是创作共用授权协议（Creative Commons License）。而大多数传统学术期刊则要求作者签署版权转让协议书，把版权转给了学术期刊。

第二节　网络开放学术资源检索

网络开放资源的检索和非开放资源的检索大同小异。下面以几个实例来说明。

一、中国科技论文在线的开放资源平台

如图 8-1 为其在线资源集成平台界面，OPEN ACCESS 在线资源集成平台集合了国内外各学科领域 OA 期刊的海量论文资源和 OA 仓储信息，并提供学科、语种等多种浏览方式；不仅实时更新各 OA 期刊最新发表论文，而且定期收录最新的 OA 期刊，方便用户查看不同领域的最新 OA 资源。本平台提供多种检索功能，可按照论文题目、期刊题目、作者姓名、作者单位、出版社等多种字段进行高级检索，或进行全文检索，方便科研工作者从海量资源中快速而准确定位所需论文。此外，本平台还对国内外开放存取运动的兴起与发展进行详细介绍，并及时更新开放存取运动的最新状态，为不同用户了解 OA 提供了良好的信息资源。

检索论文方法：简单的检索是直接在搜索对话框中输入要检索的关键词，然后点击“搜索”按钮即可，如图 8-2 所示为在搜索对话框中输入“海洋波力发电”的情形。

检索的结果如图 8-3 所示，显示出了和“海洋波力发电”相关的论文，如果搜索关键词的范围广，搜到的文章就会很多。可以选择搜到的文章显示顺序。

二、GoOA 中国科学院文献情报中心开放资源

中国科学院文献情报中心面对 OA 期刊的数量、质量和学术影响力的快速发展，建设了

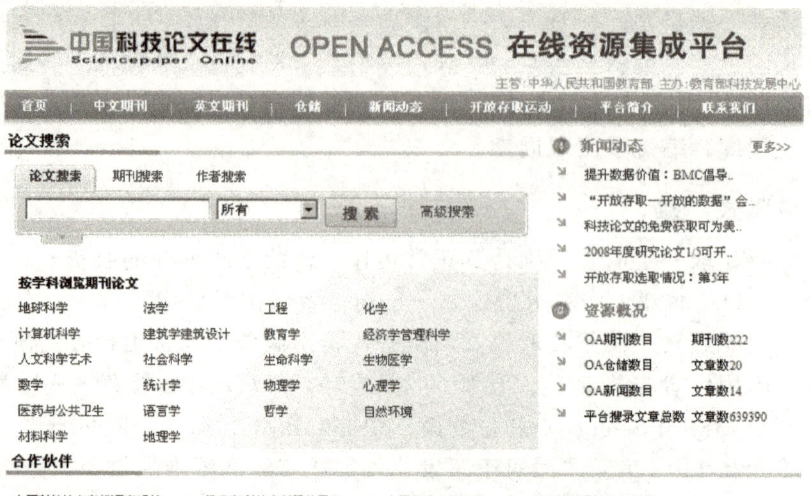

图 8-1 中国科技论文在线的开放资源平台

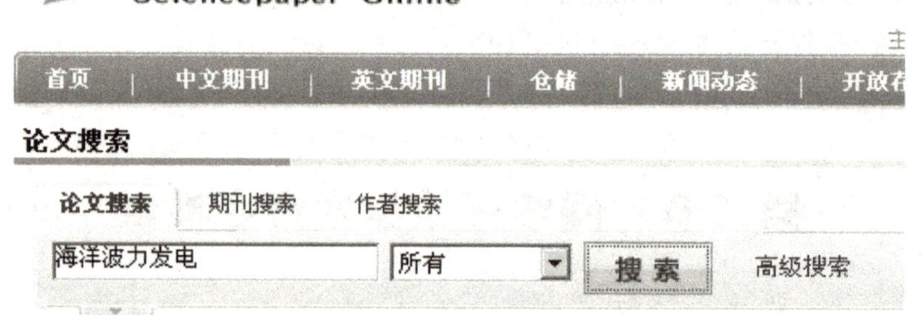

图 8-2 开放资源检索

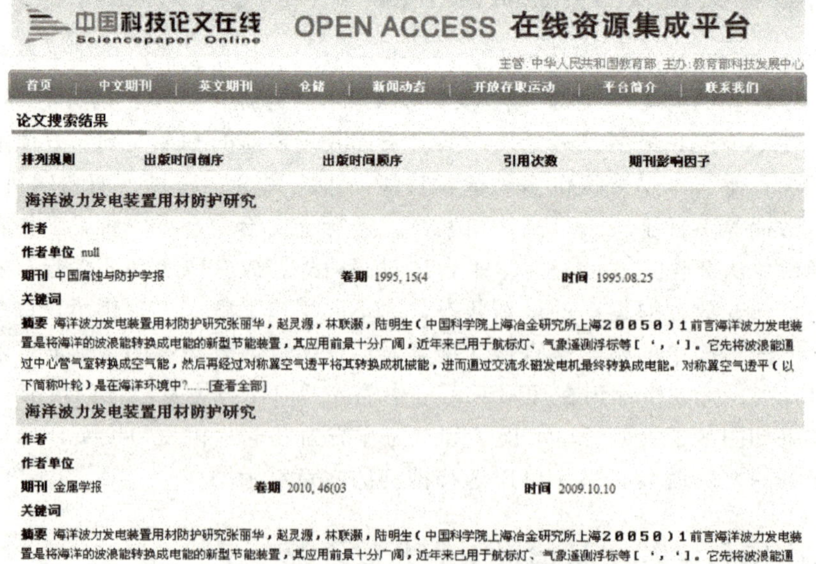

图 8-3 开放资源检索结果

OA 期刊采集服务体系，构建 OA 期刊和论文一站式发现平台——GoOA，当前已完成 4055 种高质量 OA 期刊的遴选，和 1955 种关键保障 OA 期刊体系的遴选和全文采集、存储；集成知名出版社自然科学领域及部分社会科学领域的 OA 期刊及其论文全文（数量不断增长中），提供 OA 期刊和论文集成发现和免费下载、OA 期刊投稿分析、关联检索、知识图谱分析、用户分享等特色功能，以支撑中科院乃至国内外用户对高质量 OA 期刊的发现和利用。

GoOA 的中/英文网站在 2015 年初正式上线，目前被中科院 40 多家研究所收录，并被中科院文献情报中心新版资源集成发现系统、中科院植物研究所植物数据库等系统集成。另外，国内 40 多家大学也收录了 GoOA，包括北京大学、清华大学等。图 8-4 为 GoOA 中国科学院文献情报中心开放资源界面。

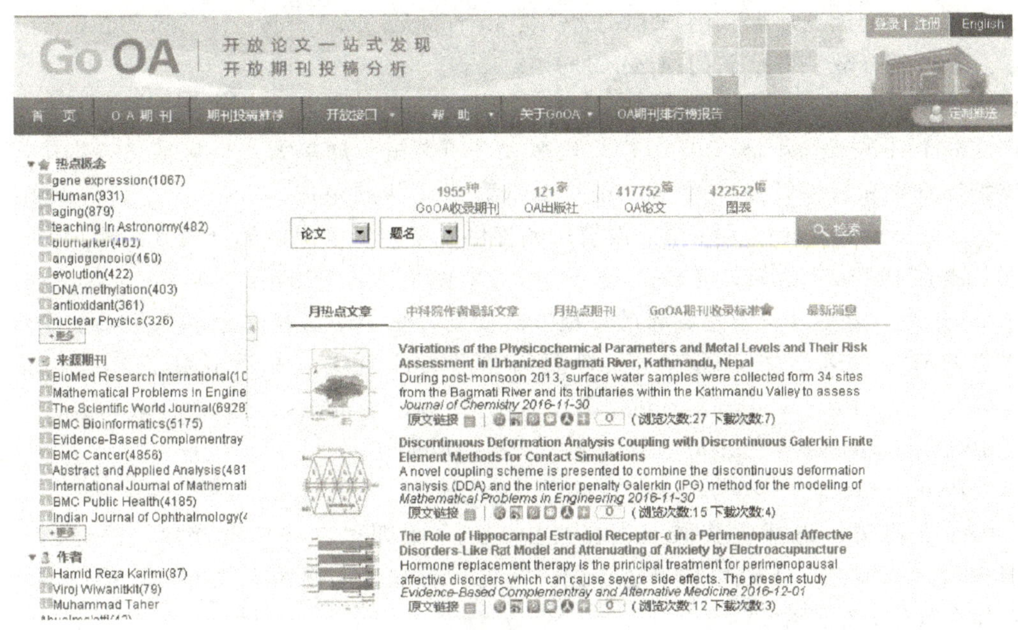

图 8-4 GoOA 中国科学院文献情报中心开放资源

第三节 常用开放学术站点

随着社会开放程度的加强，信息获取的便捷以及互联网技术的发展，数据信息的获取成本越来越低。信息拥有者一定会将目光由信息的获取向信息的输出转移，这样开放学术资源就会越来越多。最近，《科学》杂志在开放获取（Open Access，简称 OA）的潮流面前终于按捺不住，2015 年启动自己的开放获取杂志，还取了一个响亮的名字——Science Advances。开放获取的强劲势头，让《自然》、《科学》这样的世界学术期刊出版领域的大腕你追我赶、趋之若骛。据瑞典隆德大学的 DOAJ（Directory of Open Access Journals 开放获取期刊目录）检索显示，目前全球 122 个国家总共拥有 9917 个开放获取期刊，而且该数据库对非英语国家 OA 期刊的统计还不完全。从 1999 年英国 OA 刊物 BioMed Central 作为先驱者开始，十多年的时间，对于开放获取期刊的增长可以用“雨后春笋”来形容。

一、开放获取期刊门户

(1) 开放获取信息门户 http://www.open-access.net.cn/、http://www.las.ac.cn/

这是一个由中国科学院国家科学图书馆主办的，提供有关开放获取最新动态、研究、文件、资源、政策、工具、会议等信息的门户网站。

(2) DOAJ (Directory of Open Access Journals) http://www.doaj.org/

瑞典LUND大学创建和维护的开放获取期刊名录，是个很好的专门OA期刊文献检索系统，但不包括预印本资源。该系统收录期刊的文章都是经过同行评议或严格评审的，质量高，与期刊发行同步，且都能免费下载全文。

(3) 日本的开放获取期刊门户 J-STAGE http://www.jstage.jst.go.jp/browse/

(4) 巴西的开放获取期刊门户 SciELO http://www.scielo.br/

(5) Bioline International http://www.bioline.org.br/

Bioline International是1993年由多伦多大学图书馆、加拿大。环境信息咨询中心、巴西（维护计算机和软件开发）和Bioline/UK（联络）共同组成。2004年1月，Bioline International使整个网站转变为完全开放获取的提供发展中国家出版的高质量的期刊。

(6) PloS Public Library of Science（科学公共图书馆） http://www.plos.org/

PLoS是由3万多名科学家签署的一项基础计划，是一个由科学家和医生参加的致力于使全世界的科技和医学文献成为公共资源的非赢利性组织。先后出版了PLoS Biology、PLoS Medicine、PloS Computational Biology、PLoS Genetics、PLoS Pathogens、PLoS ONE、PLoS Neglected Tropical Diseases等开放获取期刊。

(7) BMC http://www.biomedcentral.com/

2000年创办第一份开放获取期刊，论文一经出版即可在线免费获取，同时还存储在PMC和其他知识库中，并鼓励作者自存储。允许作者在论文出版后立即以最终出版的正式版本存储在其他知识库中。

(8) Hindawi http://www.hindawi.com/

Hindawi是1997年成立的商业性STM论文出版商，2003年底Hindawi开始试验采用复合型的开放获取模式，至此Hindawi成为在科学、技术、医学领域完全开放获取的一家出版商。

(9) Medknow http://www.medknow.com/

印度最大的生物医学学术期刊出版商，致力于提高发展中国家科学的可见性和可获取性，目前出版40多种印刷加在线期刊（print + online），几乎是世界上最大的免费出版商（不收取作者任何费用）。

(10) New Journal of Physics-MPG/IOP http://www.iop.org/EJ/journal/1367-2630

由英国物理研究所（Institute of Physics）和德国物理协会（Deutsche Physikalische Gesellschaft）于1998年共同创办的期刊，目前全部期刊实行开放获取，出版覆盖整个物理学领域的所有原创性研究。

(11) PubMed Central http://www.pubmedcentral.gov/

英国伦敦生物医学中心是最重要的开放存取杂志出版商之一，目前出版173种生物医学类学术期刊。

（12）Find Articles（论文搜索网） http：//www. search. com/search

论文搜索网提供多种顶极刊物的上百万篇论文，涵盖艺术与娱乐、汽车、商业与金融、计算机与技术、健康与健身、新闻与社会、科学教育、体育等各个方面的内容。

（13）Intellectual Property Digital Library（知识产权数字图书馆） http：//www. wipo. int/wipogold/en/

知识产权数字图书馆由世界知识产权组织（WIPO）于1988年建立，旨在推动世界各国的知识产权组织进行知识产权信息的交流，提供各种专利文献、商标等的检索。

二、开放获取知识库

（1）中国科技论文在线系统 http：//www. paper. edu. cn/

中国科技论文在线是经教育部批准，由教育部科技发展中心主办，能免费下载各类期刊全文。收藏作者预印本的科技论文网站。

（2）中国预印本服务系统 http：//prep. istic. ac. cn/

中国预印本服务系统是由中国科学技术信息研究所与国家科技图书文献中心联合建设的以提供预印本文献资源服务为主要目的实时的学术交流系统。

（3）厦门大学学术典藏库 http：//dspace. xmu. edu. cn/dspace/

厦大学术库主要是存储厦门大学师生的具有较高学术价值的学术著作、期刊论文、工作文稿、会议论文、科研数据资料，以及重要学术活动的演示文稿等。

（4）arXiv预印本 http：//arxiv. org/

最早的电子预印本库，主要涉及物理学、数学、非线性科学、计算机科学、定量生物学和统计学等学科预印本文献。可全文下载这些资源。

（5）viXra预印本库 http：//vixra. org/

viXra是一个新的预印本库，目前有1596篇电子文档，主要为物理、数学、生命科学、化学及人类学等学科。都可以免费下载全文。

（6）香港科技大学图书馆知识库 http：//repository. ust. hk/dspace/ 如图8-5所示。

香港科技大学图书馆知识库是由香港科技大学图书馆用Dspace软件开发的一个数字化学术成果存储与交流知识库，收有由该校教学科研人员和博士生提交的论文。

香港科技大学图书馆开发的一个数字化学术成果存储于交流知识库，收有由该校教学科研人员和博士生提交的论文（包括已发表和待发表）、会议论文、预印本、博士学位论文、研究与技术报告、工作论文和PPT演示稿全文。浏览方式有按院、系、机构、按题名、按作者和提交时间。检索途径有任意字段、作者、题名、关键词、文摘、标示符等。

（7）OALib开放存取图书馆 OALib开放存取图书馆是一个私人开放式图书馆，如图8-6是其推荐界面。OA图书馆是Open Access图书馆的简称。OA图书馆致力于让人们可以免费获得高质量的文献，利用google的搜索技术建立这个OA内容的搜索，可以很方便搜索近6000多种期刊资料和5000多个Open Access的数据库资源。

OA图书馆主要分为两个部分，第一是OA资源和OA新闻，第二是OA内容搜索：OA资源部分主要是介绍一些OA资源，包括预印本资源、OA期刊库、OA电子课件、OA机构存储库，OA期刊等。OA新闻主要是介绍Open Access的一些基本知识和国内外最新

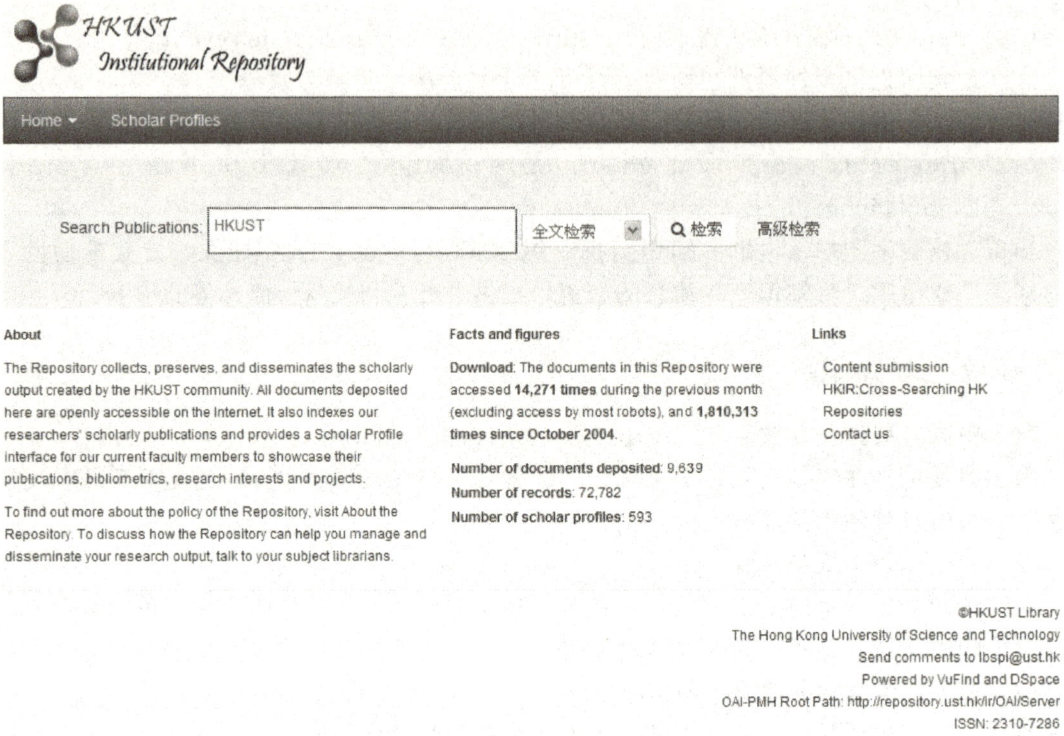

图 8-5 香港科技大学 OA 主页面

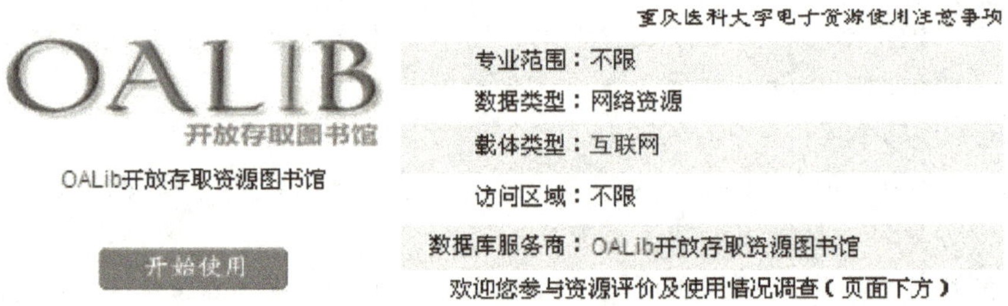

图 8-6 推荐界面

的 Open Access 新闻。OA 内容搜索，整合了所有的 OA 资源，方便使用者免费查找这些 OA 资源。图 8-7 为 OA 图书馆搜索界面。

三、公共信息开放使用（如专利/论文等）

1. 开放获取课件

中国精品课程主页地址：http：//www. core. org. cn/。

还有如 MIT Open Course Ware 主页地址：http：//ocw. mit. edu。

世界课堂主页地址：http：//www. utexas. edu/world/lecture。

中国教育部精品课程建设主页地址：http：//www. jpkcnet. com/new/。

2. 开放获取学位论文

（1）中国科技论文在线

Open Access Library

Search Engine, Journal, Index, Repository

免费获取4,223,491学术文章 高级搜索

Keywords, author, etc. Search

出版社 | 期刊

www.oalib.com

图 8-7 OA 图书馆搜索界面

主页地址：http：//www. paper. edu. cn/，如图 8-8 所示。

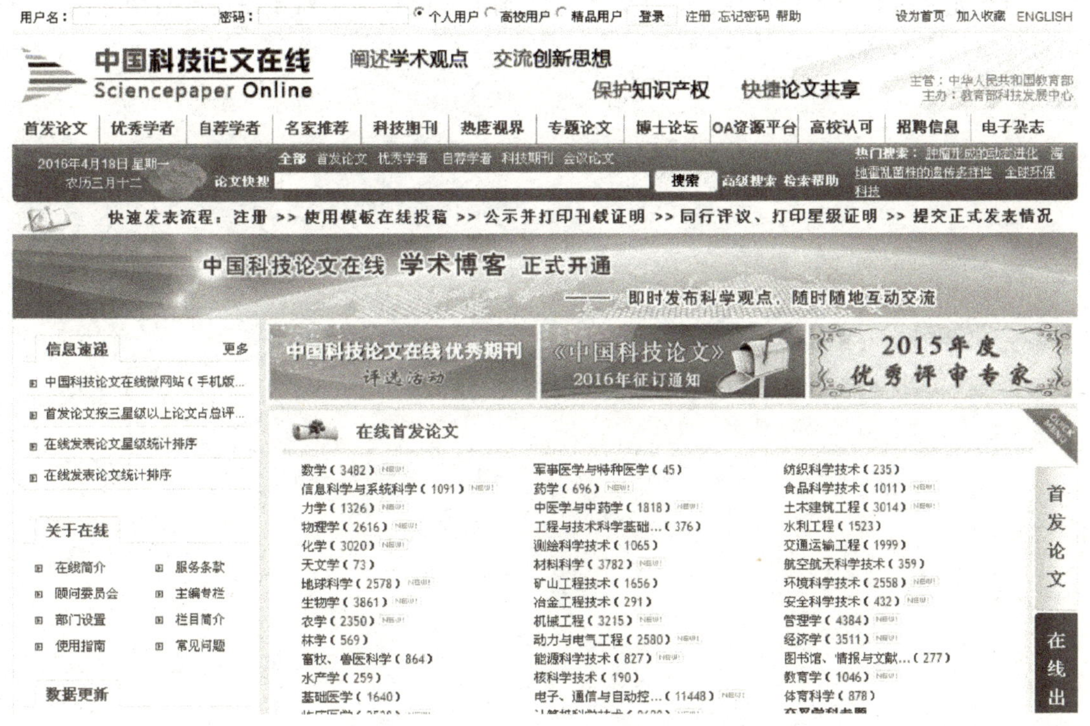

图 8-8 中国科技论文在线 主页面

中国科技论文在线是经教育部批准，由教育部科技发展中心主办，针对科研人员普遍反映的论文发表困难，学术交流渠道窄，不利于科研成果快速、高效地转化为现实生产力而创建的科技论文网站。中国科技论文在线利用现代信息技术手段，打破传统出版物的概念，免去传统的评审、修改、编辑、印刷等程序，给科研人员提供一个方便、快捷的交流平台，

提供及时发表成果和新观点的有效渠道，从而使新成果得到及时推广，科研创新思想得到及时交流。中国科技论文在线可为在本网站发表论文的作者提供该论文发表时间的证明，并允许作者同时向其他专业学术刊物投稿，以使科研人员新颖的学术观点、创新思想和技术成果能够尽快对外发布，并保护原创作者的知识产权。

（2）卡尔斯鲁厄统一检索平台

主页地址：http：//www.ubka.uni-karlsruhe.de/kvvk.html。

可通过德国和外国大学的文献服务器（机构库）检索博士论文、硕士论文、研究报告和其他出版物。有近30个大学或文献提供单位，以德国大学为主，含MIT的学位论文、研究报告等资源，一般最近几年出版的都有全文，较早年份的提供前面若干页免费阅读。

3. 开放获取研究报告

GrayLIT NetWork，主页地址：http：//graylit.osti.gov/。

该网站提供DTIC、NASA 、DOE、EPA等机构研究检索和免费全文下载。

4. 开放获取专利

Google专利搜索，主页地址：http：//www.google.com/patents。Google专利搜索可搜索美国专利。

此外，个人网页、博客、机构网站等都属于开放式获取资源范畴。其中，对于有版权，但是出版社允许进行自存储的作品，作者可以放到个人网页上；对于没有版权的作品，作者可以直接放到个人网页上。

参考文献

[1] 吕建新．网络信息检索［M］．北京：煤炭工业出版社，2001.
[2] 高飞．网络信息实用检索［M］．第二版．中国计量出版社，2010.
[3] 符绍宏．信息检索［M］．北京：高等教育出版社，2004.
[4] 徐天秀．信息检索［M］．北京：科学出版社，2006.
[5] 施蓓，杨光武．信息资源检索与利用［M］．北京：高等教育出版社，2007.
[6] 刘英华，赵哨军．信息资源检索与利用［M］．北京：化学工业出版社，2007.
[7] 刘富霞．文献信息检索教程［M］．北京：机械工业出版社，2006.
[8] 匡松，洪平洲．信息资源检索与利用［M］．北京：人民邮电出版社，2008.
[9] 肖亚明，李世龙．信息检索教程［M］．北京：人民邮电出版社，2007.
[10] 张西亚等．从中外网络资源学科导航比较看 CALLS 导航库的完善与发展［J］．大学图书馆学报，2008（6）.
[11] 冯晓玉．学科导航中网络信息资源建设策略研究［D］．沈阳：辽宁师范大学，2008.
[12] 符绍宏等．因特网信息资源检索与利用［M］．北京：清华大学出版社，2005.
[13] 叶春峰等．国内外网络资源学科导航与信息门户研究分析［J］．情报杂志，2004（12）.
[14] 刘勇敏．学科导航库分类检索系统的调查与分析［J］．情报理论与实践，2005（3）.
[15] 罗志成，关婉湫，张勤．维基百科与百度百科比较分析［J］．情报理论与实践，2009，32（4）：71～73.
[16] 何筠红．在线共享的自由百科全书——维基百科［J］．新世纪图书馆，2006（4）：40～41.
[17] 于嘉．网络时代的百科全书——维基百科［J］．图书馆论坛，2005，25（4）：247～249.
[18] 贾玉文．网络百科全书的发展及其意义［J］．大学图书馆学报，2002（6）：35～36.
[19] 朱玉强．维基百科：分享知识的自由百科全书［J］．农业图书情报学刊，2006，18（1）：118～119.
[20] 李剑．Wiki 构建“草根”版互联网百科全书［N］．通信信息报，2005—7—20（B03）.
[21] 金常政．百科全书的可读性与视听性——漫话多媒体百科全书的浏览功能［J］．出版科学，2003（3）：44～45.
[22] 杨丽．国内外电子参考工具发展简论［J］．情报理论与实践，2005，28（4）：436～437.
[23] 王建涛，胡明玲．基于 Web 的百科全书管理系统设计与实现［J］．江西图书馆学刊，2005（1）：74～75.
[24] 何宇杰．开放的百科全书——百度百科评价［J］．科技信息，2009（31）：379～380.

[25] 郭依群. 美国电子版百科全书综览 [J]. 现代图书情报技术，1998 (4)：11～14.
[26] 严贝妮. 网络百科全书的使用初探 [J]. 情报科学，2005 (7)：1017～1018.
[27] 马功兰. 现代百科全书的发展趋势 [J]. 大学图书馆学报，1997，15 (3)：36～38.
[28] 邢志宇. 人物信息的网络检索途径与方法 [J]. 河南图书馆学刊，2008 (4)：39～43.
[29] 董运来. 怎样在网上查找人物信息 [J]. 科技情报开发与经济，2006，16 (13)：21～22.
[30] 朱秀丽，李莉，王强. 关于建立地理信息术语库的思考 [J]. 地理信息世界，2008 (4)：19～20.
[31] 曾文华，黄桦. 基于网页信息检索的地理信息变化检测方法 [J]. 计算机应用，2010，30 (4)：1132～1134.
[32] 孙红侠. 网上信息检索途径探讨 [J]. 当代图书馆，2005 (1)：36～38.
[33] 百科知识网 http://www.baiknow. com./
[34] 中国大百科全书出版社 http://www. ecph. com. cn/main/
[35] 中国百科网 http://www. chinabaike. com/
[36] 百度百科 http://baike. baidu. com/
[37] 互动百科 http://www. hudong. com/
[38] 大学百科网 http://www. upicture. com. cn/
[39] 雅虎人物搜索 http://people. an. yahoo. corn/
[40] 微软人立方关系搜索 http://renlifang. msra. cn/
[41] 123people http://www. 123people. com-/
[42] 偶社 http://www. oushe. cn/
[43] 中国人同学录搜索 http://class. chinaren. com/index. jsp? bru=%2Fhome. do/
[44] 国家动态地图网 National Dynamic Atlashttp://www. webmap. cn/index2. php/
[45] “天地图”测试版开通 http://tianditu. cn/
[46] 中国国家地理网 http://www. dili360. corn/
[47] 人人搜网旗下的中国地名查询 http://www. renrenso. com/
[48] 中国地名网 http://www. cgn. ac. cn/
[49] 绿色建材网 http://www. 6jc. cn/tools/xz/index. htm/
[50] 中国政府机构指南 http://www. prcgov. org/qingdao. htm/
[51] 中国政府网站导航 http://www. grchina. com/i/gov. htm/
[52] 中国政府门户网站 http://www. usa. gov/
[53] 美国政府官方网站 http://www. usa. gov/
[54] 中国管理咨询网 http://www. china—min. com/lietou/jgml/Index. htm/
[55] 全球企业名录查询系统 http://globalml. cn/
[56] 中国 1 14 黄页 http://www. 1 14chn. com/index. htm/
[57] 中华人民共和国国家统计局 http://www. stats. gov. cn/
[58] 中国统计数据 http://www. china. con. cn/ch—company/
[59] 中国海关总署 http://www. customs. gov. cn/publish/portal0/
[60] 国家标准咨询服务网，《世界技术标准体系版图》编委会. 世界技术标准体系版图 [M]. 北京：中国社会科学出版社，2007.
[61] 白殿一. 标准的编写 [M]. 北京：中国标准出版社，2009.
[62] 国家标准化管理委员会，中国标准出版社. 标准化基础知识问答 [M]. 北京：中国标准出版社，2006.
[63] 沈固朝. 网络信息检索：工具方法实践 [M]. 北京：高等教育出版社，2004.
[64] 张天桥，李霞科. 科技论文检索、写作与投稿指南 [M]. 北京：国防工业出版

社，2008.
[65] 从玲. 实用专利技术简明教程 [M]. 天津：天津大学出版社，2007.
[66] 江镇华. 怎样检索中外专利信息 [M]. 北京：知识产权出版社，2007.
[67] 杨守文. 数字信息资源检索与利用 [M]. 北京：化学工业出版社，2008.
[68] 王立清. 信息检索教程 [M]. 北京：中国人民大学出版社，2008.
[69] 张帆，等. 信息存储与检索 [M]. 北京：高等教育出版社，2003.
[70] 李谋信. 信息资源检索 [M]. 北京：机械工业出版社，2010.
[71] 叶继元. 信息检索导论 [M]. 北京：电子工业出版社，2009.
[72] 陈兰杰，李英. 信息检索教程 [M]. 天津：天津大学出版社，2010.